ACCESO GRATIS ***a la Lectura en la Nube***

Para visualizar el libro electrónico en la nube de lectura envíe junto a su nombre y apellidos una fotografía del código de barras situado en la contraportada del libro y otra del ticket de compra a la dirección:

ebooktirant@tirant.com

En un máximo de 72 horas laborales le enviaremos el código de acceso con sus instrucciones.

LA DIRECTIVA DE ACCESIBILIDAD Y SU IMPLANTACIÓN EN ESPAÑA: UN ESTUDIO CRÍTICO

Procedimiento de selección de originales, ver página web:

www.tirant.net/index.php/editorial/procedimiento-de-seleccion-de-originales

LA DIRECTIVA DE ACCESIBILIDAD Y SU IMPLANTACIÓN EN ESPAÑA: UN ESTUDIO CRÍTICO

JUANA MORCILLO MORENO

Proyecto "Protección jurídica y oportunidades de los colectivos vulnerables ante la digitalización y la inteligencia artificial" (PRODIGIA: PID2021-124967OB-I00), financiado por MCIN/AEI/10.13039/501100011033/FEDER, UE Una manera de hacer Europa

Proyecto "Digitalización y colectivos vulnerables: protección, garantías y propuestas para su implantación en Castilla-La Mancha" (PRODIGITAL: SBPLY/21/180501/000089), financiado por JCCM/FEDER, UE Una manera de hacer Europa

Cofinanciado por
la Unión Europea

tirant lo blanch
Valencia, 2024

En caso de erratas y actualizaciones, la Editorial Tirant lo Blanch publicará la pertinente corrección en la página web www.tirant.com.

© TIRANT LO BLANCH
EDITA: TIRANT LO BLANCH
C/ Artes Gráficas, 14 - 46010 - Valencia
TELFS.: 96/361 00 48 - 50
FAX: 96/369 41 51
Email: tlb@tirant.com
www.tirant.com
Librería virtual: www.tirant.es
DEPÓSITO LEGAL: V-261-2024
ISBN: 978-84-1336-770-5

Si tiene alguna queja o sugerencia, envíenos un mail a: *atencioncliente@tirant.com*. En caso de no ser atendida su sugerencia, por favor, lea en *www.tirant.net/index.php/empresa/politicas-de-empresa* nuestro procedimiento de quejas.

Responsabilidad Social Corporativa: http://www.tirant.net/Docs/RSCTirant.pdf

A mi madre, a quien tanto debo

Índice

Abreviaturas

AA.VV.	autores varios
AEPD	Agencia Española de Protección de Datos
apdo./s.	apartado/s
art./s.	artículo/s
BOCG	Boletín Oficial de las Cortes Generales
BOE	Boletín Oficial del Estado
CDFUE	Carta de Derechos Fundamentales de la Unión Europea de 7 de diciembre de 2000
CDPD	Convención Internacional sobre los derechos de las personas con discapacidad, aprobada por Naciones Unidas el 13 de diciembre de 2006
CE	Constitución Española de 27 de diciembre de 1978
CEACOG	Centro Español de Accesibilidad Cognitiva
CEAPAT	Centro Estatal de Autonomía Personal y Ayudas Técnicas
CECE	Directiva (UE) 2018/1972 del Parlamento Europeo y del Consejo de 11 de diciembre, por la que se establece el Código Europeo de las Comunicaciones Electrónicas
CEDH	Convenio Europeo para la Protección de los Derechos Humanos y Libertades Fundamentales, de 4 de noviembre de 1950
CEDID	Centro Español de Documentación e Investigación sobre Discapacidad
CENDOJ	Centro Español de Accesibilidad Cognitiva
CERMI	Comité Español de Representantes de Personas con Discapacidad
CES	Consejo Económico y Social
CESE	Consejo Económico y Social Europeo
CESyA	Centro Español del Subtitulado y la Audiodescripción
CETEA	Centro Español sobre Trastornos del Espectro del Autismo
CGPJ	Consejo General del Poder Judicial
cit.	citado
CND	Consejo Nacional de la Discapacidad
CNSE	Confederación Estatal de Personas Sordas
COCEMFE	Confederación Española de Personas con Discapacidad Física y Orgánica
Comité	Comité sobre los Derechos de las Personas con Discapacidad
coord./s.	coordinador/es
DAd.	Disposición Adicional
DA	Directiva (UE) 2019/882 del Parlamento Europeo y del Consejo, de 17 de abril de 2019, sobre los requisitos de accesibilidad de los productos y servicios

DD	Disposición Derogatoria
DF	Disposición Final
dir./s.	director/es
Directiva 2000/78	Directiva 2000/78/CE del Consejo, de 27 de noviembre de 2000, relativa al establecimiento de un marco general para la igualdad de trato en el empleo y la ocupación
Directiva 2016/2102	Directiva (UE) 2016/2102 del Parlamento Europeo y del Consejo, de 26 de octubre de 2016, sobre la accesibilidad de los sitios web y aplicaciones para dispositivos móviles de los organismos del sector público
DT	Disposición Transitoria
DOCM	Diario Oficial de Castilla-La Mancha
DOUE	Diario Oficial de la Unión Europea
ed.	editorial
EBU	*European Blind Union*
EDAD	Encuesta de Discapacidad, Autonomía personal y Situaciones de Dependencia
EDF	*European Disability Forum (*Foro Europeo de la Discapacidad*)*
FEADER	Fondo Europeo Agrario de Desarrollo Regional
FEDER	Fondo Europeo de Desarrollo Regional
FEMPA	Fondo Europeo Marítimo, de Pesca y Acuicultura
FIAPAS	Confederación Española de Familias de Personas Sordas
FJ	Fundamento Jurídico
FONCE	Fundación ONCE
FSE+	Fondo Social Europeo Plus
FTJ	Fondo de Transición Justa
INE	Instituto Nacional de Estadística
IVA	Impuesto sobre el Valor Añadido
JCCM	Junta de Comunidades de Castilla-La Mancha
LECiv.	Ley 1/2000, de 7 de enero, de Enjuiciamiento Civil
Ley 26/2011	Ley 26/2011, de 1 de agosto, de adaptación normativa a la Convención Internacional sobre los Derechos de las Personas con Discapacidad
Ley 8/2021	Ley 8/2021 de 2 de junio, por la que se reforma la legislación civil y procesal para el apoyo a las personas con discapacidad en el ejercicio de su capacidad jurídica
Ley 4/2022	Ley 4/2022, de 25 de febrero, de protección de los consumidores y usuarios frente a situaciones de vulnerabilidad social y económica.
Ley 6/2022	Ley 6/2022, de 31 de marzo, de modificación del RDLeg. 1/2013, para establecer y regular la accesibilidad cognitiva y sus condiciones de exigencia y aplicación

Ley 11/2023	Ley 11/2023, de 8 de mayo, de trasposición de Directivas de la Unión Europea en materia de accesibilidad de determinados productos y servicios, migración de personas altamente cualificadas, tributaria y digitalización de actuaciones notariales y registrales; y por la que se modifica la Ley 12/2011, de 27 de mayo, sobre responsabilidad civil por daños nucleares o producidos por materiales radiactivos
LGDC	Real Decreto Legislativo 1/2007, de 16 de noviembre, por el que se aprueba el texto refundido de la Ley General para la Defensa de los Consumidores y Usuarios y otras leyes complementarias
LGTel.	Ley 11/2022, de 28 de junio, General de Telecomunicaciones
LIONDAU	Ley 51/2003, de 2 de diciembre, de igualdad de oportunidades, no discriminación y accesibilidad universal de las personas con discapacidad
LISMI	Ley 13/1982, de 7 de abril, de integración social de los minusválidos
LO	Ley Orgánica
LOPJ	Ley Orgánica 6/1985, de 1 de julio, del Poder Judicial.
LOREG	Ley Orgánica 5/1985, de 19 de junio, del Régimen Electoral General
MAIN	Memoria del Análisis de Impacto Normativo
nº.	número
ODS	Objetivos de Desarrollo Sostenible
OMS	Organización Mundial de la Salud
ONCE	Organización Nacional de Ciegos Españoles
ONG	Organización no gubernamental
op. cit.	obra citada
p./pp.	página/s
pár./s.	párrafo/s
PIB	Producto Interior Bruto
PP	Partido Popular
PREDIF	Plataforma Representativa Estatal de Personas con Discapacidad Física
PREDIF ASCM	PREDIF Asociación Sociocultural en Galicia
PREDIF ECOM	PREDIF Confederación en Cataluña
Propuesta de 2015	Propuesta de Directiva del Parlamento Europeo y del Consejo, relativa a la aproximación de las disposiciones legales, reglamentarias y administrativas de los Estados miembros por lo que se refiere a los requisitos de accesibilidad de los productos y los servicios
Proyecto de Reglamento	Proyecto de Real Decreto por el que se regulan las condiciones básicas de accesibilidad y no discriminación de las personas con discapacidad para el acceso y utilización de los bienes y servicios a disposición del público (versión de 12 de mayo de 2022)

Proyecto de Ley 2022	Proyecto de Ley de trasposición de trasposición de Directivas de la Unión Europea en materia de accesibilidad de determinados productos y servicios, migración de personas altamente cualificadas, tributaria y digitalización de actuaciones notariales y registrales; y por la que se modifica la Ley 12/2011, de 27 de mayo, sobre responsabilidad civil por daños nucleares o producidos por materiales radiactivos
PSAP	Punto de respuesta de seguridad pública (por sus siglas en inglés que corresponden a *public safety answering point)*
RD	Real Decreto
RD 1112/2018	Real Decreto 1112/2018, de 7 de septiembre, sobre accesibilidad de los sitios web y aplicaciones para dispositivos móviles del sector público
RD 888/2022	Real Decreto 888/2022, de 18 de octubre, por el que se establece el procedimiento para el reconocimiento, declaración y calificación del grado de discapacidad
RD 193/2023	Real Decreto 193/2023, de 21 de marzo, por el que se regulan las condiciones básicas de accesibilidad y no discriminación de las personas con discapacidad para el acceso y utilización de los bienes y servicios a disposición del público
RDLeg.	Real Decreto Legislativo
RDLeg. 1/2013	Real Decreto Legislativo 1/2013, de 29 de noviembre, por el que se aprueba el Texto Refundido de la Ley General de derechos de las personas con discapacidad y de su inclusión social
RDLey	Real Decreto-Ley
RGPD	Reglamento (UE) 2016/679 del Parlamento Europeo y del Consejo, de 27 de abril de 2016, relativo a la protección de las personas físicas en lo que respecta al tratamiento de datos personales, y a la libre circulación de estos datos y por el que se deroga la Directiva 95/46/CE (Reglamento General de Protección de Datos)
Rgto. (UE) 2019/1020	Reglamento (UE) 2019/1020, del Parlamento Europeo y del Consejo, de 20 de junio de 2019, relativo a la vigilancia del mercado y la conformidad de los productos
ROJ	Repositorio Oficial de Jurisprudencia
SAP	Sentencia de la Audiencia Provincial
sec.	sección
SJPI	Sentencia del Juzgado de Primera Instancia
ss.	siguientes
STC	Sentencia del Tribunal Constitucional
STEDH	Sentencia del Tribunal Europeo de Derechos Humanos
STJUE	Sentencia del Tribunal de Justicia de la Unión Europea
STS	Sentencia del Tribunal Supremo
TC	Tribunal Constitucional
TCE	Tratado Constitutivo de la Comunidad Europea
TEDH	Tribunal Europeo de Derechos Humanos
TFUE	Tratado de Funcionamiento de la Unión Europea
TIC	Tecnologías de la Información y de la Comunicación

SJPI	Sentencia del Juzgado de Primera Instancia
TJUE	Tribunal de Justicia de la Unión Europea
TS	Tribunal Supremo
TSJ	Tribunal Superior de Justicia
TUE	Tratado de la Unión Europea
UCLM	Universidad de Castilla-La Mancha
UE	Unión Europea
últ.	último/a
vid.	véase
v.gr.	verbigracia
vol./s.	volumen/es

Prólogo

Esta monografía, la cuarta de su autora, constituye el resultado de una investigación marcada por la impronta social, presente siempre de alguna manera en la trayectoria académica de la profesora Morcillo Moreno.

La autora comenzó su brillante carrera académica, de forma valiente, abordando en su tesis doctoral la institución de la prejudicialidad, a caballo entre el Derecho procesal y el administrativo. Pretendía con ello aportar una posible solución a las resoluciones contradictorias sobre un mismo asunto procedentes de distintos órdenes jurisdiccionales. La complejidad del tema fue abordada con pericia y, lo que es más importante, con un lenguaje claro y envolvente que invitaba al lector a acompañar el análisis desde el inicio. Acababa yo de acceder a la cátedra de Derecho Administrativo de la Universidad de Castilla-La Mancha en la Facultad de Albacete y Juani Morcillo me honró pidiéndome que fuera la directora de su Tesis Doctoral.

Como señaló mi querido amigo José Garberí, catedrático de Derecho procesal en la Universidad de Castilla-La Mancha, al prologar una de las dos obras que reflejaron aquella investigación[1], no faltarían méritos a la autora para, "*si así lo desea, poder considerarse una procesalista frustrada, dada su demostrada pericia en esta última disciplina*".

---

1 Concretamente, *La prejudicialidad en el procedimiento administrativo*, ed. Bomarzo, Albacete, 2005. El otro libro fue *Teoría y práctica de las cuestiones prejudiciales en el ámbito del Derecho Administrativo (Las posibles contradicciones entre resoluciones de distintos órdenes jurisdiccionales)*, ed. La Ley, Madrid, 2007.

Una segunda línea de investigación de la profesora Morcillo, reflejada en su tercer libro[2], se centró –al margen de otros interesantes trabajos sobre descentralización territorial– en valorar en clave jurídica la inclusión de derechos estatutarios en la segunda hornada de Estatutos de Autonomía. A partir de ese momento, gracias a la dirección de varios títulos de posgrado y del programa "Incluye e Inserta UCLM", dirigido a formar a jóvenes con discapacidad intelectual en la universidad, su esfuerzo investigador se ha centrado en el estudio de los derechos de las personas con discapacidad y, más recientemente, en analizar a tal respecto los pros y contras de la tecnología. Se trata, pues, de una línea de investigación que va indisolublemente unida a su sensibilidad y su compromiso con las personas vulnerables.

Es así como, en la actualidad, Juani Morcillo se ha adentrado en el mundo de la digitalización y de la protección de los sectores sociales más expuestos a sufrir la brecha digital. Y es en dicho marco donde la accesibilidad reviste una importancia capital. Como la propia autora afirma en el libro que presento, la accesibilidad "es la llave que abre la puerta al ejercicio de numerosos derechos": sin entornos accesibles difícilmente se puede aspirar al pleno disfrute de los derechos en condiciones de igualdad. Esto es algo que, aunque resulte evidente, parece necesario recordar, pues la accesibilidad no beneficia solo a las personas con discapacidad, sino a toda la ciudadanía: tiene vocación universal. Y es que todos, en algún momento de nuestra vida y por alguna situación más o menos limitante, podemos necesitar un entorno adaptado.

---

2 *Validez y eficacia de los derechos estatutarios. En especial, el proyecto de reforma castellano-manchego,* ed. Cortes de Castilla-La Mancha, Toledo, 2013.

El trabajo resulta de plena actualidad por el hábil manejo y el conocimiento profundo de las normas más recientes que han propiciado importantes avances en los derechos de las personas con discapacidad, especialmente en materia de accesibilidad. Porque es difícil cuestionar que las personas con discapacidad tienen los mismos derechos que cualquier ciudadano; los conflictos afloran al articular mecanismos que garanticen de manera efectiva estos derechos, sobre todo cuando la implantación de estos mecanismos exige importantes inversiones públicas. Y aunque los poderes públicos tienen la responsabilidad principal derivada del mandato constitucional de los artículos 9.2 y 49, el tercer sector resulta decisivo, sobre todo en un país como España, donde organizaciones de este sector no solo han contribuido a ello poniendo de manifiesto las necesidades de estos colectivos, sino también, y sobre todo, asumiendo, incluso, la prestación de ciertos servicios.

En este contexto, la autora analiza pormenorizadamente la Directiva de Accesibilidad (Directiva 2019/882) y la reciente ley española que la traspone (Ley 11/2023), ambas referidas a los requisitos básicos de accesibilidad de determinados productos y servicios. La norma europea se aprobó para homogeneizar el marco normativo sobre accesibilidad en la Unión Europea, pues la falta de unas pautas comunes ha venido distorsionando el funcionamiento del mercado interior, no solo obstaculizando la libre circulación de bienes y servicios, sino también frenando el crecimiento económico. La profesora Morcillo pone de relieve los aspectos positivos de la norma, pero también critica sus deficiencias. Además, dada la redacción de la Directiva, en ocasiones excesivamente técnica, la autora acompaña el texto con imágenes o gráficos para mejorar su comprensión. Por otra parte, la norma española, aprobada con casi un año de retraso, incorpora junto a la Directiva de Accesibilidad varias normas europeas e internacionales que nada tienen que ver entre sí, lo que ha merecido la crítica del Consejo de Estado.

Por lo demás, dada la alta correspondencia entre las normas europea y nacional, la autora centra el análisis de la Ley 11/2023 en cuatro cuestiones clave, heredadas de la norma europea, resaltando las novedades con referencia a las apreciaciones realizadas por las entidades sociales en el seno del Consejo Nacional de la Discapacidad: (i) la accesibilidad de las comunicaciones de emergencia al número único europeo 112; (ii) la excepción de la accesibilidad cuando conlleve una modificación sustancial del producto o servicio, o suponga una carga desproporcionada para el agente económico; (iii) la exención total del cumplimiento de los requisitos de accesibilidad a las microempresas que presten servicios y la exención parcial a las dedicadas a productos; y (iv) los complejos plazos de entrada en vigor de la norma, junto a su disposición transitoria.

Así las cosas, el texto hace gala de la claridad sistemática y expositiva que caracteriza a la profesora Morcillo. De este modo, el libro se estructura en cuatro partes bien diferenciadas. El núcleo lo conforma el análisis tanto de la Directiva de Accesibilidad (parte segunda), como de la Ley 11/2023 (parte tercera). Sin embargo, la autora introduce el tema en una primera parte que incluye unas importantes reflexiones sobre la accesibilidad, auténtico leitmotiv de la obra, sin dejar de lado algunas referencias a los ajustes razonables y a la interpretación que de ambos conceptos dan los tribunales. La cuarta parte recoge unas consideraciones más breves sobre otra importante norma, esperada desde hace más de 18 años y cuya tramitación ha coincidido en gran medida con la ley de transposición de la Directiva de Accesibilidad. Se trata del Real Decreto 193/2023, que aprueba las condiciones básicas de accesibilidad y no discriminación de las personas con discapacidad para acceder y utilizar los bienes y servicios a disposición del público. Esta norma llega cuatro años después de que el Tribunal Supremo, en su sentencia 384/2019, condenara al Gobierno español a su aprobación tras constatar una total inactividad reglamentaria en la materia. Finalmente, y tras unas conclusiones que ofrecen una rigurosa panorámica general de la obra, ésta acaba con un anexo de la máxima utilidad donde, de manera gráfica, se exponen la correspondencia y las novedades que la Ley 11/2023 aporta con respecto a la Directiva de Accesibilidad.

El libro que el lector tiene en sus manos está llamado a ser una obra de referencia en la materia, no solo por la novedad de las disposiciones analizadas, sino también –y sobre todo– por el rigor con el que la profesora Morcillo trata los problemas que se plantean.

Para terminar, solo quiero añadir que el origen de este libro es el trabajo de investigación que la autora presentó en el concurso a la cátedra de Derecho Administrativo de la Universidad de Castilla-La Mancha, celebrado en mayo de este mismo año.

La profesora Morcillo no necesita presentación, pero al darme la oportunidad de escribir este prólogo me ha permitido acompañarla en su llegada a la meta, cerrando así un ciclo que iniciamos juntas con la elaboración de su Tesis doctoral y que, recientemente, ha culminado con el acceso a la cátedra.

CARMEN CHINCHILLA MARÍN
Madrid, julio de 2023

Introducción[1]

En el mundo hay unos 1.300 millones de personas con una discapacidad importante. Ello equivale al 16%[2], pero lo más preocupante es que dicha cifra está creciendo debido al envejecimiento de la población y al incremento de los problemas crónicos de salud.

---

1 Este trabajo se enmarca en sendos proyectos de investigación concedidos para el período comprendido entre el 01/09/2022 al 31/08/2025 y de los que somos investigadoras principales la profesora Susana de la Sierra y yo misma:
a) Proyecto nacional "Protección jurídica y oportunidades de los colectivos vulnerables ante la digitalización y la inteligencia artificial (PRODIGIA)" (Ref. PID2021-124967OB-I00/AEI/10.13039/501100011033/FEDER,UE), financiado por el Ministerio de Ciencia e Innovación dentro de las ayudas correspondientes a la convocatoria 2021 de ayudas a "Proyectos de generación de conocimiento" en el marco del Programa Estatal para Impulsar la Investigación Científico-Técnica y su Transferencia, del Plan Estatal de Investigación Científica, Técnica y de Innovación 2021-2023.
b) Proyecto regional "Digitalización y colectivos vulnerables: protección, garantías y propuestas para su implantación en Castilla-La Mancha (PRODIGITAL)" (Ref. SBPLY/21/180501/000089), financiado por la Consejería de Educación, Cultura y Deportes de Castilla-La Mancha dentro de las ayudas para la realización de proyectos de investigación científica y transferencia de tecnología, cofinanciadas por el Fondo Europeo de Desarrollo Regional (FEDER), año 2021.
Asimismo, forma parte de las actividades desarrolladas por el grupo de investigación Discapublic (Discapacidad y Políticas Públicas) de la UCLM en el marco de sendas ayudas convocadas a través del Plan Propio de Investigación y cofinanciadas en un 85% por el FEDER (Ref. 2019-GRIN-27086 y Ref. 2022-GRIN-34291).

2 Datos aportados por la Organización Mundial de la Salud: Discapacidad (who.int); consulta: 09/02/2023.

Situación equivalente se da en la Unión Europea (UE), donde unos 87 millones de personas tienen algún tipo de discapacidad, casi 1 de cada 4. Aunque ello representaría al 24% de la población, es cierto que dicho porcentaje varía según el país, oscilando entre el 11% de Malta y el 39,5% de Letonia[3]. En cualquier caso, de las personas con discapacidad existentes en la UE, el 48,5% tiene más de 65 años, mientras el 17,9% se encuentra entre los 16 y los 65 años. Por tanto, a medida que se envejece aumenta el número de personas con discapacidad, en no pocos casos dependientes.

Con relación a España, la última *Encuesta de Discapacidad, Autonomía personal y Situaciones de Dependencia* (EDAD), publicada en 2022 y referente a datos de 2020, refleja que unos 4,38 millones de personas tienen algún tipo de discapacidad, lo que equivale al 9,1% de la población[4]. De ellas, el 75,4% tiene 55 o más años, lo que de nuevo conduce a la correlación entre vejez y discapacidad.

Las personas con discapacidad se enfrentan día a día a obstáculos que impiden el disfrute de sus derechos en igualdad de condiciones que el resto de la ciudadanía: una escalera para una persona en silla de ruedas, un semáforo sin señales acústicas para una per-

---

3 *Vid.* Consejo Europeo, *La discapacidad en la UE: datos y cifras* (infografía de 17/05/2022): La discapacidad en la UE: datos y cifras–Consilium (europa.eu); consulta: 10/02/2023.

4 Del total de 47,4 millones de personas que conformaban el padrón municipal a fecha 1 de enero de 2020. La EDAD, censo oficial del INE, proporciona una base estadística para planificar políticas destinadas a las personas con discapacidad a fin de promover su autonomía personal y prevenir situaciones de dependencia. Hasta la fecha, se han realizado cuatro encuestas (1986, 1999, 2008 y 2020), habiéndose publicado los datos de la última el 28 de abril de 2022, basados en niños/as de 2 a 5 años con limitaciones y personas de 6 y más años con discapacidad existentes en 67.500 viviendas: Notas de prensa INE; consulta: 20/02/2023.

sona invidente, una película sin subtítulos para una persona sorda o unas instrucciones complejas en un cajero automático para una persona con discapacidad intelectual son algunas de las situaciones que comúnmente se asocian a las *personas que tienen discapacidad* y que evidencian, no sólo las dificultades para desenvolverse en un entorno que no responde a sus necesidades, sino también la necesidad de adoptar medidas que lo hagan accesible. Repárese en que las situaciones anteriores se solventarían con una rampa, unas señales acústicas cuando el semáforo cambiara de color, unos subtítulos en la pantalla o unas directrices en lectura fácil.

Este sencillo planteamiento adquiere un matiz distinto cuando nos damos cuenta de que, al vivir cada vez más, las limitaciones funcionales vinculadas a la longevidad nos convierten a *todos* en *potenciales sujetos con discapacidad*. En efecto, aunque es cierto que la edad avanzada no es una discapacidad, la elevada prevalencia de ésta entre las personas con mayor edad, así como los riesgos de dependencia hacen conveniente incluir a las personas mayores como beneficiarias directas de las mejoras de accesibilidad[5]. Pero no solo a ellas: algunas personas sin discapacidad y sin problemas relacionados con la vejez pueden tener ciertas dificultades para acceder a los bienes y servicios a disposición del público. Es el caso, por ejemplo, de los turistas o de las personas inmigrantes, que pueden tener un conoci-

---

5 En España, las personas de 65 o más años representan el 20% de la población (más de 9,4 millones) y tienen por delante una esperanza media de vida de 17,3 años (14,6 años los varones, 20 años las mujeres). Además de las discapacidades, parte de la población mayor reconoce dolencias o enfermedades que incrementan su fragilidad. Por ejemplo, la artrosis, artritis o reumatismo afectan a más de la mitad de las personas mayores, la hipertensión arterial a casi la mitad y los dolores de espalda crónicos, cervicales o lumbares a casi un tercio. *Vid.* "Memoria del análisis de impacto normativo" (pp. 10 y 11) del Proyecto de Reglamento, base del RD 193/2023, disponible en: rd_accesibilidad.pdf (mdsocialesa2030.gob.es).

miento limitado de la lengua del país visitado o de acogida y beneficiarse por ello de las medidas de accesibilidad dirigidas a las personas con discapacidad intelectual. Es más, ciertas situaciones o circunstancias puntuales en la vida (v.gr. una caída, un equipaje voluminoso, una conjuntivitis, etc.) pueden hacer que necesitemos un entorno adaptado.

Por ello, es imprescindible partir de la consideración de la accesibilidad como un derecho de todas las personas y de que cualquier análisis al respecto debe ir presidido por el principio de *universalidad*. Es importante adoptar medidas comunes que eliminen o disminuyan los obstáculos a los que hayan de enfrentarse las personas que presenten una discapacidad, ahora o en el futuro. Y dado que todos podemos vernos perjudicados por las características del ambiente en un momento dado, el logro de entornos, productos o servicios accesibles con los que podamos relacionarnos con seguridad, comodidad y autonomía se convierte en una cuestión de interés general para toda la ciudadanía.

En este contexto, uno de los problemas con que se enfrenta el desarrollo de un marco normativo sobre la discapacidad es el de la homogeneidad. Para cumplir los objetivos marcados por la *Convención Internacional sobre los Derechos de las Personas con Discapacidad* (CDPD), algunos Estados miembros de la UE han adoptado disposiciones en materia de accesibilidad de productos y servicios que no siempre han obedecido al mismo patrón. Es lo que sucede, por ejemplo, con los servicios de comunicación audiovisual, donde se utilizan normas diferentes para los subtítulos y la audiodescripción[6].

---

6 A este respecto, en España, desde 2006, el *Centro Español del Subtitulado y la Audiodescripción* (CESyA) fomenta y facilita la accesibilidad en los medios audiovisuales. Es un centro que depende del *Real Patronato sobre Discapacidad* del Ministerio de Derechos Sociales

Otros Estados carecen aún de una norma que unifique las condiciones básicas de accesibilidad de las personas con discapacidad para el acceso y utilización de los bienes y servicios a disposición del público. Hasta hace poco, era el caso de España, condenada por el Tribunal Supremo en la STS 384/2019, de 20 de marzo, a aprobar el reglamento que regulara las condiciones básicas de accesibilidad y no discriminación para el acceso y utilización de los bienes y servicios a disposición del público por las personas con discapacidad, tras estimar el recurso planteado por el *Comité Español de Representantes de Personas con Discapacidad* (CERMI)[7]. El tema es importante, pues la

---

y Agenda 2030, gestionado por la Universidad Carlos III de Madrid y con el que colabora el CERMI. La *Ley 13/2022, de 7 de julio, General de Comunicación Audiovisual,* reconoce al CESyA como centro estatal técnico de referencia en materia de accesibilidad audiovisual para personas con discapacidad (art. 109). En la actualidad, la norma UNE 153010:2012 contiene la información sobre el subtitulado para personas sordas y personas con discapacidad auditiva, mientras que lo relativo a la audiodescripción y la elaboración de audioguías para personas con discapacidad visual se recoge en la norma UNE 153020:2005. Aunque no son jurídicamente vinculantes, el éxito de tales normas se basa en la gran aceptación de sus usuarios.

7 Dicho pronunciamiento ordenaba al Ejecutivo a cumplir la disposición DF 3ª.2 del RDLeg. 1/2013, que daba un plazo de 2 años para aprobar dicho reglamento, plazo que venció el 4 de diciembre de 2015. Un detallado comentario de esta sentencia, segunda en constatar una inactividad reglamentaria *in totum* y condenar al Gobierno a dictar *ex novo* un reglamento (la primera había sido la STS 553/2018, de 5 de abril, al hilo de la *Ley 14/2011, de 1 de junio, de la Ciencia, la Tecnología y la Innovación* y la falta de un reglamento que desarrollara la carrera profesional y el régimen retributivo del personal investigador de nuevas escalas creadas por dicha ley), puede consultarse en mi trabajo de 2019 "El reto de la accesibilidad y su incumplimiento por los poderes públicos: consecuencias de la inactividad reglamentaria", *Revista de Administración Pública,* 210, *passim.*

falta de dichas condiciones básicas impedía avanzar en la inclusión de personas con discapacidad en ciertos ámbitos como la educación, la cultura o el deporte ante la falta de una mínima normativa estatal, más allá de ciertas disposiciones autonómicas sectoriales, a veces insuficientes. Pues bien, transcurridos 4 años desde aquel pronunciamiento y 18 desde que el Gobierno debiera haber adoptado el reglamento en cuestión, éste se ha aprobado finalmente mediante el RD 193/2023, cuya tramitación ha coincidido en buena medida con la de la ley de transposición de la Directiva de Accesibilidad.

A mayor abundamiento, las aludidas divergencias entre normativas sobre accesibilidad de productos y servicios de los Estados miembros han provocado una distorsión en el funcionamiento del mercado interior, pues obstaculizan la libre circulación de productos y servicios, desfiguran la competencia efectiva y, en última instancia, frenan el crecimiento económico. No resulta extraño, así, que los fabricantes de productos o proveedores de servicios que operan en el plano transfronterizo se muevan en un terreno de inseguridad jurídica, asumiendo a veces costes de producción añadidos para cumplir normas de accesibilidad que difieren de un Estado a otro. O que las pymes no puedan cumplir los requisitos nacionales de accesibilidad por falta de conocimientos técnicos y de medios[8].

---

[8] Sobre cómo afecta la brecha digital a las pymes, *vid.* Morcillo Moreno, Juana (2020), "Brecha digital y contratación pública", en Martín Delgado, I. y Moreno Molina, J.A., *Administración Electrónica, transparencia y contratación pública,* Iustel, Madrid, sobre todo pp. 262 y ss. Aunque el trabajo se centra en la contratación electrónica, resultan de interés las consideraciones sobre la evolución digital de las pymes a partir del *Informe e-PYME 2018: Análisis sectorial de la implantación de las TIC en las empresas españolas,* realizado por el Observatorio Nacional de las Telecomunicaciones y de la Sociedad de la Informa-

Sea como fuere, la demanda de productos y servicios es alta en el seno de la UE, y se prevé que lo sea aún más, por lo que hacer los mismos accesibles, por una parte, ampliará el mercado en el que los agentes económicos podrán vender sus productos y servicios y, por otra, mejorará las necesidades de los consumidores con discapacidad u otras limitaciones funcionales, contribuyendo a la inclusión, autonomía y participación de todas las personas en la sociedad en igualdad de condiciones. Como ya señaló en 2015 –y con gran acierto– la Propuesta que constituyó el origen de la Directiva objeto de este trabajo, la accesibilidad permite que las personas con limitaciones funcionales, incluidas aquellas con discapacidad, pueden percibir, utilizar y comprender los productos y servicios como las demás.

Así las cosas, el análisis de la Ley Europea de Accesibilidad y de la ley española que la transpone constituye el núcleo de este trabajo, precedido de unas breves –pero necesarias– reflexiones acerca de la accesibilidad y seguido de un breve apunte sobre el esperado reglamento que aprueba las condiciones básicas de accesibilidad para el acceso y utilización de los bienes y servicios a disposición del público.

---

ción, pp. 81 y ss. y disponible en: Informe ePyme 2016 (ontsi.es); consulta: 20/01/2023.

PRIMERA PARTE:
la accesibilidad como punto de partida

1. EL ENTORNO COMO ELEMENTO CONFIGURADOR DE LA DISCAPACIDAD

La *Convención Internacional sobre los Derechos de las Personas con Discapacidad*, aprobada por Naciones Unidas en diciembre de 2006, adopta un modelo social de la discapacidad. Ello se traduce fundamentalmente en que la condición de discapacidad de una persona se va a determinar no sólo con relación a su particular estado, sino también –y sobre todo– con relación al entorno en el que se desenvuelve. Así deriva de la propia definición de personas con discapacidad que recoge el artículo 1.2 CDPD como aquellas

> "que tengan deficiencias físicas, mentales, intelectuales o sensoriales a largo plazo que, al interactuar con diversas barreras, puedan impedir su participación plena y efectiva en la sociedad en igualdad de condiciones con las demás".

Y así se confirma también al entender la accesibilidad como derecho de las personas con discapacidad y como deber de los Estados (art. 9), incluyendo entre las formas de discriminación la denegación de ajustes razonables, es decir, la negativa a realizar, en un caso concreto, las adaptaciones necesarias y adecuadas que, sin imponer una carga desproporcionada, puedan garantizar a las personas con discapacidad el disfrute de sus derechos y libertades en igualdad de condiciones con las demás (art. 2).

En ocasiones los Estados incumplen este deber: no resulta extraño que las crisis, sobre todo económicas, tengan un serio reflejo en la calidad de vida de las personas con discapacidad, que ven reducidos sus derechos al disminuir las partidas presupuestarias que les afectan. La crisis sanitaria derivada del coronavirus constituye un ejemplo más, pues las terribles consecuencias de la pandemia en la economía, la educación, el empleo o la salud fueron –aún lo son– peores en el caso de los colectivos vulnerables[9]. Por ello, es muy importante la apelación a los Estados para que no descuiden sus políticas sociales ni aquellas cuestiones que, por su transversalidad, pueden condicionar el desarrollo socioeconómico de un país.

Es sabido que la CDPD comprometía a los Estados a adecuar su ordenamiento para asegurar a las personas con discapacidad el pleno ejercicio de todos los derechos humanos y libertades fundamentales sin discriminación. Y así lo hizo Espa-

---

9 No en vano, la *Dirección General de Políticas de Discapacidad* del Ministerio de Derechos Sociales y Agenda 2030 impulsó una investigación sobre el impacto de la crisis sanitaria de la Covid-19 y sus consecuencias socioeconómicas en las personas con discapacidad para proponer líneas de actuación adecuadas a los ODS de la Agenda 2030 en cinco ámbitos: empleo, educación, salud, servicios sociales y otros derechos básicos. *Vid.* García Goikoetxea; Ortega Alonso, Elena; Sanz, Raquel y Zalakaín Hernández, Josefa (2020), *El impacto de la pandemia COVID-19 en las personas con discapacidad,* Real Patronato sobre Discapacidad, Madrid. Especialmente interesantes son las conclusiones del estudio, que refieren, entre otras cosas, cómo la pandemia ha afectado –de forma directa o indirecta– al derecho a la accesibilidad universal, a la igualdad de oportunidades o al acceso a la información de carácter público de las personas con discapacidad (p. 136): El impacto de la pandemia Covid-19 en las personas con discapacidad (consaludmental.org); consulta: 05/02/2023.

ña, como Parte de la Convención[10], mediante la *Ley 26/2011, de 1 de agosto, de adaptación normativa a la Convención Internacional sobre los Derechos de las Personas con Discapacidad.* Aunque se habían dado ya importantes pasos en ese sentido[11], la citada norma selló la superación del modelo médico o rehabilitador que inspiró el artículo 49 CE y asumió una perspectiva social al configurar la discapacidad como "un complejo conjunto de condiciones, muchas de las cuales están originadas o agravadas por el entorno social"[12].

En efecto, el artículo 49 CE se pronuncia en los siguientes términos:

> "Los poderes públicos realizarán una política de previsión, tratamiento, rehabilitación e integración de los disminuidos físicos, sensoriales y psíquicos a los que prestarán la atención especializada que requieran y los ampararán especialmente para el disfrute de los derechos que este Título otorga a todos los ciudadanos".

Como puede apreciarse, amén de la obsoleta referencia a *disminuidos* –término en claro desuso por sus connotaciones peyorativas y que se ha sustituido por el de *personas con discapa-*

---

10 España ratificó la CDPD y su Protocolo Facultativo el 21 de abril de 2008, entrando en vigor el 3 de mayo de ese año. Desde entonces, como señala el artículo 96.1 CE, forma parte del ordenamiento jurídico español, razón por la que era necesario adaptar y modificar la normativa interna para hacer efectivos los derechos recogidos en la norma internacional. Sobre los efectos jurídicos de la CDPD en el ordenamiento jurídico español a través del artículo 10.2 CE, *vid.* Morcillo Moreno, Juana (2019), "El reto de la accesibilidad y su incumplimiento por los poderes públicos…, *cit.*, pp. 292 a 299.

11 Sobre todo, con la *Ley 51/2003, de 2 de diciembre, de igualdad de oportunidades, no discriminación y accesibilidad universal de las personas con discapacidad* (la conocida LIONDAU).

12 *Vid.* preámbulo Ley 26/2011.

cidad–, el citado precepto contiene un mandato dirigido a los poderes públicos para que éstos aborden el tratamiento de la discapacidad desde una perspectiva, a nuestro juicio, más médica que social. Esta fue la principal razón por la que, en mayo de 2021, se aprobó el *Proyecto de reforma del artículo 49 de la Constitución Española, relativo a la protección y promoción de los derechos de las personas con discapacidad en España,* que se está tramitando actualmente en el Congreso[13]. El citado proyecto propone una nueva redacción del artículo 49 CE en los siguientes términos:

> "1. Las personas con discapacidad son titulares de los derechos y deberes previstos en este Título en condiciones

---

[13] El texto puede consultarse en el BOCG Congreso de los Diputados, Serie A, núm. 54-2, de 21 de mayo de 2021, disponible en: 102/000001 Proyecto de reforma del artículo 49 de la Constitución Española (congreso.es). El proyecto trae causa de un anteproyecto aprobado en diciembre de 2018, a iniciativa de Carmen Calvo –entonces vicepresidenta del Gobierno español y ministra de la Presidencia, Relaciones con las Cortes e Igualdad– a partir de la propuesta de la Comisión para las políticas integrales de la discapacidad del Congreso de los Diputados y que había contado con la participación del CERMI.

En el momento de corregir las últimas pruebas de este texto (diciembre de 2023), PSOE y PP han llegado a un acuerdo para reformar el artículo 49 CE en enero de 2024 por el procedimiento de urgencia y lectura única. El nuevo texto se compone de dos apartados con la siguiente redacción: "1. Las personas con discapacidad ejercen los derechos previstos en este Título en condiciones de libertad e igualdad reales y efectivas. Se regulará por ley la protección especial que sea necesaria para dicho ejercicio. 2. Los poderes públicos impulsarán las políticas que garanticen la plena autonomía personal y la inclusión social de las personas con discapacidad, en entornos universalmente accesibles. Asimismo, fomentarán la participación de sus organizaciones, en los términos que la ley establezca. Se atenderán particularmente las necesidades especificas de las mujeres y los menores con discapacidad"

de libertad e igualdad real y efectiva, sin que pueda producirse discriminación.

2. Los poderes públicos realizarán las políticas necesarias para garantizar la plena autonomía personal e inclusión social de las personas con discapacidad. Estas políticas respetarán su libertad de elección y preferencias, y serán adoptadas con la participación de las organizaciones representativas de personas con discapacidad en los términos que establezcan las leyes. Se atenderán particularmente las necesidades específicas de las mujeres y niñas con discapacidad.

3. Se regulará la especial protección de las personas con discapacidad para el pleno ejercicio de sus derechos y deberes.

4. Las personas con discapacidad gozan de la protección prevista en los tratados internacionales ratificados por España que velan por sus derechos".

Con todo, hay quienes sostienen que no es necesaria una reforma del citado precepto, pues el mismo sería susceptible de una interpretación conforme con la CDPD en virtud de los artículos 10.2 y 96.1 CE[14]. El propio Consejo de Estado, en su *Dictamen nº 1030/2018, de 28 de febrero de 2019,* al anteproyecto de reforma del artículo 49 CE se mostró reacio a dicha mo-

---

14 En este sentido, Rodríguez-Piñero, consejero permanente del Consejo de Estado, ha señalado que *"no es correcta la frecuente interpretación del art. 49 CE que ve en él, al margen de la obsoleta terminología que utiliza, una consagración de una visión meramente reparadora o médica del tratamiento de la discapacidad, ya que en su texto se incluye una protección jurídica desde un enfoque de derechos que puede considerarse como una justificación implícita de una consideración 'social' de la discapacidad". Vid.* Rodríguez-Piñero y Bravo Ferrer, Miguel (2018), "Artículo 49", en Rodríguez-Piñero y Bravo Ferrer, M. y Casas Baamonde, M.E., *Comentarios a la Constitución española. XL Aniversario,* Tomo I, BOE, Madrid, pp. 1405.

dificación[15]. Nosotros somos partidarios de una adaptación al nuevo contexto socio-jurídico.

Sea como fuere, el referido modelo social de la discapacidad se desplazó de forma indubitada a la norma que constituye actualmente en España el referente en materia de derechos de las personas con discapacidad, el *Real Decreto Legislativo 1/2013, de 29 de noviembre, por el que se aprueba el Texto Refundido de la Ley General de derechos de las personas con discapacidad y de su inclusión social*[16] (RDLeg. 1/2013). Este texto reitera cómo la discapacidad deriva de la interacción entre la persona con deficiencias previsiblemente permanentes y cualquier tipo de barreras que limiten o impidan su participación plena en la sociedad, en igualdad de condiciones con las demás[17].

Debe tenerse en cuenta, además, que al valorar el grado de discapacidad –expresado en un porcentaje– el reciente *Real Decreto 888/2022, de 18 de octubre, por el que se establece el procedimien-*

---

15 Rafael de Asís, por su parte, ha llamado la atención acerca de que el *Comité sobre los Derechos de las Personas con Discapacidad*, en su segundo informe sobre España –emitido en 2019–, no hiciera referencia al contenido del artículo 49 CE. Con todo, este autor hace una valoración del aludido dictamen del Consejo de Estado y ofrece unas valiosas sugerencias para la reforma del tratamiento de la discapacidad en la CE. *Vid.* De Asís Roig, Rafael (2020), "De nuevo sobre Constitución y discapacidad", *Universitas*, 32, pp. 58 y ss.

16 El RDLeg. 1/2013 procede del encargo que la DF 2ª de la Ley 26/2011 –en la redacción dada por la DF 5ª de la *Ley 12/2012, de 26 de diciembre, de medidas urgentes de liberalización del comercio y de determinados servicios*– hacía al Gobierno de refundir, aclarar y armonizar, en un solo texto, tres leyes: la *Ley 13/1982, de 7 de abril, de integración social de los minusválidos* (LISMI), la LIONDAU y la *Ley 49/2007, de 26 de diciembre, de infracciones y sanciones en materia de igualdad de oportunidades, no discriminación y accesibilidad universal de las personas con discapacidad.*

17 Art. 2.a) RDLeg. 1/2013.

to para el reconocimiento, declaración y calificación del grado de discapacidad[18], toma en consideración criterios técnicos unificados que incluyen, no solo las circunstancias que presente la persona (deficiencias, limitaciones en la actividad y restricciones en la participación), sino también *factores contextuales y barreras ambientales* de su entorno real que pueden actuar como barrera, incrementando su discapacidad y restringiendo su participación plena en la sociedad. El anexo VI del RD 888/2022 incluye algunos ejemplos de tales factores, como que

> "el ambiente físico sea inaccesible, la falta de tecnología asistencial adecuada, actitudes negativas de la población respecto a la discapacidad, y también servicios, sistemas y políticas que bien, no existen o dificultan la participación de las personas con una condición de salud en todas las áreas de la vida".

Y debe tenerse en cuenta también el importante rol que desempeña el entorno en la *atención temprana.* Ésta incluye las intervenciones dirigidas a la población infantil menor de 6 años, cuando existan dificultades en su desarrollo o riesgo de que aparezcan, así como a sus familias y al entorno[19]. Resulta funda-

---

18 Esta norma, en vigor desde el 20 de abril de 2023, ha derogado el *Real Decreto 1971/1999, de 23 de diciembre,* que ha estado vigente durante más de 23 años, aunque ha sido modificado en varias ocasiones.

19 Esta es la idea que trasluce en la definición de "atención temprana" contenida en el respectivo artículo 2.a) de las recientes leyes *2/2023, de 10 de febrero, de Atención Temprana en Castilla-La Mancha,* y *1/2023, de 16 de febrero, por la que se regula la atención temprana en la Comunidad Autónoma de Andalucía.* Canarias (*Ley 12/2019, de 25 de abril*) y Murcia (*Ley 6/2021, de 23 de diciembre*) también regulan los servicios de atención temprana en una ley específica. Las leyes andaluza y manchega tienen presente el principio de accesibilidad universal y, particularmente, la segunda recoge entre los principios rectores de dichos servicios la accesibilidad universal. Así, cualquier tipo de información y materiales necesarios para llevar a cabo el

mental, por tanto, analizar el contexto habitual, esto es, el entorno natural –físico, social y temporal[20]– en que se desenvuelve el menor y su núcleo familiar para identificar posibles factores de riesgo y, en su caso, actuar preventivamente sobre las barreras que condicionen el desarrollo en los primeros años de vida.

En consecuencia, el entorno debe entenderse en un sentido amplio, comprensivo no sólo de las barreras físicas, sino también de las tecnológicas, económicas y políticas, así como de las sociales y culturales, en no pocas ocasiones más difíciles de detectar y, sobre todo, de contener. De ahí que sea un elemento esencial en la configuración de la discapacidad, hasta el punto de poder limitar –o incluso impedir– la participación plena y efectiva en la sociedad de las personas con discapacidad, pero también hasta el punto de poder facilitarles dicha participación.

---

proceso de intervención en atención temprana se proporcionarán "por parte de los profesionales en formato accesible para la familia" [art. 5.n)]. La importancia de la atención temprana está *in crescendo*. De hecho, el *Plan Nacional para Bienestar Saludable de las Personas con Discapacidad 2022-2026*, elaborado por el Ministerio de Derechos Sociales y Agenda 2030 en cumplimiento de la DAd. 6ª del RDLeg. 1/2013, reconoce entre sus líneas de actuación la atención temprana *"como un derecho subjetivo de todas las niñas y niños"* (*vid. Plan Nacional para Bienestar Saludable de las Personas con Discapacidad 2022-2026*, disponible en: Microsoft Word–Final LF_Resumen Plan nacional para bienestar saludable (mdsocialesa2030.gob.es), pp. 42 y 79; consulta: 13/04/2023).

20 La ley manchega 2/2023, citada en la nota anterior, define *entorno natural* como el ambiente "donde se produce el desarrollo humano como resultado de las interacciones que las niñas o niños mantienen con el entorno físico (espacio, equipo y materiales...), el entorno social (interacciones con hermanos, compañeros y familiares...) y el entorno temporal (secuencia y duración de las actividades y rutinas de cada día)" [art. 2.f)].

2. ACCESIBILIDAD UNIVERSAL, DISEÑO PARA TODAS LAS PERSONAS Y AJUSTES RAZONABLES: CLAVES PARA LA PLENA PARTICIPACIÓN EN LA SOCIEDAD

2.1. La accesibilidad universal como derecho y presupuesto de una vida independiente: encuadre normativo

La *accesibilidad* es la llave que abre la puerta al ejercicio de numerosos derechos. Sin acceso al entorno físico y al transporte no hay una libertad de circulación total. Sin acceso a la información y a la comunicación no existe una verdadera libertad de expresión. Son solo dos ejemplos. Pero, además de constituir un medio para garantizar el ejercicio de tales derechos, la accesibilidad constituye un fin en sí mismo, traducido en el derecho a vivir de forma independiente y de participar plenamente en todos los aspectos de la vida.

Por ello, el adjetivo *universal* no es un mero epíteto, sino un rasgo configurador de su naturaleza, pues todas las personas necesitamos entornos accesibles –esto es, comprensibles, utilizables y practicables[21]– para el pleno disfrute de nuestros derechos. Negar lo anterior derivaría en una desventaja que podría conducir a una discriminación indirecta.

De ahí que *accesibilidad* e *igualdad y no discriminación* constituyan las dos caras de una misma moneda. Y de ahí seguramente que, aunque sería recomendable reformar el artículo 49 CE, no solo en su redacción, sino también en su ubicación

---

21 *Vid.* Exposición de Motivos, apdo. I, LIONDAU, auténtica norma precursora de la accesibilidad universal en España.

–trasladándolo a la sección 1ª del capítulo II del Título I–[22], dicho cambio no haya sido prioritario: hasta la fecha, las vulneraciones en materia de accesibilidad y de ajustes razonables se han reconducido a la vía del artículo 14 CE. Por ello, algunos autores han defendido que se dedique un precepto constitucional a la accesibilidad o que se aluda a ésta expresamente en el artículo 14 CE[23].

Habida cuenta de que en los textos constitucionales no se le daba el debido reconocimiento y de que, por ello, muchos países incumplían de forma sistemática las condiciones de accesibilidad a entornos, bienes y servicios, la CDPD incluye, entre su catálogo de derechos, la accesibilidad. Así, el artículo 9 CDPD concreta su significado y la considera medio necesario para asegurar la independencia de las personas con discapacidad y su plena participación en la sociedad en igualdad de condiciones con las demás. La efectividad de estos derechos depende de la interacción con el entorno, tanto urbano como rural, y de que los Estados adopten medidas no sólo para *eliminar los obstáculos ya existentes*, sino también para concebir los

---

22 Con relación a la regulación, efectividad y justiciabilidad de los derechos sociales, el profesor Souvirón Morenilla realiza algunas interesantes propuestas en su trabajo de 2016 "Ámbito y alcance de los derechos sociales en España: los colectivos vulnerables", en González Ríos, I. (dir.), *Derechos sociales y protección de colectivos vulnerables*, Tirant lo Blanch, Valencia, especialmente en pp. 84 y 85. Entre dichas propuestas, apunta a una *"definición más precisa y al máximo nivel normativo de los derechos sociales"* por el ordenamiento, lo que, en el caso español, *"podría requerir el desplazamiento del derecho social de que se trate al lugar sistemático de la Constitución que le conceda el máximo reconocimiento y protección"*. Y apunta también a la existencia de *"un estatuto general básico del reconocimiento y disfrute de los correspondientes derechos en el caso de los colectivos más vulnerables"*.

23 *Vid.* De Asís, Rafael (2020), "De nuevo sobre Constitución y discapacidad", *cit.*, p. 62.

nuevos espacios, productos y servicios según los principios del *diseño universal* para su uso por el mayor número de personas de la forma más autónoma posible, sin necesidad de adaptación o rediseño alguno.

En su apartado 1, el artículo 9 garantiza el *derecho* a la accesibilidad en dos contextos distintos, pero sin duda complementarios. De una parte, el relativo a "edificios, vías públicas, transporte y otras instalaciones exteriores e interiores como escuelas, viviendas, instalaciones médicas y lugares de trabajo"[24]. De otra, el relativo a los "servicios de información, comunicaciones y de otro tipo, incluidos los servicios electrónicos y de emergencia"[25]. Aunque el precepto menciona estos dos ámbitos, no cabe excluir la aplicación de medidas accesibilidad a otros distintos.

A su vez, el apartado 2 recoge sin ánimo exhaustivo, como *deber* de los Estados, un elenco de medidas a adoptar en las instalaciones y servicios abiertos al público o de uso público que bien pueden constituir un reflejo práctico de lo indicado en el apartado 1:

a. Desarrollar, promulgar y supervisar la aplicación de normas mínimas y directrices sobre la accesibilidad de las instalaciones y los servicios abiertos al público o de uso público;

---

24 Dentro del concepto "otras instalaciones exteriores e interiores", en su *Observación general nº. 2 (2014) sobre el artículo 9: accesibilidad* el Comité consideró que debían incluirse *"los tribunales, las prisiones, las instituciones sociales, las áreas de interacción social y recreación de actividades culturales, religiosas, políticas y deportivas, y los establecimientos comerciales"* (apdo. 17).

25 Como en el caso anterior, en "otro tipo" de servicios el Comité incluyó *"los servicios postales, bancarios, de telecomunicaciones y de información". Vid.* apdo. 17 *Observación general 2 (2014), cit.*

b. Asegurar que las entidades privadas que proporcionan instalaciones y servicios abiertos al público o de uso público tengan en cuenta todos los aspectos de su accesibilidad para las personas con discapacidad;

c. Ofrecer formación a todas las personas involucradas en los problemas de accesibilidad a que se enfrentan las personas con discapacidad;

d. Dotar a los edificios y otras instalaciones abiertas al público de señalización en Braille y en formatos de fácil lectura y comprensión;

e. Ofrecer formas de asistencia humana o animal e intermediarios, incluidos guías, lectores e intérpretes profesionales de la lengua de señas, para facilitar el acceso a edificios y otras instalaciones abiertas al público;

f. Promover otras formas adecuadas de asistencia y apoyo a las personas con discapacidad para asegurar su acceso a la información;

g. Promover el acceso de las personas con discapacidad a los nuevos sistemas y tecnologías de la información y las comunicaciones, incluida Internet;

h. Promover el diseño, el desarrollo, la producción y la distribución de sistemas y tecnologías de la información y las comunicaciones accesibles en una etapa temprana[26], a fin de que estos sistemas y tecnologías sean accesibles al menor costo".

---

26 Aunque podría pensarse que el precepto se refiere a "etapa temprana" desde el punto de vista de la edad de las personas, de la *Observación general 2 (2014)* se deduce que dicha expresión alude a la idea de la accesibilidad desde el inicio, esto es, desde la proyección de las nuevas tecnologías (apdo. 22).

Se recogen, pues, medidas que van desde la aprobación de normas mínimas sobre accesibilidad a la promoción del acceso a la información –incluidas las TIC[27]–, pasando por el control de las entidades privadas, la necesaria formación de los sujetos implicados o la mención de canales alternativos de comunicación como el braille, la lectura fácil o la lengua de signos.

La accesibilidad también constituye una de las prioridades de la *Estrategia Europea sobre los derechos de las personas con discapacidad para 2021-2030*[28], que considera la accesibilidad, no solo una herramienta para ejercer los derechos, sino también un requisito previo para la plena participación de las personas con discapacidad en igualdad de condiciones. La nueva Estrategia, a partir de los resultados de la anterior Estrategia Europea sobre Discapacidad 2010-2020, ofrece una perspectiva interseccional de la discapacidad y refleja una preocupación por el aumento de la prevalencia de la discapacidad con la edad, dado que casi el 50% de las personas mayores de 65 años presentan algún tipo de discapacidad. Entre las iniciativas más destacables, y dada la existencia de ámbitos aún no cubiertos por normas europeas de accesibilidad, la Comisión Europea se comprometió a poner en marcha, en 2022, un

27 La garantía de los derechos digitales de las personas con discapacidad pasa por promover la capacidad de uso de la tecnología, pero también por posibilitar *"un acceso pleno a todas las herramientas tecnológicas que además faciliten el desarrollo de la personalidad"*. *Vid.* Alba Ferré, Esther (2022), "Riesgos y derechos digitales de las personas con discapacidad", en García-Antón Palacios, E. (dir.), *Los derechos humanos en la inteligencia artificial: su integración en los ODS de la Agenda 2030,* Thomson Reuters Aranzadi, Pamplona, p. 109.

28 *Una Unión de la Igualdad: Estrategia Europea sobre los derechos de las personas con discapacidad para 2021-2030,* aprobada por la Comunicación de la Comisión COM(2021) 101 final, disponible en: EUR-Lex–52021DC0101–EN–EUR-Lex (europa.eu); consulta: 11/02/2023.

centro europeo de accesibilidad para promover la políticas sobre accesibilidad en los Estados miembros y también como fuente de información y buenas prácticas. Con cierto retraso, la UE anunció en abril de 2023 la creación del *Centro Europeo de Accesibilidad (AccesibleUE)*[29], dirigido por un consorcio liderado por FONCE y que contará con autoridades de cada país y expertos y profesionales de todos los ámbitos de la discapacidad. El nuevo centro se centrará en cuatro sectores: entorno construido, transporte, tecnología y políticas.

Ya en España, la *Estrategia Española sobre Discapacidad 2022-2030*[30], aprobada por el Consejo de Ministros el 3 de mayo de 2022, dedica su eje 4 al diseño y la accesibilidad universal. Entre las principales líneas de actuación y medidas recogidas a escala estatal, algunas ya implantadas, podemos subrayar las siguientes[31]: (i) aprobar el *II Plan Nacional de Accesibilidad*

---

29 Para facilitar el trasvase de información, buenas prácticas y herramientas, se pondrá en marcha una biblioteca *online* sobre accesibilidad que dará acceso a las bases de datos más importantes sobre legislación, estándares, documentación, productos, tecnologías de asistencia, etc. *Vid.* AccesibleEU: El nuevo Centro Europeo de Accesibilidad de la Unión Europea | Equipo Europa; consulta: 13/04/2023.

30 *Estrategia Española sobre Discapacidad 2022-2030. Para el acceso, goce y disfrute de los derechos humanos de las personas con discapacidad*, disponible en: estrategia-espanola-discapacidad-2022-2030-def.pdf (mdsocialesa2030.gob.es); consulta: 13/04/2023. El documento incluye un *eje motor* (sobre ciudadanía activa y pleno ejercicio de los derechos humanos), *4 ejes centrales* (sobre inclusión social y participación; autonomía personal y vida independiente; igualdad y diversidad; y diseño y accesibilidad universal) y otro *transversal* (sobre perspectiva de género, cohesión territorial, sistemas de información, gobernanza y diálogo civil, innovación y desarrollo sostenible).

31 *Vid. Estrategia Española sobre Discapacidad 2022-2030, cit.*, pp. 87-91.

Universal[32], prestando especial atención a las zonas rurales; (ii) garantizar la accesibilidad en entornos urbanos, mediante la revisión del *Reglamento General de Circulación*; (iii) mejorar de la accesibilidad para las personas con discapacidad en las pruebas para obtener el permiso de conducción; (iv) promocionar la incorporación de módulos formativos sobre accesibilidad universal en todas las disciplinas y niveles de enseñanza de formación profesional y universitaria. Más concretamente, la referida Estrategia también incluye todo un grupo de medidas que conectan directamente con el tema central de este trabajo y que desarrollaremos más adelante, a saber: (v) exigir el cumplimiento de condiciones de accesibilidad en los productos y servicios donde sea procedente, estableciendo los oportunos mecanismos de control y sanción (v.gr. condicionando las licencias, concesiones o subvenciones a dicho cumplimiento); (vi) asegurar que el 112 sea accesible para las personas sordas, posibilitando la localización y atención de la llamada con independencia de la comunidad autónoma desde donde se produzca; (vii) aprobar el RD de condiciones básicas de accesibilidad para el acceso y utilización de los bienes y servicios a disposición del público[33], así como la transposición de la Directiva de Accesibilidad[34]; (viii) regular la accesibilidad

---

32 El I Plan Nacional de Accesibilidad 2004-2012 surgió de la LIONDAU. En la actualidad, la *Dirección General de Derechos de las Personas con Discapacidad*, en colaboración con FONCE, está desarrollando el II Plan Nacional de Accesibilidad. *Vid.* Ministerio de Derechos Sociales y Agenda 2030–Información sobre discapacidad (mdsocialesa2030.gob.es); consulta: 30/06/2023.

33 Se trata del RD 193/2023, comentado en la cuarta parte de este trabajo.

34 Realizada mediante la Ley 11/2023, analizada en la tercera parte y en el anexo de este trabajo.

cognitiva[35], el etiquetado accesible[36] y el destino de fondos derivados de las sanciones impuestas según el RDLeg. 1/2013 a programas de accesibilidad de los servicios públicos[37]; (ix) crear un centro español sobre trastornos del espectro del autismo[38]; y (x) garantizar el acceso a una información accesible en todos los medios de comunicación, webs y *apps* del sector público[39].

En cuanto al marco legal español, el punto de partida, como no podía ser de otro modo, es el RDLeg. 1/2013, cuyo artículo 2.k) define la *accesibilidad universal* como aquella condición

> "que deben cumplir los entornos, procesos, bienes, productos y servicios, así como los objetos, instrumentos, herramientas y dispositivos para ser comprensibles, utilizables y practicables por todas las personas en condiciones de seguridad y comodidad y de la forma más autónoma y natural posible. *En la accesibilidad universal está incluida la accesibilidad cognitiva para permitir la fácil comprensión, la comunicación e interacción*

---

35 La Ley 6/2022 ha reformado a tal fin el RDLeg. 1/2013.

36 La Ley 4/2022 hizo el correspondiente encargo al Gobierno.

37 Para ello, la DF 2ª Ley 11/2023 modifica la *Ley 33/2003, de 3 de noviembre, del Patrimonio de las Administraciones Públicas*.

38 *Vid.* DAd. 9ª Ley 11/2023.

39 La accesibilidad de todos estos servicios, amén de estar recogida en el RD 1112/2018 respecto al sector público, también se incluye en el ámbito de aplicación de la Directiva de Accesibilidad y, por ende, de la Ley 11/2023, que, además, la extienden al sector privado (respectivos arts. 2.2 DA y Ley 11/2023). Por lo demás, el *Plan Nacional para Bienestar Saludable de las Personas con Discapacidad 2022-2026, cit.*, establece entre sus líneas de actuación incorporar los cambios normativos oportunos *"para que la teleasistencia sea universalmente accesible"* (pp. 44 y 79), previsión sumamente interesante, pero que no se ha recogido ni en la Directiva de Accesibilidad, ni en la Ley 11/2023, al quedar fuera de su ámbito de aplicación los servicios de salud. La norma nacional sí que podría haber incluido estos servicios, como, por otra parte, habían sugerido FONCE y ONCE en el *Informe* del CND presentado frente al entonces anteproyecto de ley.

> *a todas las personas. La accesibilidad cognitiva se despliega y hace efectiva a través de la lectura fácil, sistemas alternativos y aumentativos de comunicación, pictogramas y otros medios humanos y tecnológicos disponibles para tal fin.* Presupone la estrategia de 'diseño universal o diseño para todas las personas', y se entiende sin perjuicio de los ajustes razonables que deban adoptarse".

La cursiva, que es nuestra, refleja el importante añadido de la Ley 6/2022 para incluir la *accesibilidad cognitiva* como parte integrante e indiscutible de la accesibilidad universal (a esta norma, y a la importante Ley 8/2021, nos referiremos en el epígrafe siguiente). Así pues, salvo por la citada incorporación, la definición es idéntica a la recogida 10 años antes en la LIONDAU. A su vez, el artículo 5 del RDLeg. 1/2013 concreta los ámbitos en que debe garantizarse la accesibilidad universal, a saber[40]:

a. Telecomunicaciones y sociedad de la información.

b. Espacios públicos urbanizados, infraestructuras y edificación.

c. Transportes.

d. Bienes y servicios a disposición del público.

e. Relaciones con las administraciones públicas, incluido el acceso a las prestaciones públicas y a las resoluciones administrativas.

f. Administración de justicia.

g. Participación en la vida pública y en los procesos electorales.

---

40 Este precepto ha sido también modificado por la Ley 6/2022, básicamente para incluir la accesibilidad en la participación pública y en los procesos electorales.

h. Patrimonio cultural, según su normativa y conciliando la protección patrimonial, de un lado, y el acceso, goce y disfrute por las personas con discapacidad, de otro.

i. Empleo.

Desde el primer momento, el texto cabecera de la discapacidad en España conecta la accesibilidad con los derechos a vivir de forma independiente y a participar plenamente en todos los aspectos de la vida. Asimismo, su artículo 23 encomienda al Gobierno –sin perjuicio de las competencias autonómicas y locales, y en virtud del título competencial recogido en el artículo 149.1.1° CE[41]– regular las condiciones básicas de accesibilidad que garanticen, en cada uno de los ámbitos referidos, el mismo nivel de igualdad de oportunidades a las personas con discapacidad[42]. Así pues, los tres artículos citados [2.k), 5 y 23] constituyen el núcleo duro de la regulación y su eventual

41 Que, como es sabido, atribuye al Estado la competencia exclusiva para regular "las condiciones básicas que garanticen la igualdad de todos los españoles en el ejercicio de los derechos y en el cumplimiento de los deberes constitucionales".

42 En sus artículos 24 y siguientes, el RDLeg. 1/2013 concreta, ámbito por ámbito, dicho encargo (art. 24: sociedad de la información y medios de comunicación social; art. 25: espacios públicos urbanizados y edificación; art. 27: medios de transporte; art. 28: relaciones con las administraciones públicas y participación en la vida política y en los procesos electorales; art. 29: bienes y servicios a disposición del público; y art. 29 bis: accesibilidad cognitiva). En relación con el patrimonio cultural la regulación se remite a la legislación de patrimonio histórico y, en cuanto al empleo, el artículo 22.2 considera supletorias las condiciones básicas de accesibilidad recogidas en el RDLeg. 1/2013, siendo de aplicación preferente la legislación laboral.

vulneración deberá conectarse, como indicamos *supra,* con el artículo 14 CE[43].

A su vez, merecen siquiera una breve mención dos leyes relativamente recientes: la *Ley 4/2022, de 25 de febrero, de Protección de los consumidores y usuarios frente a situaciones de vulnerabilidad social y económica,* y la *Ley 15/2022, de 12 de julio, integral para la igualdad de trato y la no discriminación:*

- La Ley 4/2022 modifica la *Ley General para la Defensa de los Consumidores y Usuarios* para incluir en ella el concepto de *persona consumidora vulnerable.* Dicho concepto se aplica a las personas con discapacidad cuando su situación les coloque en "una especial situación de subordinación, indefensión o desprotección" que les impida ejercer sus derechos en materia de consumo en iguales condiciones que el resto de consumidores[44]. De esta norma queremos destacar su DAd. 1ª, que encarga al Gobierno un reglamento que regule el *etiquetado inclusivo,* esto es, un etiquetado

  > "en alfabeto braille, así como en otros formatos que garanticen la accesibilidad universal de aquellos bienes y productos de consumo de especial relevancia para la protección de la seguridad, integridad y calidad de vida, especialmente de las personas ciegas y con discapacidad visual como personas consumidoras vulnerables".

---

43 *Vid.*, en este sentido, Bueyo Díez Jalón, María (2015), "Derecho a la vida independiente. Accesibilidad", en Arenas Escribano, F. y Cabra de Luna, M.A. (coords.), *Comentarios al Texto Refundido de la Ley General de derechos de las personas con discapacidad y de su inclusión social,* La Ley, Madrid, p. 411.

44 Nuevo apartado 2 del artículo 3 del *Real Decreto Legislativo 1/2007, de 16 de noviembre, por el que se aprueba el texto refundido de la Ley General para la Defensa de los Consumidores y Usuarios y otras leyes complementarias.*

A este respecto, en septiembre de 2022 finalizó la consulta pública previa, lanzada por el Ministerio de Consumo, del *Real Decreto por el que se regula el etiquetado en alfabeto braille y otros formatos para garantizar la accesibilidad universal a bienes y productos de consumo de especial relevancia*[45].

- La Ley 15/2022 es una suerte de norma *ómnibus* que pretende ser el mínimo común normativo aplicable frente a cualquier discriminación, directa o indirecta, que tenga lugar en el ámbito público o privado. La sola lectura del artículo 3, referido a su ámbito objetivo de aplicación, trasluce una ambición regulatoria cuya eficacia está aún por ver[46]. En cualquier caso, como no podía ser de otro modo, entre las posibles causas de discriminación la Ley 15/2022 incluye la discapacidad y, además, asume como principio inspirador la *accesibilidad universal* en todas sus vertientes (física,

45 El texto de la consulta puede consultarse en este enlace: 20220714 Consulta pública previa Braille.pdf (consumo.gob.es); consulta: 15/04/2023.

46 En este sentido, la norma se aplica tanto al acceso, promoción, condiciones de trabajo y formación en el empleo público y privado, como a la inteligencia artificial y a la gestión masiva de datos, pasando por la educación, la sanidad, el transporte, la cultura, la seguridad ciudadana, la administración de justicia, la protección social, los bienes y servicios a disposición del público –incluida la vivienda–, el acceso y permanencia en establecimientos abiertos al público y el uso de la vía pública, la publicidad, medios de comunicación y servicios de la sociedad de la información, internet, redes sociales y *apps* o actividades deportivas. Y se especifica, además, que lo dispuesto en la ley "se entiende sin perjuicio de los regímenes específicos más favorables establecidos en la normativa estatal o autonómica" (art. 3 Ley 15/2022).

cognitiva, actitudinal y de comunicación)[47]. Un ejemplo de ello se traduce en el derecho de las víctimas de discriminación con discapacidad a tener acceso integral a la información sobre sus derechos y recursos existentes, información que se ofrecerá

> "en formato accesible y comprensible a las personas con discapacidad, tales como lectura fácil, Braille, lengua de signos, tanto la española como la catalana, y otras modalidades u opciones de comunicaciones, incluidos los sistemas alternativos y aumentativos"[48].

Por lo que a las comunidades autónomas respecta, cada vez son más las que disponen de una *ley de accesibilidad universal.* Otras incluyen un título específico en la ley autonómica que, con carácter general, regula los derechos de las personas con discapacidad. En un supuesto u otro suelen compartir un régimen bastante garantista que en muchos casos ha sido objeto de desarrollo reglamentario. Por exceder del objeto de este trabajo no podemos hacer un exhaustivo análisis de las normas autonómicas, si bien damos cuenta, por orden cronológico ascendente, de la norma de referencia en cada región, a saber:

1. Madrid: *Ley 8/1993, de 22 de junio, de promoción de la accesibilidad y supresión de barreras arquitectónicas*[49].

---

47 *Vid.* apdo. III preámbulo Ley 15/2022.

48 *Vid.* art. 5.3 Ley 15/2022. En el apartado 5, el mismo precepto se refiere al derecho de niños, niñas y adolescentes a recibir toda la información necesaria "en un lenguaje claro y comprensible, en un idioma que puedan entender y mediante formaos accesibles en términos sensoriales y cognitivos y adaptados a las circunstancias personales de sus destinatarios, garantizándose su acceso universal".

49 *Vid.* también el *Decreto 13/2007, 15 marzo, del Consejo de Gobierno, por el que se aprueba el Reglamento Técnico de Desarrollo en Materia de Promoción de la Accesibilidad y Supresión de Barreras Arquitectónicas.*

2. Castilla-La Mancha: *Ley 1/1994, de 24 de mayo, de accesibilidad y eliminación de barreras en Castilla-La Mancha*[50]. Con posterioridad, y tras la CDPD y el RDLeg. 1/2013, se aprobó la *Ley 7/2014, de 13 de noviembre, de Garantía de los derechos de las Personas con Discapacidad en Castilla-La Mancha* que, sin derogar la Ley 1/1994, dedica su título III a la accesibilidad universal, si bien brevemente. En la actualidad, se está gestando una nueva ley de accesibilidad que responda de forma integral a las necesidades de las personas con discapacidad (sea física, sensorial o cognitiva). Para ello, tendrá en cuenta tanto las disposiciones establecidas por la Ley 6/2022 al hilo de la accesibilidad cognitiva, como las derivadas de la Ley 11/2023 relativas a los requisitos de accesibilidad de productos y servicios[51].
3. Asturias: *Ley 5/1995, de 6 de abril, de promoción de la accesibilidad y supresión de barreras*[52].

---

50 *Vid.* asimismo el *Decreto 158/1997, de 2 diciembre, del Código de Accesibilidad de Castilla-La Mancha.*

51 A tal fin, el 26 de enero de 2023 se abrió en el Portal de Participación de Castilla-La Mancha el trámite de consulta pública previa a la elaboración de la nueva *Ley de Accesibilidad de Castilla-La Mancha.* Para la redacción del texto se está contando con personas expertas y representantes de entidades del mundo de la discapacidad. *Vid.* noticia del 14 de marzo de 2023, disponible en: El Gobierno de Castilla-La Mancha impulsará la nueva Ley de Accesibilidad en colaboración con el Grupo Social ONCE | Gobierno de Castilla-La Mancha (castillalamancha.es); consulta: 14/04/2023.

52 *Vid.* también el *Decreto 37/2003, 22 mayo, por el que se aprueba el Reglamento de la Ley del Principado de Asturias 5/1995, de 6 de abril, de promoción de la accesibilidad y supresión de barreras, en los ámbitos urbanístico y arquitectónico.*

4. Canarias: *Ley 8/1995, de 6 de abril, de accesibilidad y supresión de barreras físicas y de la comunicación de la Comunidad Autónoma de Canarias.*
5. País Vasco: *Ley 20/1997, de 4 de diciembre, para la promoción de la accesibilidad*[53].
6. Comunitat Valenciana: *Ley 1/1998, de 5 de mayo, de la Generalitat Valenciana, de Accesibilidad y Supresión de Barreras Arquitectónicas, Urbanísticas y de la Comunicación.*
7. Castilla y León: *Ley 3/1998, de 24 junio por la que se regula la accesibilidad y supresión de barreras*[54].
8. Cataluña: *Ley 13/2014, de 30 de octubre, de accesibilidad.*
9. Galicia: *Ley 10/2014, de 3 de diciembre, de accesibilidad.*
10. Extremadura: *Ley 11/2014, de 9 de diciembre, de accesibilidad universal de Extremadura.*
11. Murcia: *Ley 4/2017, de 27 de junio, de accesibilidad universal de la Región de Murcia.*
12. Islas Baleares: *Ley 8/2017, de 3 de agosto, de accesibilidad universal de las Illes Balears*[55].

---

53 *Vid.* igualmente los *Decretos 68/2000, 11 abril, por el que se aprueban las normas técnicas sobre condiciones de accesibilidad de los entornos urbanos, espacios públicos, edificaciones y sistemas de información y comunicación*, y *126/2001, 10 julio, por el que se aprueban las Normas Técnicas sobre Condiciones de Accesibilidad en el Transporte.*

54 *Vid.*, como complemento, el *Acuerdo 39/2004, de 25 de marzo, de la Junta de Castilla y León, por el que se aprueba la Estrategia Regional de Accesibilidad de Castilla y León 2004-2008.*

55 *Vid.* también el *Decreto 1/2023, de 23 de enero, de regulación de la accesibilidad universal en los espacios de uso público de las Islas Baleares.*

13. Andalucía: *Ley 4/2017, de 25 de septiembre, de los Derechos y la Atención a las Personas con Discapacidad en Andalucía*[56].

14. Cantabria: *Ley de Cantabria 9/2018, de 21 de diciembre, de Garantía de los Derechos de las Personas con Discapacidad*[57].

15. Aragón: *Ley 5/2019, de 21 de marzo, de derechos y garantías de las personas con discapacidad en Aragón*[58].

16. Navarra: *Ley Foral 31/2022, de 28 de noviembre, de atención a las personas con discapacidad en Navarra y garantía de sus derechos*[59].

---

56 Especialmente, su título VIII "De la vida independiente, de la accesibilidad universal y el diseño para todas las personas". *Vid.* también el *Decreto 293/2009, de 7 de julio, por el que se aprueba el reglamento que regula las normas para la accesibilidad en las infraestructuras, el urbanismo, la edificación y el transporte en Andalucía,* aprobado en desarrollo de la derogada *Ley 1/1999, de 31 de marzo, de atención a las personas con discapacidad en Andalucía,* pero de aplicación vigente tras alguna adaptación.

57 En especial, su título III "Accesibilidad universal y vida independiente". La Ley 9/2018 constituye la segunda generación de normas sobre accesibilidad en Cantabria, pues ha derogado la *Ley 3/1996, de 24 de septiembre, sobre accesibilidad y supresión de barreras arquitectónicas urbanísticas y de la comunicación.*

58 Concretamente, su título VII "De la autonomía personal y de la accesibilidad universal para todas las personas". Como sucedía con Cantabria, la Ley 5/2019 es la segunda hornada de normas sobre accesibilidad en Aragón tras derogar la *Ley 3/1997, de 7 de abril, de Promoción de la Accesibilidad y Supresión de Barreras Arquitectónicas, Urbanísticas, de Transportes y de la Comunicación.*

59 En concreto, su título VII "Disposiciones específicas sobre accesibilidad". También en este caso hablamos de la segunda generación de normas sobre accesibilidad, pues la Ley Foral 31/2022 ha derogado la *Ley Foral 12/2018, de 14 de junio, de Accesibilidad Universal* (salvo su DF 1ª).

17. La Rioja: *Ley 1/2023, de 31 de enero, de accesibilidad universal de La Rioja,* en vigor desde el 2 de mayo de 2023.

2.2. La accesibilidad cognitiva: dimensión irrenunciable de la accesibilidad universal

Como ya se indicó, el artículo 9.1 CDPD exige que los Estados garanticen el acceso de las personas con discapacidad a los "servicios de información, comunicaciones y de otro tipo, incluidos los servicios electrónicos y de emergencia".

En 2011, el *Comité sobre los Derechos de las Personas con Discapacidad* se lo recordó a España en sus *observaciones finales* al informe inicial presentado por nuestro país sobre el cumplimiento de las obligaciones de la CDPD[60]; y en 2019 insistió en sus *observaciones finales,* esta vez a los informes periódicos 2º y 3º combinados de España relativos al cumplimiento de la CDPD. Este último documento evidenciaba un déficit normativo en materia de *accesibilidad cognitiva,* por lo que llamaba la atención a España para, de un lado, adoptar las medidas legislativas y presupuestarias necesarias para garantizar la accesibilidad en todos los ámbitos y en todo el país y, de otro, asegurar que los espacios abiertos al público contaran con señalización e información accesibles para las personas con cualquier tipo de discapacidad. Además, y con relación al acceso a la justicia, el

---

60 El artículo 35.1 CDPD obligaba a los Estados parte a presentar al Comité, en el plazo de 2 años desde la entrada en vigor de la CDPD, un informe exhaustivo sobre las medidas adoptadas para su cumplimiento. Así lo hizo España que, además, fue el primer país en hacerlo. Las *observaciones finales* del Comité a dicho informe, aprobadas en septiembre de 2011, pueden consultarse en: CRPD/C/ESP/CO/1-11-46354 (ccoo.es), especialmente p. 5; consulta: 15/04/2023.

Comité mostraba su preocupación ante la falta de ajustes generales de procedimiento, dadas las barreras derivadas de los regímenes de sustitución en la toma de decisiones y ante la falta de formación de los profesionales del ámbito de la justicia[61].

Sobre qué haya de entenderse por *accesibilidad cognitiva,* existe un amplio consenso en considerar como tal

> "la característica de los entornos, procesos, actividades, bienes, productos, servicios, objetos o instrumentos, herra-

---

61 Estas *observaciones finales,* aprobadas por el Comité en marzo de 2019, pueden consultarse en: Observaciones finales sobre los informes periódicos segundo y tercero combinados de España del Comité sobre los Derechos de las Personas con Discapacidad, 9 de abril de 2019 (convenciondiscapacidad.es); consulta: 15/04/2023. Aún falta camino por recorrer en los ajustes de procedimiento para las personas con discapacidad. No debe olvidarse que el artículo 13 CDPD reconoce el acceso a la justicia de dicho colectivo en condiciones de igualdad. Sobre la consideración de los ajustes de procedimiento entre el diseño universal y los ajustes razonables, *vid.* De Asís Roig, Rafael (2021) "Acceso a la justicia: ajustes de procedimiento para las personas con discapacidad", en De Lorenzo García, R. y Pérez Bueno, L.C., *Nuevas fronteras del Derecho de la Discapacidad,* vol. II, Thomson Reuters Aranzadi, Pamplona, pp. 209 y ss.

Por lo demás, la cuestión adquiere tintes relevantes, por su afectación a la libertad, cuando del ámbito penal se trata, pues en no pocos casos cuesta identificar la discapacidad intelectual (también la mental), entre otras razones, por falta de formación del personal implicado. Después de varias entrevistas realizadas a 26 miembros de las fuerzas y cuerpos de seguridad, de interés resultan las reflexiones de Esther Fernández Molina y María González Oliver en su trabajo "Personas con discapacidad intelectual en el sistema penal en calidad de sospechosos o detenidos", publicado en 2023 en Simón Medina, N. (ed.), *Una mirada poliédrica hacia la discapacidad,* Catarata, Fuencarral (Madrid), especialmente p.135.

> mientas y dispositivos que permiten la fácil comprensión y la comunicación"[62].

Así las cosas, el espaldarazo definitivo a este tipo de accesibilidad en España ha venido de la mano, sobre todo, de dos normas: la Ley 8/2021, que reforma la legislación civil y procesal para apoyar a las personas con discapacidad en el ejercicio de su capacidad jurídica, y la mencionada Ley 6/2022, que introduce expresamente la accesibilidad cognitiva en el RDLeg. 1/2013.

La Ley 8/2021 incide profundamente en el ámbito civil y apuesta por un cambio de paradigma en la consideración y tratamiento de la *capacidad jurídica* de las personas con discapacidad, a la que hace referencia el artículo 12 CDPD. Dicho precepto reconoce la "capacidad jurídica" de las personas con discapacidad "en igualdad de condiciones con las demás en todos los aspectos de la vida" (apdo. 2) y obliga a los Estados a proporcionarles acceso "al apoyo que puedan necesitar en el ejercicio de su capacidad jurídica" (apdo. 3). En este precepto pivota la nueva regulación. Así, se pasa del tradicional sistema de sustitución de la voluntad de las personas con discapacidad intelectual, basado en la tutela, a otro basado en el respeto de sus decisiones y preferencias[63]. Y, en consonancia con ello,

---

62 Esta definición fue acordada por una subcomisión de accesibilidad cognitiva del CERMI.

63 Sobre esta cuestión, *vid.* Morcillo Moreno, Juana (dir.), *Discapacidad intelectual y capacidad de obrar. De la sustitución de la voluntad al apoyo en la toma de decisiones,* monografía publicada en 2019 en Tirant lo Blanch, Valencia, *passim.* Esta obra recogió los resultados de un curso de verano, celebrado los días 9 y 10 de julio de 2018 en la Facultad de Derecho de Albacete, sobre los retos pendientes en materia de discapacidad intelectual. Uno de ellos era la cuestión de su capacidad jurídica que se abordó mediante el estudio del entonces proyecto de ley, precedente de la Ley 8/2021.

se suprimen los procesos de incapacitación judicial y la tutela para las personas con discapacidad, que se sustituye por la curatela representativa solo cuando el apoyo no se pueda dar de otro modo. Falta poco más de un año para que acabe el plazo concedido para adaptar al nuevo marco normativo las situaciones previas a la Ley 8/2021 y la cuestión no está exenta de polémica, entre otras razones, por dejar sin respuesta situaciones de gran calado ante el recelo con el que la norma parece tratar a los familiares más cercanos de la persona con discapacidad y por el colapso burocrático que se avecina ante la revisión de sentencias[64]. Por lo que a nosotros atañe, la norma garantiza los apoyos que las personas con discapacidad puedan necesitar al ejercer su capacidad jurídica, a cuyo fin se reforman:

- La *Ley de Enjuiciamiento Civil* y la *Ley de la Jurisdicción Voluntaria*[65] para incorporar en ambas un artículo 7 bis titulado "Ajustes para personas con discapacidad" que regula las adaptaciones y ajustes necesarios en todas las fases y actuaciones procesales de aquellos procedimientos en que participen personas con discapacidad, incluyendo los actos de comunicación. Ajustes que podrán referirse a "la comunicación, la comprensión y la interacción con el entorno", lo que recuerda a la accesibilidad cognitiva regulada en el actual artículo 2.k) RDLeg. 1/2013. Con

64 La Ley 8/2021 entró en vigor el 3 de septiembre de 2021 y daba un plazo máximo de 3 años (por tanto, hasta el 3 de septiembre de 2024) para revisar las resoluciones dictadas al amparo de la regulación anterior. Un comentario crítico a la Ley 8/2021 puede consultarse en Boza Rucosa, Marta, *Comentario crítico a la Ley 8/2021,* disponible en: COMENTARIO CRÍTICO A LA LEY 8/2021–Boza Rucosa; consulta: 15/04/2023.

65 Leyes *1/2000, de 7 de enero, de Enjuiciamiento Civil* y *15/2015, de 2 de julio, de la Jurisdicción Voluntaria.*

relación a las comunicaciones con las personas con discapacidad, *orales o escritas,* se señala que

> "se harán en un lenguaje claro, sencillo y accesible, de un modo que tenga en cuenta sus características personales y sus necesidades, haciendo uso de medios como la lectura fácil. Si fuera necesario, la comunicación también se hará a la persona que preste apoyo a la persona con discapacidad para el ejercicio de su capacidad jurídica"[66].

Esta persona prestadora de apoyo a la que se refiere el precepto puede ser la *persona facilitadora*[67], esto es, la que acompaña al juicio, a las declaraciones o al resto de procedimientos a la persona con discapacidad para que se sienta más segura al tener a su lado a alguien que le proporcionará comodidad o simple compañía frente a la puesta en escena judicial[68]. En el caso de las personas con discapacidad, las asociaciones prestan esta figura, una suerte de traductor que puede ayudar a entender

---

66 *Vid.* art. 7 bis.2.a) LECiv. y Ley 15/2015.

67 El respectivo artículo 7 bis.2 de la LECiv. y de la Ley 15/2015 se refiere a esta figura en su letra c) como el *profesional experto* que debe hacer las adaptaciones y ajustes necesarios para que la persona con discapacidad "pueda entender y ser entendida". Con todo, ésta podrá elegir a quien quiera para que la acompañe desde el primer contacto con las autoridades y funcionarios [letra d)].

68 Conectada a la esencia de esta figura, en un contexto en el que la ciudadanía, en general, puede sentirse desorientada por el exceso de burocracia, el profesor Gamero Casado apela a una *"Administracion facilitadora"*, de modo que las Administraciones públicas desplieguen *"medios para asistir a los ciudadanos a realizar los trámites, ya sean presenciales o telemáticos, en lugar de imponerles deberes de imposible cumplimiento"*. *Vid.* Gamero Casado, Eduardo (2022), "La Administración facilitadora: el papel de la Administración pública en el nuevo orden socio económico", *Revista Andaluza de Administración Pública,* 113, p. 286 y *passim.*

lo que se está diciendo en la sala o explicar por qué hay tres personas enfrente, vestidas con *túnica* negra, y varios abogados en la sala. El reciente RD 193/2023 define con cierta precisión esta figura, de la que destaca su *neutralidad* pues, aunque trabaja con el personal del sistema judicial y con las personas con discapacidad, no habla en nombre de ninguno de ellos, ni tampoco influye en los resultados; solo apoya a la persona con discapacidad y asegura "una comunicación eficaz durante todas las fases de los procedimientos"[69].

- La *Ley del Notariado* para garantizar la accesibilidad de las personas con discapacidad cuando comparezcan ante Notario. Así, podrán utilizar

> "los apoyos, instrumentos y ajustes razonables que resulten precisos, incluyendo sistemas aumentativos y alternativos, braille, lectura fácil, pictogramas, dispositivos multimedia de fácil acceso, intérpretes, sistemas de apoyos a la comunicación oral, lengua de signos, lenguaje dactilológico, sistemas de comunicación táctil y otros dispositivos que permitan la comunicación, así como cualquier otro que resulte preciso"[70].

Por su parte, la Ley 6/2022 parte de la premisa de la accesibilidad como condición previa para que las personas con discapacidad puedan vivir de forma independiente y participar plenamente en la sociedad en condiciones igualitarias. Si bien la accesibilidad universal es única, presenta variantes como la *accesibilidad cognitiva*, que constituye una "dimensión irrenunciable" de la primera. En su preámbulo, la ley apunta hacia la *universalidad* de la accesibilidad, pues la necesidad de facilitar

---

69 Art. 2.f) RD 193/2023.

70 Nuevo párrafo final del artículo 25 de la *Ley del Notariado, de 28 de mayo de 2862.*

la comprensión, la comunicación e interacción entre todas las personas trasciende al sector social de la discapacidad,

> "extendiendo sus efectos benéficos y de mejora colectiva a otros segmentos de la comunidad como las personas mayores, personas visitantes o residentes en el país que no conocen suficientemente las lenguas oficiales y personas con reducido nivel de alfabetización, entre otros".

Además de modificar en los términos ya indicados el artículo 2.k) RDLeg. 1/2013, la Ley 6/2022 también cambia su artículo 5, relativo a los ámbitos de aplicación donde se deberá garantizar la igualdad de oportunidades, la no discriminación y la accesibilidad universal. Concretamente, añade un nuevo ámbito de aplicación y matiza otros. El añadido es el relativo a la "participación en la vida pública y en los procesos electorales"[71] y, entre los matizados, se encuentra el referido a las relaciones con las Administraciones públicas, que incluye –esto es lo nuevo– "el acceso a las prestaciones públicas y a las resoluciones administrativas de aquellas". Entendemos que este inciso pretende reforzar el acceso cognitivo de las personas con discapacidad intelectual a los procedimientos administrativos para asegurar su comprensión, comunicación e interacción con la Administración. Y, aunque solo se mencionan expresamente las prestaciones públicas y las resoluciones administrativas, ello no impide su extensión a otros procedimientos, como deriva

---

[71] El nuevo apartado g) del artículo 5 deriva del reconocimiento del derecho de sufragio que la *Ley Orgánica 2/2018, de 5 de diciembre*, de modificación de la LOREG, garantiza a todas las personas con discapacidad. Dicha reforma se produjo a instancia de una recomendación que el Comité hizo a España en 2011, en sus *observaciones finales* al informe inicial, preocupado por la restricción del derecho al voto a las personas con discapacidad intelectual o psicosocial [disponible en: CRPD/C/ESP/CO/1-11-46354 (ccoo.es), p. 8; consulta: 15/04/2023].

del nuevo artículo 29 bis RDLeg. 1/2013 –añadido también por la Ley 6/2022–, que define las *condiciones básicas* de accesibilidad cognitiva como

> "el conjunto sistemático, integral y coherente de exigencias, requisitos, normas, parámetros y pautas que se consideran precisos para asegurar la comprensión, la comunicación y la interacción de todas las personas con todos los entornos, productos, bienes y servicios, así como de los *procesos y procedimientos*"[72].

Tras concretar qué es la accesibilidad cognitiva, una segunda cuestión que no debe pasarse por alto es el cómo, esto es, concretar los medios para conseguir el resultado deseado. En este sentido, el instrumento clave es la *lectura fácil*, definida en el preámbulo de la Ley 6/2022 como aquel

> "método que aplica un conjunto de pautas y recomendaciones relativas a la redacción de textos, al diseño y maquetación de documentos, y a la validación de la comprensibilidad de estos, destinado a hacer accesible la información a las personas con dificultades de comprensión lectora".

Como se advierte, la adaptación a lectura fácil no afecta solo al contenido de los textos (redacción), sino también a su forma (diseño y maquetación), pues tan importante es simplificar la información, como facilitar el formato de su lectura. La definición hace referencia, además, a un último requisito, *conditio sine qua non* para culminar con éxito el proceso de traducción. Se trata de la comprobación (validación), realizada por un grupo heterogéneo de entre 5 y 8 personas –entre ellas algunas con discapacidad intelectual formadas en la materia–, de que

---

72 La cursiva es nuestra. La DAd. 2ª de la Ley 6/2022 fija un plazo de 3 años para aprobar el reglamento de desarrollo de dichas condiciones básicas de accesibilidad.

la adaptación a lectura fácil es correcta. Tras su validación, los textos en lectura se acompañan del siguiente logo:

Por lo demás, la posibilidad de redactar resoluciones en lectura fácil no es algo nuevo en nuestro país, pues se viene haciendo, desde hace algo más de un lustro, con las resoluciones judiciales[73]. De hecho, si ahora se incorpora con carácter general y transversal la lectura fácil –junto a otros sistemas– como

---

73 La primera sentencia en lectura fácil se dictó, en diciembre de 2016, por el Juzgado de Primera Instancia nº 1 de Oviedo, como consecuencia de un proyecto pionero en España y Europa de Plena inclusión Asturias con el apoyo del TSJ de Asturias y el Gobierno Regional. Desde entonces, el CENDOJ ha incluido en su base de datos más de medio centenar de sentencias en lectura fácil (en concreto, en marzo de 2023 se pueden consultar 66 clicando en el icono "lectura fácil" que aparece en la página principal: Consejo General del Poder Judicial: Buscador de contenidos). No es que sea una cifra muy halagüeña, pero lo importante es evidenciar la necesidad de adaptar las sentencias a lectura fácil. Los pronunciamientos proceden de juzgados de Asturias, Comunitat Valenciana, La Rioja, Sevilla y Castellón (el último es la SJPI Castellón 38/2022, de 13 de febrero, sobre la constitución de apoyos para el ejercicio de la capacidad jurídica de una persona con discapacidad intelectual) y de la Audiencia Provincial de Madrid (SAP Madrid 517/2018, de 9 de julio, sobre un delito de estafa cometido sobre una persona con discapacidad intelectual).

medio para hacer efectiva la accesibilidad cognitiva, en 2021 ya se había añadido, como hemos visto, en la LECiv. y en la Ley 15/2015 por la Ley 8/2021.

En cualquier caso, la lectura fácil no agota el repertorio de técnicas para hacer viable la accesibilidad cognitiva, pues contribuyen a ella, y así lo refleja el artículo 2.k) RDLeg. 1/2023, los "sistemas alternativos y aumentativos de comunicación, pictogramas y otros medios humanos y tecnológicos disponibles para tal fin".

Por último, la Ley 6/2022 preveía la creación del *Centro Español de Accesibilidad Cognitiva* (CEACOG) como organismo impulsor de la accesibilidad cognitiva y funciones de formación, investigación y transferencia en la materia[74]. El *Real Decreto 670/2022, de 1 de agosto,* concedió una subvención directa de 550.000 euros, procedentes de los *Fondos Next Generation,* a *Plena inclusión España* para crear dicha entidad, lo que se materializó en noviembre de 2022. Actualmente, de las 35 personas que están empleadas en el CEACOG, 24 tienen discapacidad intelectual o del desarrollo (un 70% de la plantilla)[75].

---

[74] DAd. 4ª Ley 6/2022.

[75] Es un organismo dependiente del *Real Patronato sobre Discapacidad* y gestionado por *Plena inclusión España.* Está formado por equipos repartidos en Aragón, Asturias, Comunidad Valenciana, Extremadura, Galicia, La Rioja y Madrid, más un equipo estatal. El gobierno aprobó en los Presupuestos Generales del Estado para 2023 una inversión de 1,5 millones de euros para su creación y mantenimiento. *Vid.* CEACOG. Centro Español de Accesibilidad Cognitiva (plenainclusion.org); consulta: 11/03/2023.

2.3. Diseño universal y ajustes razonables

2.3.1. Aproximación a ambos conceptos

La accesibilidad, como condición, va íntimamente unida a otros dos términos, más concretos, que la hacen viable: el diseño universal y los ajustes razonables. El propio RDLeg. 1/2013 conecta los tres conceptos cuando define "accesibilidad universal". De un lado, la accesibilidad presupone el *diseño universal* como actividad por la que se proyectan desde el origen entornos, productos y servicios para su uso por todas las personas, sin necesidad de adaptación alguna, y que no excluye, de ser necesario, productos de apoyo para grupos particulares de personas con discapacidad[76]. De otro, la accesibilidad no impide la existencia de *ajustes razonables* en ciertos casos, es decir, adaptaciones del entorno físico, social o actitudinal a las necesidades específicas de una persona con discapacidad para facilitar el goce de sus derechos en igualdad de condiciones con las demás[77].

La diferencia, pues, entre ambos conceptos es la proyección *ex ante* de la accesibilidad en el diseño universal, mucho más amplia y garantista, y la adaptación *ex post* en los ajustes razonables. De ahí que, como veremos, uno de los avances de la Directiva de Accesibilidad sea la previsión de la accesibilidad universal *ab initio*, es decir, desde el diseño y concepción misma de los produc-

---

76 Arts. 2 CDPD y 2.l) RDLeg. 1/2013. Como señala Mariana Ladaga, el diseño universal *"implica el desarrollo de productos y servicios de fácil acceso para el mayor número de personas posible"* [*vid.* Ladaga, Mariana (2021), "Un nuevo reto para el sector privado: la Directiva (UE) 2019/882 y la accesibilidad digital para todo", *La Ley Compliance Penal*, 5, p. 3].

77 Arts. 2 CDPD y 2.m) RDLeg. 1/2013.

tos y servicios que regula. Avance que se relativiza, no sólo por el limitado catálogo de bienes y servicios incluidos –que constituye un *numerus clausus*–, sino también por los dilatados plazos para su puesta en práctica –desde el 28 de junio de 2025 en el mejor de los casos y hasta el 27 de junio de 2045 en el peor[78]–.

Los principios del *diseño universal* son siete y se compilaron en 1997 por el *Centro del Diseño Universal* de la Universidad de Carolina del Norte (EE. UU.)[79]:

> 1. Equidad de uso.- Diseño útil y vendible a personas con discapacidad. Por tanto, evita estigmatizaciones y la privacidad, garantía y seguridad deben ser iguales para todas las personas. Ejemplo: las puertas giratorias en la entrada de un aeropuerto.

---

[78] Como se verá más adelante, la Ley 11/2023 reduce este plazo en 10 años, pudiéndose llegar como máximo hasta el 27 de junio de 2035 (DT única.2).

[79] El *Center for Universal Design*, ubicado en la Escuela de Diseño de la Universidad de Carolina del Norte en Raleigh (EE. UU.), fue creado por Ronald Lawrence Mace, arquitecto y usuario de silla de ruedas. *Vid.* Las Ideas Fundamentales del Diseño Universal (webmati.es); consulta: 15/04/2023.

2. Flexibilidad de uso.- Diseño adaptado a diversas preferencias y capacidades individuales. Por tanto, permite elegir su método de uso y puede realizarse tanto por diestros como por zurdos. Ejemplo: unas tijeras que cortan igual por ambos lados.

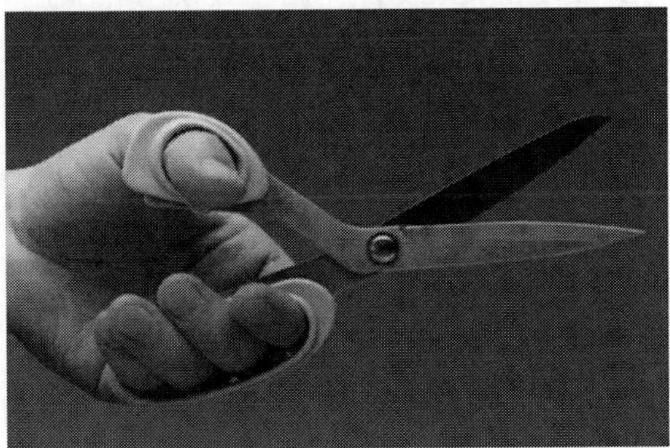

3. Uso simple e intuitivo.- Diseño fácil de entender con independencia de la experiencia, nivel de alfabetización o concentración de la persona usuaria. Por tanto, elimina complejidades innecesarias y proporciona comentarios efectivos durante y después de la tarea. Ejemplo: una clara indicación de dónde está la salida de emergencia en un edificio.

4. Información perceptible.- Diseño que transmite la información necesaria de forma eficaz, con independencia de las condiciones ambientales o habilidades sensoriales. Por tanto, utiliza diferentes sistemas de codificación –visuales, sonoros o táctiles– y prevé la incorporación de dispositivos y adaptaciones utilizados por personas con discapacidad sensorial. Ejemplo: los pequeños salientes en las letras f y j del teclado de un ordenador que indican dónde están sin tener que mirar.

5. Tolerancia al error.- Diseño que minimiza el peligro y las consecuencias negativas derivadas de acciones accidentales o involuntarias. Por tanto, facilita avisos de peligro o error y disuade de realizar acciones inconscientes en tareas que requieren atención. Ejemplo: los mensajes

del ordenador para asegurar a una persona si quiere reemplazar un archivo existente por otro.

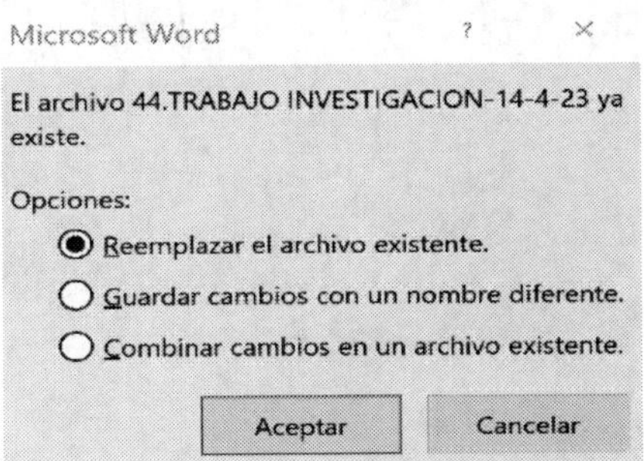

6. Bajo esfuerzo físico.- Diseño cómodo y eficiente. Por tanto, permite a la persona usuaria mantener una posición natural del cuerpo y minimiza los esfuerzos físicos continuados. Ejemplo: el mecanismo para accionar el grifo de una fuente de agua potable debe ser "de fácil detección y manejo permitiendo su accionamiento con el puño o con el codo y requerirá poco esfuerzo"[80].

---

80 Art. 27.a) *Orden TMA/851/2021, de 23 de julio, por la que se desarrolla el documento técnico de condiciones básicas de accesibilidad y no discriminación para el acceso y la utilización de los espacios públicos urbanizados.*

7. Espacio suficiente de aproximación y uso.- Dimensiones y espacio apropiados para el acceso y uso, con independencia del tamaño del cuerpo de la persona usuaria, su postura o movilidad. Por tanto, facilita un amplio campo de visión para cualquier persona usuaria, esté sentada o de pie, y facilita el espacio para usar ayudas técnicas o para el asistente personal. Ejemplo: un baño con espacio suficiente para su uso por una persona usuaria de silla de ruedas.

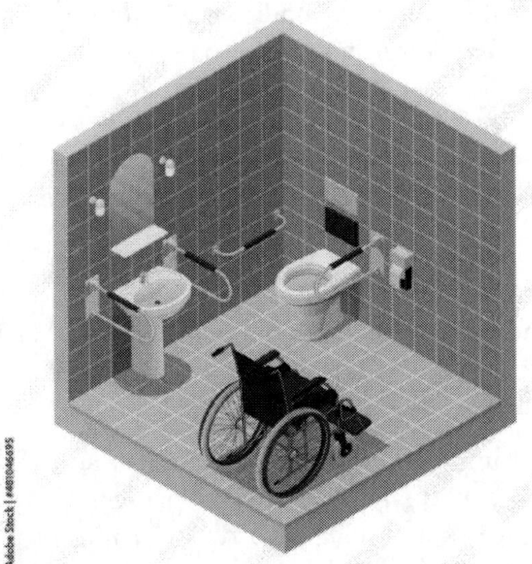

Finalmente, y con relación a los *ajustes razonables*, el RDLeg. 1/2013 consideró que su incumplimiento vulneraba el derecho a la igualdad de oportunidades de las personas con discapacidad[81], si bien la Ley 15/2022 afirma con claridad que su denegación constituye una "discriminación directa"[82]. Ello supone el expreso reconocimiento legal de dicha circunstancia en sintonía con lo dispuesto en el artículo 2 CDPD, que incluye la denegación de ajustes razonables entre las formas de discriminación. Enfoque que ya había adelantado muy claramente

81 Art. 63 RDLeg. 1/2013.

82 Art. 6.1.a) Ley 15/2022. En idéntico sentido se pronuncia la *Ley 4/2023, de 28 de febrero, para la igualdad real y efectiva de las personas trans y para la garantía de los derechos de las personas LGTBI,* cuyo artículo 3.a) define la "discriminación directa" por razón de orientación sexual e identidad sexual, expresión de género o características sexuales e incluye en dicho concepto "la denegación de ajustes razonables a las personas con discapacidad".

nuestro Tribunal Constitucional y en el que también confluye el Comité, como enseguida se verá.

2.3.2. Observaciones generales nº 2 y nº 6 del Comité sobre los Derechos de las Personas con Discapacidad

El *Comité sobre los Derechos de las Personas con Discapacidad*, al que ya nos hemos referido, es un órgano formado por expertos independientes y encargado de interpretar la CDPD, así como de supervisar su adecuada implantación por parte de los Estados Parte.

En su función hermenéutica, amén de las *observaciones finales* que hace a cada Estado tras la presentación de los informes oportunos sobre el grado de cumplimiento del texto internacional, resultan clave sus *observaciones generales*, pues formulan directrices sobre la aplicación de determinados aspectos relevantes de la CDPD que, en ocasiones, plantean dudas interpretativas. Hasta la fecha, el Comité ha dictado *ocho* observaciones generales dedicadas, respectivamente, a la capacidad jurídica (2014), la accesibilidad universal (2014), las mujeres y niñas (2016), la educación inclusiva (2016), la vida independiente (2017), la igualdad de oportunidades y no discriminación (2018), la participación y el diálogo civil (2018) y el empleo (2022)[83].

De especial interés resulta la *Observación general nº. 2 (2014) sobre el artículo 9: accesibilidad* aprobada por el Comité tras examinar los informes iniciales presentados por los Estados

---

[83] El listado general de observaciones generales del Comité puede consultarse en el siguiente enlace: https://tbinternet.ohchr.org/_layouts/15/treatybodyexternal/TBSearch.aspx?Lang=en&TreatyID=4&DocTypeID=11

parte, donde la accesibilidad era una cuesti*ón* recurrente. La *Observación* nº 2 consagra la accesibilidad como *condición previa* para que las personas con discapacidad puedan vivir de forma independiente, participar plenamente en la sociedad y disfrutar de sus derechos en igualdad de condiciones que el resto[84].

El Comité insiste también en la importancia del *diseño universal* de los nuevos productos y servicios, sin que el mismo elimine automáticamente la necesidad de ayudas técnicas y asistencia humana o animal, ni suponga un aumento considerable de coste cuando se concibe desde el inicio. Y recuerda algo muy importante vinculado al concepto de carga desproporcionada que se comentará más adelante:

> "[E]l posible costo de la eliminación posterior de las barreras no puede aducirse como excusa para eludir la obligación de eliminar gradualmente los obstáculos a la accesibilidad"[85].

Tras facilitar algunas pautas a los Estados para la correcta adopción y aplicación de las medidas recogidas en el artículo 9.2 CDPD, el Comité se centra en dos cuestiones fundamentales: la denegación de ajustes razonables como causa de discri-

---

84 *Vid.* apdo. 14 *Observación general 2 (2014).* Igualmente, contextualiza la accesibilidad haciendo referencia al *derecho al acceso,* presente en el derecho internacional de los derechos humanos por la vía tanto del *Pacto Internacional de Derechos Civiles y Políticos,* cuyo artículo 25.c) reconoce el derecho de todos los ciudadanos a "tener acceso, en condiciones generales de igualdad, a las funciones públicas de su país", como de la *Convención Internacional sobre la Eliminación de todas las Formas de Discriminación Racial,* cuyo artículo 5.f) reconoce el "derecho de acceso a todos los lugares y servicios destinados al uso público, tales como los medios de transporte, hoteles, restaurantes, cafés, espectáculos y parques".

85 *Vid.* apdo. 15 *Observación general 2 (2014), cit.*

minación y la distinción entre accesibilidad –que presupone el diseño universal– y ajustes razonables[86].

Con relación a la accesibilidad, el condicionamiento a la misma de algunos derechos y, en particular, del derecho a vivir de forma independiente y a ser incluido en la comunidad hace que su incumplimiento se conecte con la idea de *discriminación*. Por ello, el Comité insiste en que la obligación más importante de los Estados es adecuar su normativa a un contexto antidiscriminatorio, obligación que deberá acompañarse de las medidas que aseguren la realización de ajustes razonables[87].

Respecto a la distinción entre accesibilidad y ajustes razonables, el Comité afirma que todos los productos y servicios *nuevos* deben diseñarse para que sean plenamente accesibles, pero, a la vez, debe garantizarse el acceso a los *ya existentes*. La diferencia entre ambas obligaciones es que la segunda requiere de una graduación para su cumplimiento que deberá concretar cada Estado, no solo con plazos y recursos adecuados, sino también con una clara distribución de deberes entre las autoridades y entidades competentes y una supervisión adecuada[88]. El Comité realiza, además, ciertos paralelismos muy esclarecedores entre accesibilidad y ajustes razonables que retoma en su *Observación general nº. 6 (2018) sobre la igualdad y la no discriminación*[89], por lo que de una lectura conjunta de ambas se pueden extraer las siguientes conclusiones:

---

86 Sobre accesibilidad y ajustes razonables, *vid.* mi trabajo (2019), "El reto de la accesibilidad y su incumplimiento por los poderes públicos…", *cit.*, pp. 301 y 302.

87 Apdo. 23 *Observación general 2 (2014)*. Esa es la línea seguida por el artículo 6.1.a) de la Ley 15/2022.

88 Ídem, apdo. 24.

89 El artículo 5.3 CDPD encarga a los Estados, para promover la igualdad y eliminar la discriminación, que adopten "todas las medidas

- La "accesibilidad" es una obligación *ex ante* –incondicional, proactiva y sistémica– que deben cumplir los Estados antes de cualquier petición individual para acceder a un lugar, usar un producto o utilizar un servicio. De ahí la importancia de disponer de normas de accesibilidad y sistemas accesibles, sin importar la necesidad de una concreta persona con discapacidad, pues brindarán seguridad jurídica tanto a los agentes económicos implicados, como a las personas usuarias. Por tanto, la accesibilidad se refiere a grupos y se refleja en normas amplias y uniformes. Además, no podrá incumplirse con la excusa de suponer una carga desproporcionada para la entidad garante.
- Los "ajustes razonables", en cambio, constituyen una obligación *ex nunc* –condicional y reactiva– que deben atender los Estados, bien cuando reciban la solicitud de una persona con discapacidad (o de quien la represente) para acceder a entornos no accesibles o disfrutar de sus derechos en condiciones de igualdad, bien cuando los propios Estados hubieran percibido dicha necesidad. En este contexto, las normas de accesibilidad son indicativas, pero no obligatorias. Por tanto, los ajustes razonables se refieren a casos individuales y solo serán obligatorios si su aplicación no representa una carga indebida para la entidad garante[90].

Con relación a la expresión "ajustes razonables", el Comité aclara que la *razonabilidad* no debe interpretarse como un elemento modificador de la obligación misma de prestar ajustes o como un medio para evaluar sus costes,

---

pertinentes para asegurar la realización de ajustes razonables". La *Observación general 6 (2018)* del Comité puede consultarse en: G1811908 (2).pdf; consulta: 15/04/2023.

90 Apdos. 25 y 26 *Observación 2 (2014)* y apdo. 24 *Observación 6 (2018).*

sino que hace referencia a la *pertinencia, idoneidad y eficacia* de los ajustes para la persona con discapacidad. En un momento posterior, constatada la obligación de realizar el ajuste, entonces sí deberá analizarse si y en qué medida supone una *carga excesiva* para la entidad que lo deba prestar[91]. A tal fin, se facilitan algunos elementos orientadores en la aplicación de los ajustes razonables, a saber:

- Detectar y eliminar los obstáculos en el entorno, previo diálogo con la persona interesada.
- Evaluar la viabilidad jurídica o material de los ajustes, así como su pertinencia.
- Valorar si imponen una carga desproporcionada a la entidad garante, a cuyo fin debe efectuar la debida ponderación entre medios empleados y finalidad pretendida[92]. Además, debe evitarse que el coste recaiga sobre las personas con discapacidad en general, velándose por que la carga de la prueba sobre la concurrencia de la carga desproporcionada recaiga en el garante.
- Velar por su adecuación a la promoción de la igualdad y no discriminación de personas con discapacidad, lo que requiere un análisis caso por caso, previa consulta con la persona interesada.

---

91 Apdo. 25 *Observación 6 (2018)*. Dicho apartado distingue también el concepto de "ajustes razonables" de otros como los *ajustes de procedimiento* (no limitados por el concepto de desproporcionalidad), las *medidas específicas* (o acciones positivas), la *prestación de apoyo* o el *apoyo para el ejercicio de la capacidad jurídica*.

92 Entre los factores para efectuar dicha ponderación están el coste financiero, los recursos disponibles (incluidas las ayudas públicas), el tamaño de la entidad, los efectos de la modificación para la entidad, las ventajas para terceros, los efectos negativos para otras personas y los requisitos razonables de salud y seguridad. *Vid.* apdo. 26 *Observación 6 (2018)*.

Finalmente, el Comité lanza una serie de obligaciones a los Estados que básicamente pasan por incorporar el *principio del diseño universal* a su normativa, contando para ello con la colaboración de las personas con discapacidad y organizaciones que las representan, así como con otros Estados parte y organizaciones internacionales.

2.3.3. La interpretación más reciente de los Tribunales

La necesidad de poner en contexto la accesibilidad pasa, junto a un repaso normativo y de las observaciones generales del Comité, por un análisis de la jurisprudencia que al respecto han vertido los tribunales al enjuiciar la vulneración de los derechos de las personas con discapacidad debida, en no pocas ocasiones, a la falta de accesibilidad o de ajustes razonables.

A tal fin, se hará referencia a las resoluciones más significativas de los tribunales que constituyen el referente en los ámbitos estatal (español), europeo e internacional. Como se verá, el derecho a la igualdad y no discriminación constituye la espina dorsal de la argumentación jurídica, si bien conectada con otros derechos como el derecho a la tutela judicial efectiva, a la educación, al trabajo (empleo público, en particular) o a la asistencia sanitaria.

2.3.3.1. Tribunal Constitucional

Aunque nuestro Tribunal Constitucional (TC) ha tenido oportunidad de pronunciarse sobre los derechos de las personas con discapacidad en varias ocasiones, se resaltan aquí dos de las resoluciones importantes más recientes que abordan, de un lado, la discriminación múltiple y, de otro, la denegación de ajustes razonables como causa de discriminación.

De especial interés resulta la *STC 3/2018, de 22 de enero*, que analiza un supuesto de *discriminación múltiple* al abordar la discapacidad desde una perspectiva interseccional, poniéndola en relación con la edad. Además, reúne la jurisprudencia vertida en sentencias anteriores. El TC estimó el recurso de amparo interpuesto por una persona con discapacidad psíquica severa (65%), de 67 años, que había solicitado a la comunidad autónoma de Madrid ser incluida en un programa de atención individualizada en un centro de asistencia para personas con discapacidad. Su pretensión fue denegada al aplicar una exclusión por razón de edad –ser mayor de 60 años–prevista en una norma reglamentaria autonómica, sin tener en cuenta ninguna valoración médica sobre su estado y necesidades de tratamiento especializado[93]. Al margen de otras cuestiones, el recurrente alegó que dicha exclusión constituía un supuesto de discriminación por razón de edad, carente de justificación y con la importante consecuencia de impedirle acceder al tratamiento médico especializado que requería su discapacidad. Pues bien, de la argumentación del TC conviene extraer estas ideas:

- Tener una discapacidad constituye una circunstancia personal protegida por el artículo 14 CE contra cualquier forma de discriminación[94].
- Las medidas adoptadas para procurar la igualdad de oportunidades de las personas con discapacidad y su integración social y profesional conectan, de un lado, con

---

93 La resolución administrativa recurrida fue dictada, el 5 de junio de 2012, por la Directora General de Coordinación de la Dependencia de la Comunidad de Madrid y confirmada por la Sala de lo Contencioso-Administrativo del TSJ de Madrid en sentencia de 18 de diciembre de 2014 (ROJ: STSJ M 16598/2014).

94 *Vid.* FJ 5º STC 3/2018.

el mandato genérico que el artículo 9.2 CE dirige a los poderes públicos y, de otra, con la exigencia específica del artículo 49 CE para que éstos amparen a las personas con discapacidad especialmente en el disfrute de los derechos que el título I otorga a toda la ciudadanía.

- El artículo 10.2 CE da entrada a la CDPD como parámetro interpretativo de las normas relativas a los derechos fundamentales y libertades constitucionales.
- La CDPD considera que la denegación de ajustes razonables constituye una causa de discriminación[95] y hace

---

95 Sobre la necesidad de realizar ajustes razonables, el TC trae a colación dos importantes sentencias: las *SSTC 10/2014, de 27 de enero* y *77/2014, de 22 de mayo.* La primera trató el tema de los ajustes razonables en el marco del derecho a una educación inclusiva para personas con discapacidad a fin de evitar su derivación a un régimen de educación especial; el TC desestimó el recurso de amparo de los solicitantes, en este caso conectado con la vulneración del artículo 27 CE, si bien debe destacarse el voto particular del magistrado y catedrático de Derecho administrativo Luis Ortega Álvarez. En él, señalaba que, a la hora de valorar la necesidad de ajustes razonables, *"debe exigirse un plus de motivación"* que haga referencia a *"exigencias de orden cualitativo y no cuantitativo en la motivación y ponderación de las circunstancias de cada caso concreto"*, sin ser suficiente *"la simple alegación de las dificultades de hacer efectivo"*, en este caso, el derecho a la educación. La *STC 77/2014*, por su parte, analizó la cuestión de los ajustes razonables en el marco de un procedimiento penal en que el demandante, persona con discapacidad psíquica, había sido juzgado sin estar presente; el TC estimó el amparo por vulneración del artículo 24 CE y declaró que la existencia de indicios de que el acusado podía sufrir trastornos mentales limitativos de su capacidad para comprender las consecuencias legales de su incomparecencia, imponían al juez *"un deber positivo de desarrollar la actividad necesaria para despejar cualquier duda al respecto"* (FJ 2º STC 3/2018). Un comentario de la STC 77/2014 puede verse en De Hoyos Sancho, Montserrat (2016), "El derecho de acceso a la justicia de las

garantes a los Estados, en su artículo 25.f), de la prestación de los servicios de salud, sin que puedan negarse por motivos de discapacidad.

- El único motivo por el que la resolución administrativa impugnada negó al recurrente el tratamiento de servicio residencial para personas con discapacidad fue haber superado la edad de 60 años[96]. Y, a tal fin, no se tuvo en cuenta ninguna valoración médica sobre el estado del recurrente ni sobre las necesidades de tratamiento especializado.

- En consecuencia, existe una discriminación, en primer lugar, por razón de la discapacidad al haber perdido el recurrente el derecho a la asistencia sanitaria médica que necesitaba por su discapacidad psíquica. Pero existe también, en segundo lugar, una discriminación por razón de la edad,

"que no desplaza, sino que se suma, a la anterior (discriminación múltiple), en cuanto el recurrente no va a tener la

---

personas con discapacidad: obligaciones del órgano jurisdiccional en los procesos sobre capacidad y en el enjuiciamiento penal en ausencia, en Guilarte Martín-Calero, C. (dir.), *Estudios y comentarios jurisprudenciales sobre discapacidad*, Thomson Reuters Aranzadi, Pamplona, pp. 546 y ss.

96 Límite establecido en el artículo 3 de la *Orden 1363/1997, de 24 de junio*. Tras la STC 3/2018, y como respuesta a una reclamación presentada por la *Federación de Asociaciones de personas con discapacidad física y orgánica de la Comunidad de Madrid* (FAMMA-COCEMFE MADRID), el Defensor del Pueblo autonómico recomendó ajustar a dicha doctrina el contenido de las órdenes de la Consejería de Políticas Sociales y Familia de la Comunidad de Madrid sobre acceso a los centros, recursos y prestaciones para personas con discapacidad, entre ellas, la Orden 1363/1997: Personas con discapacidad. Madrid. Defensor del Pueblo; consulta: 17/04/2023.

> atención que necesita, tanto para su salud como para su integración social, frente a quienes en su misma situación de discapacidad sí disponen de dicha asistencia únicamente por no tener 60 años"[97].

Aunque la sentencia destaca por su argumentación acerca de la discriminación múltiple, deja entrever también la importancia de los ajustes razonables, pues la exigencia de estos pasaba por asegurar la prestación del servicio asistencial adaptado a las necesidades que tenía el recurrente debido a su discapacidad, de lo que era responsable la Administración.

Pero el pronunciamiento que, a nuestro juicio, constituye el referente en la consideración de los ajustes razonables y las consecuencias de su denegación es la *STC 51/2021, de 15 de marzo,* que estima el recurso de amparo interpuesto por un letrado de la administración de justicia, con síndrome de Asperger, frente a una sanción disciplinaria de la Secretaría de Estado de Justicia por negligencia en el ejercicio de sus funciones y retraso injustificado en el cumplimiento de las mismas[98]. La sanción fue confirmada en vía judicial por la Audiencia Nacional[99]. Por el interés del caso, merece la pena detenerse en sus antecedentes.

---

97 FJ 6º.e) STC 3/2018.

98 En concreto, la resolución de 8 de junio de 2016 de la Secretaría de Estado, dictada por delegación del ministro de justicia, le impuso la sanción de un año y un día de suspensión de empleo y sueldo por la comisión de una falta muy grave de "incumplimiento reiterado de las funciones inherentes al puesto de trabajo o funciones encomendadas" (art. 154.7 del *Reglamento Orgánico del Cuerpo de Secretarios Judiciales,* aprobado por RD 1608/2005) y de "retraso, la desatención o el incumplimiento reiterados de las funciones inherentes al puesto de trabajo o funciones encomendadas" [art. 468 bis.1.h) de la LOPJ].

99 En sentencia de 22 de junio de 2017 (ROJ: SAN 2686/2017).

El expediente se había iniciado en junio de 2013 con motivo de una inspección ordinaria en un juzgado donde el recurrente había tomado posesión un mes y medio antes, y que concluyó con la propuesta de hacerle un seguimiento individualizado *"para valorar su idoneidad y capacidad para el cargo"* tras constatar unas deficiencias que se le atribuían. En octubre de 2013, un primer informe de seguimiento del secretario de gobierno del TSJ de La Rioja apreció indicios objetivos de incumplimiento de sus funciones, situación que *"no parecía tratarse de un caso de indisciplina, sino de falta de preparación suficiente o de competencia, actitud y aptitud para ejercer como secretario judicial"*. Por ello, se inició el procedimiento de jubilación por incapacidad permanente, declarado improcedente más tarde por el gerente territorial del Ministerio de Justicia en La Rioja a la vista del correspondiente informe del INSS.

En julio de 2015, como consecuencia de un segundo seguimiento en el que se habían advertido ciertas deficiencias (v.gr. llevanza informática de la cuenta de consignaciones del juzgado), el secretario de gobierno del TSJ de La Rioja incoó el correspondiente expediente disciplinario en cuyo seno se produjeron varias irregularidades. Una de ellas fue la falta de notificación al recurrente del acuerdo de iniciación del procedimiento disciplinario, lo que devino en una nulidad de actuaciones. Otra fue la toma de declaración por la instructora de cuatro testigos anónimos y de un quinto "sorpresa" sin la presencia del recurrente ni de su abogado. Pues bien, al responder al pliego de cargos, el recurrente indicó sufrir síndrome de Asperger aportando un informe psiquiátrico del médico que lo trataba desde 2002, información que hasta ese momento no había revelado, si bien, para confirmar tal extremo, propuso sin éxito que la instructora acordara un reconocimiento psiquiátrico. Junto a la vulneración de otros derechos, alegó una posible discriminación por razón de la discapacidad al apartarle del servicio, pero también su derecho a obtener ajustes razonables en el puesto de trabajo. Sea como fuere, en noviembre de 2015 la propuesta de resolución le imputó dos sanciones por sendas infracciones y, frente a dicha propuesta, el recurrente opuso la falta de valoración de sus alegaciones, pues no se le había permitido acreditar debidamente su discapacidad y, por tanto, justificar que las infracciones imputadas eran manifestaciones de la misma. Tras el reconocimiento administrativo al recurrente de un grado de discapacidad del 10%, se resolvió el procedimiento con el resultado ya conocido, atribuyendo la responsabilidad directa de las irregularidades detectadas al recurrente.

El asunto llegó al Juzgado Central de lo Contencioso-Administrativo nº. 6 por la vía del procedimiento especial de protección de los derechos fundamentales, alegándose la vulneración de los artículos 14, 15, 23.2 y 24.2 CE. El referido órgano judicial estimó parcialmente la demanda, solo en cuanto a la vulneración del artículo 24.2 CE, pues la toma de declaraciones a testigos anónimos había vulnerado el derecho del recurrente a un proceso con todas las garantías, a la defensa y a la prueba. Y ordenó la retroacción de actuaciones a la propuesta de resolución para su formulación sin tener en cuenta dichos testimonios. La resolución del juzgado fue recurrida por ambas partes ante la Audiencia Nacional, que dio la razón al Abogado del Estado al señalar que la prueba documental era suficiente para imponer la sanción y no hacía falta retrotraer el procedimiento. En su argumentación descartó la discriminación por discapacidad, principalmente, por entender que el recurrente no tenía derecho a los ajustes razonables solicitados al no estar incluido en el ámbito subjetivo de aplicación del RDLeg. 1/2013 (que exige, al menos, un 33% de discapacidad, mientras el recurrente tenía sólo un 10%). Adicionalmente, señalaba que: (i) según el RD 1971/1999, una discapacidad leve permite realizar una vida autónoma y una actividad laboral normalizada salvo períodos de descompensación, sin precisar especiales medidas de adaptación; (ii) no se había acreditado por el recurrente ninguna crisis durante el seguimiento y las actuaciones disciplinarias; y (iii) los incumplimientos eran ajenos a las habilidades de relación social del recurrente, sin que hubiera necesitado apoyos complementarios en anteriores destinos. Como el Tribunal Supremo inadmitió a trámite el recurso de casación, el asunto pasó directamente al Tribunal Constitucional.

Ya en el Alto Tribunal español, y con relación al derecho a no ser discriminado por causa de discapacidad (art. 14 CE), el recurrente se centró en los indicios que, a lo largo del procedimiento, evidenciaron la existencia de dicha discriminación. *Panorama indiciario* que la Administración niega, no solo para no vincular las disfunciones en la llevanza de la oficina judicial a manifestaciones de la discapacidad del recurrente, sino también para no aplicar el artículo 77.1 del RDLeg. 1/2013, según el cual, si hay indicios fundados de discriminación por discapacidad, corresponde a la parte demandada –en este caso, la Administración– aportar una justificación objetiva y razonable, suficientemente probada, de la conducta y de las medidas adoptadas, así como de su proporcionalidad[100]. Además, el recurrente niega estar

---

[100] Recordemos que la Ley 15/2022 ha modificado tanto la Ley 39/2015 como la Ley 29/1998 para recoger, con carácter general, lo que hasta ahora recogía el RDLeg. 1/2013 solo respecto a los casos de discriminación por discapacidad. Así, se introduce un apartado 3 bis en el artículo 77 de la Ley 39/2015 y se modifica el artículo 60.7 de la Ley 29/1998 con una redacción prácticamente idéntica a la del referido artículo 77.1 RDLeg. 1/2013. Así pues, el nuevo artículo 77.3.bis de la Ley 39/2015 dispone que "[c]uando el interesado alegue discriminación y aporte indicios fundados sobre su existencia, corresponderá a la persona a quien se impute la situación discriminatoria la aportación de una justificación objetiva y

fuera del ámbito subjetivo de aplicación del RDLeg. 1/2013, pues el apartado 1 de su artículo 4 define a las personas con discapacidad de modo general y es su apartado 2 el que señala que, "[a]demás de lo establecido en el apartado anterior, a los efectos de esta ley", se considerarán personas con discapacidad las que tengan reconocido un grado de discapacidad igual o superior al 33%.

Así las cosas, de la argumentación del TC pueden extraerse estas conclusiones:

- La discriminación por razón de la discapacidad se produce tanto si hay una intención de causar un perjuicio a una persona por su discapacidad, como si quien tiene la responsabilidad de evitar un resultado discriminatorio omite la adopción de los ajustes razonables que sean necesarios, siempre que no supongan una carga desproporcionada[101].
- El derecho a no ser discriminado por razón de la discapacidad comprende el derecho a los ajustes razonables, pues éstos son necesarios para garantizar el derecho de las personas con discapacidad a trabajar en igualdad de condiciones con las demás. La otra cara de la moneda está representada por la obligación del empleador de facilitar tales ajustes, si no suponen una carga desproporcionada; obligación que, en el caso de Administraciones públicas, deriva de una "triple exigencia constitucional", en concreto, del derecho fundamental recogido

---

razonable, suficientemente probada, de las medidas adoptadas y de su proporcionalidad".

101 Esta idea se había puesto ya de manifiesto en otros pronunciamientos constitucionales. *Vid.*, por todas, las SSTC 233/2007, de 5 de noviembre (FJ 4°, 31/2014, de 24 de febrero (FJ 3°) y 104/2014, de 23 de junio (FJ 7°).

en el artículo 14 CE y de sendos mandatos –general y específico– dirigidos a los poderes públicos, respectivamente, en los artículos 9.2 y 49 CE.

- En consecuencia, aquel empleador que incumpla su obligación de realizar ajustes razonables pierde legitimidad para adoptar medidas desfavorables para el trabajador (v.gr. despido, jubilación o imposición de una sanción disciplinaria) que se funden en dificultades en el desempeño de sus funciones; ello, aun cuando dichas medidas estén basadas en razones objetivas aparentemente neutras[102].

- Las discapacidades mental e intelectual (por utilizar la terminología del RDLeg. 1/2013[103]) son formas de discapacidad *"menos conocidas y comprendidas"* que la física y *"siguen rodeadas de mitos, miedos y estereotipos"* que colocan a quienes las tienen en una especial situación de vulnerabilidad.

- En tales casos, el empleador asume una posición de garante *reforzada* que le obliga a realizar ajustes razonables, además de cuando lo pida formalmente la persona[104], en cuanto tenga conocimiento por cualquier otra

---

102 FJ 4º STC 51/2021.

103 La sentencia, literalmente, se refiere a la "discapacidad mental, por causas psíquicas, intelectuales o cognitivas" (FJ 4º), lo cual puede confundir al incluir la discapacidad intelectual (o cognitiva) como una parte de la discapacidad mental (o psíquica) cuando, en realidad, son distintas. Preferimos por ello usar los términos utilizados en el RDLeg. 1/2013, cuyo artículo 4.1 distingue estos tipos de *deficiencias* –término, por cierto, un tanto obsoleto–: "físicas, mentales, intelectuales o sensoriales".

104 En cuyo caso, como dice la STC 51/2021, *"[l]a respuesta del empleador debe ser expresa y estar debidamente motivada; en particular cuando denie-*

vía de la discapacidad[105] y, en todo caso, antes de iniciar cualquier acción que pueda ir en detrimento del empleo de la persona.

En suma, la referida sentencia no alberga dudas sobre la inclusión de los ajustes razonables como parte del derecho de las personas a no sufrir discriminación por razón de la discapacidad.

2.3.3.2. Tribunal de Justicia de la Unión Europea

En el plano europeo, el artículo 21 de la Carta de derechos fundamentales de la Unión Europea (CDFUE) incluye expresamente la discapacidad entre las causas protegidas frente a la discriminación, mientras que el artículo 26, titulado "Integración de las personas discapacitadas", declara el reconocimiento y respeto de la UE por el derecho de las personas con discapacidad "a beneficiarse de medidas para garanticen su autonomía, su integración social y profesional y su participación en la vida de la comunidad".

---

gue los ajustes solicitados por considerarlos desproporcionados o indebidos, ya que de lo contrario incurrirá en una denegación tácita carente de la debida justificación que vulnera dicho derecho" (FJ 4º).

105 Esta idea ya la apuntó el Comité en su *Observación general 6 (2018)*, pár. 24. b) *in fine*. En estos casos, como el cumplimiento de hacer ajustes razonables "*puede verse obstaculizado o impedido por la falta de datos relevantes facilitados por el empleado o empleada*", hasta que no tenga la información necesaria "*tan solo estará en manos del empleador informarle de este derecho. Sin embargo, tan pronto como se constate la discapacidad, el empleador deberá cumplir con su obligación de garantizar la igualdad de trato y la no discriminación de las personas con discapacidad a través de los ajustes razonables que sean necesarios y factibles*" (FJ 4º STC 51/2021).

A su vez, la UE forma parte de la CDPD como organización supranacional –más allá de cada uno de los Estados miembros– desde el 21 de enero de 2011[106], razón por la que el TJUE utiliza el texto internacional como marco interpretativo de las normas de la Unión. Así ha sucedido, por ejemplo, al dar respuesta a diversas cuestiones prejudiciales conectadas con la *Directiva 2000/78/CE del Consejo, de 27 de noviembre de 2000, relativa al establecimiento de un marco general para la igualdad de trato en el empleo y la ocupación,* en particular, con relación a los conceptos de "discapacidad y "ajustes razonables".

El concepto de "discapacidad", a los efectos de la citada Directiva, lo detalló la *STJUE de 11 de abril de 2013, As. Acum. C-335/11 y C-337/11,* "HK Danmark"[107], al señalar que se refiere a una limitación

> "derivada en particular de dolencias físicas, mentales o psíquicas que, al interactuar con diversas barreras, puede impedir la participación plena y efectiva de la persona de que se trate en la vida profesional en igualdad de condiciones con los demás trabajadores, y si esta limitación es de larga duración"[108].

---

106 De conformidad con la *Decisión 2010/48/CE del Consejo, de 26 de noviembre de 2009, relativa a la celebración, por parte de la Comunidad Europea, de la Convención de las Naciones Unidas sobre los derechos de las personas con discapacidad* (DOUE 27/01/2010).

107 Las cuestiones prejudiciales se plantearon en el seno de dos litigios provocados por el despido de dos mujeres que, con posterioridad a ser contratadas y por distintas razones, vieron limitadas sus capacidades laborales tal y como las venían desempeñando. En nombre de ambas, el sindicato HK interpuso una demanda contra los empleadores al entender que estos les debían haber ofrecido una adaptación consistente en una reducción del tiempo de trabajo.

108 Considerando 47, caso *HK Danmark.*

Respecto a qué entender como limitación *duradera*, la *STJUE de 1 de diciembre de 2016, As. C-395/15, "Daouidi"*, añadió que podía considerarse un indicio a tal fin que, en la fecha del hecho presuntamente discriminatorio, la incapacidad del interesado no presentase una perspectiva bien delimitada en cuanto a su finalización a corto plazo o se pudiese prolongar significativamente antes del restablecimiento de dicha persona[109].

Con relación a los "ajustes razonables" recogidos en el artículo 5 de la Directiva 2000/78, la sentencia *"HK Danmark"* también se pronunció al respecto a fin de incluir en dicho concepto la reducción del tiempo de trabajo si ésta permitía a la persona trabajadora ejercer su empleo y no suponía una carga excesiva para el empleador[110].

Pero la necesidad de realizar ajustes razonables por el empleador se resaltó especialmente en la *STJUE de 11 de septiembre de 2019, As. C-397/18, "Nobel Plastiques Ibérica"*. En ella, el TJUE consideró que el despido por "causas objetivas" de un trabajador con discapacidad, al cumplir éste los criterios de selección tomados en cuenta para señalar las personas que van a ser despedidas (tener una productividad inferior a un determinado nivel, una menor polivalencia en los puestos de trabajo de la empresa y un índice de absentismo elevado), constituía una

---

109 Considerando 56. Mohamed Daouidi había sido despedido mientras estaba en situación de incapacidad temporal por haberse dislocado el hombro en una caída y ser incierta la fecha de su posible reincorporación a su puesto de ayudante de cocina.

110 Considerandos 56 y 64, caso *HK Danmark*. Para considerar la posible carga excesiva para el empleador, el TJUE señalaba que debía tenerse en cuenta *"los costes financieros y de otro tipo que esta medida implica, el tamaño, los recursos financieros y el volumen de negocios total de la organización o empresa y la disponibilidad de fondos públicos o de otro tipo de ayuda"* (considerando 60).

discriminación indirecta por motivos de discapacidad si el empleador no hubiera realizado previamente ajustes razonables[111].

Más recientemente, la *SJUE de 10 de febrero de 2022, As. C-485/20, "HR Rail"* incluye en el concepto de ajustes razonables destinar a un trabajador –aunque esté en prácticas tras su incorporación–, declarado por razón de su discapacidad no apto para desempeñar las funciones esenciales de su puesto de trabajo, a otro puesto para el que tenga las competencias, capacidades y disponibilidad exigidas, siempre que esa medida no suponga una carga excesiva para el empleador y exista *"por lo menos un puesto vacante que el trabajador en cuestión pueda ocupar"*[112]. Condición ésta en la que podría escudarse un em-

---

111 Considerando 75. En el caso concreto, tras ser contratada por Nobel Plastiques Ibérica y como consecuencia de una epicondilitis, la demandante había sido reconocida como "trabajadora especialmente sensible a los riesgos derivados del trabajo", lo cual limitaba los puestos donde podía trabajar con un menor riesgo para su salud. En 2016 la empresa fijó cuatro criterios para proceder a un despido por causas objetivas y consideró que la demandante los cumplía (igual que otras 9 personas). En 2017 la Inspección de Trabajo propuso sancionar a la empresa por no haber realizado ajustes razonables en el puesto de trabajo de la demandante, compatibles con su estado de salud.

112 Considerandos 48 y 49. La cuestión prejudicial se planteó en el marco de un conflicto entre un trabajador de mantenimiento especializado en vías férreas y HR Rail. Mientras el trabajador estaba en prácticas fue diagnosticado de una patología cardíaca que requirió colocarle un marcapasos, dispositivo sensible a los campos electromagnéticos emitidos, en particular, por las vías férreas y que, por tanto, no le permitía realizar las tareas esenciales del puesto para el que había sido contratado. Por ello, aunque inicialmente se le destinó a un puesto de operario de almacén, finalmente se puso fin a su período de prácticas y fue despedido, pues, a diferencia de los agentes nombrados con carácter definitivo, los nombrados en prácticas no tenían derecho a una reubicación en caso de serles reconocida una discapacidad.

pleador reticente a la aplicación de la medida, razón por la que, si negara dicha vacante, debería acreditarlo debidamente. Por lo demás, la sentencia evidencia la importancia de mantener el empleo de las personas con discapacidad, a cuyo fin sirven los ajustes razonables.

Por último, mencionamos dos sentencias que conectan la denegación o falta de valoración de ajustes razonables con sendos casos de discapacidad sensorial.

En relación con la discapacidad auditiva, la *STJUE de 15 julio de 2021, As. C-795/19, "Tartu Vangla"*, se opuso a la imposibilidad absoluta de mantener en sus funciones a un funcionario de prisiones cuya agudeza auditiva no cumplía unos umbrales mínimos de percepción acústica, sin antes comprobar que dicho funcionario podía desempeñar tales funciones, en caso necesario tras la realización de los ajustes razonables pertinentes[113]. El caso resulta curioso por el distinto tratamiento que la normativa estonia aplicable[114] daba a supuestos de discapacidad auditiva o visual. Así, mientras negaba a los funcionarios de prisiones que no cumplieran unos umbrales mínimos de percepción acústica la posibilidad de utilizar una prótesis auditiva, sí permitía utilizar dispositivos correctores –como lentes de contacto o gafas– a los que presentasen un problema de agudeza visual. De hecho, el propio TJUE vino a señalar que el uso, pérdida o deterioro de lentes de contacto o gafas podría obstaculizar el desempeño de las tareas de un funcionario de prisiones de modo similar a una prótesis auditiva, sobre todo, en caso de un conflicto físico. Sea como fuere, entendió que la

---

113 Considerando 53, caso *"Tartu Vangla"*.

114 En concreto, el *Reglamento nº. 12 del Gobierno de la República de Estonia, de 22 de enero de 2013, por el que se establecen los requisitos en materia de salud y el procedimiento de examen médico de los funcionarios de prisiones, así como los requisitos relativos al contenido y la forma del certificado médico.*

norma nacional se había excedido al no permitir la valoración de ajustes razonables antes de despedir a una persona con discapacidad auditiva. Ajustes que podrían consistir en el uso de un aparato auditivo, en la dispensa de realizar ciertas tareas o incluso en el cambio de destino a un puesto que no exigiera el cumplimiento de ciertos umbrales de percepción acústica.

Con relación a la discapacidad visual, por último, la *STJUE de 21 de octubre de 2021, As. C-824/19, "Komisia za zashtita ot diskriminatsia"*, se opuso a la privación a una persona invidente de toda posibilidad de ejercer las funciones de jurado en un proceso penal. En el caso, la persona en cuestión había sido excluida de participar en los asuntos tramitados por la sala de lo penal a la que había sido adscrita *"sin evaluar su capacidad individual para desempeñar sus funciones y sin examinar la posibilidad de subsanar las eventuales dificultades que se hubieran podido plantear"*[115]; en suma, sin realizar comprobaciones para siquiera valorar la adopción de ajustes razonables. A partir de ahí, el TJUE recuerda, de un lado, que el concepto de "ajustes razonables" debe entenderse *de forma amplia* en cuanto *"eliminación de las barreras que dificultan la participación plena y efectiva de las personas con discapacidad en la vida profesional en igualdad de condiciones con los demás trabajadores"*; y, de otro, que el listado de medidas de tipo material, organizativo y educativo que a tal fin recoge el considerando 20 de la Directiva 2000/78 no es exhaustivo. Es más, los ajustes razonables favorecen la inclusión de las personas con discapacidad, pues a tal fin el artículo 27 CDPD les reconoce

> "el derecho a trabajar, en igualdad de condiciones con las demás; ello incluye el derecho a tener la oportunidad de ganarse la vida mediante un trabajo libremente elegido o aceptado en

---

[115] Considerando 56, caso *"Komisia za zashtita ot diskriminatsia"*.

> un mercado y un entorno laborales que sean abiertos, inclusivos y accesibles a las personas con discapacidad"[116].

Por todo ello, los ajustes razonables incluyen un conjunto de medidas, adecuadas a cada situación, que permitan el acceso, ejercicio o promoción en el empleo de las personas con discapacidad, salvo que ello suponga una carga excesiva para la empleador[117].

2.3.3.3. Tribunal Europeo de Derechos Humanos

El Tribunal Europeo de Derechos Humanos (TEDH) ha tenido oportunidad de pronunciarse sobre los ajustes razonables, sobre todo al hilo de la educación inclusiva en la universidad. En este sentido, de especial interés resultan las reflexiones vertidas en los casos Çam y *Enver Şahir contra Turquía*, de 2016 y 2018, respectivamente[118]. En ellos, el TEDH

---

116 Ídem, considerando 61.

117 Sobre la necesidad de realizar ajustes razonables en el empleo para personas con discapacidad, *vid.* Rodríguez Sanz de Galdeano, Beatriz (2020), "El deber de introducir adaptaciones como medida de acceso y mantenimiento del empleo de las personas con discapacidad", *Documentación Laboral,* 120, pp. 59-74. La autora propone, en pp. 67 y ss., algunas medidas de ajuste que conecta con el entorno físico de trabajo, con la formación, información y apoyo personal, y con la organización del trabajo, en este caso referidas a modificaciones de jornada, funciones y cambio de puesto.

118 Se trata de las SSTEDH de 23 de febrero de 2016 (nº. 51500/08) y de 30 de enero de 2018 (nº. 23065/12). Un comentario detallado de estas sentencias puede consultarse en Morcillo Moreno, Juana y Meix Cereceda, Pablo (2020), "La Universidad ante la discapacidad: la inclusión como nuevo principio en el sistema europeo de derechos humanos", *Revista Española de Derecho Administrativo,* 205, pp. 229-250, *passim.*

declaró la violación por el Estado turco del artículo 14 CEDH –prohibición de discriminación– en relación con el artículo 2 de su Protocolo 1 –derecho a la educación–[119]. En ambos casos, el trato discriminatorio derivaba de la falta de ajustes razonables.

En el caso Çam se negó la inscripción en un Conservatorio a una estudiante invidente –a pesar de haber aprobado el examen de ingreso–, entre otras razones, por carecer de infraestructuras adecuadas para atender a estudiantes con discapacidades. Al hablar del derecho a la educación, cada niño tiene unas necesidades pedagógicas concretas que deben ser atendidas mediante ajustes razonables, cuya adopción corresponde al margen de apreciación de los Estados, que deben prestar especial atención a los medios elegidos cuando de niños con discapacidad se trata. El TEDH concluyó señalando que las autoridades nacionales turcas no trataron de identificar las necesidades de Çam, ni en qué medida su falta de visión podía ser un obstáculo para su acceso a una educación musical, sin que tampoco intentaran cubrir las necesidades derivadas de su discapacidad visual. El fallo fue unánime al declarar la vulneración del artículo 14 CEDH con relación al artículo 2 de su Protocolo 1.

El caso *Enver Şahin*, por su parte, evidenció la falta de adecuación de unas instalaciones universitarias para permitir a un estudiante con una discapacidad física sobrevenida continuar sus

---

119 Como es sabido, el artículo 14 CEDH ("Prohibición de discriminación") no tiene una naturaleza autónoma, sino *auxiliar* respecto a otros derechos. Ello significa que no puede invocarse solo, sino solo con relación a otro derecho garantizado. *Vid.* Martínez Pérez, Enrique J. (2016), "El proceso de 'polinización' de la Convención sobre los derechos de las personas con discapacidad en la jurisprudencia del TEDH", en Guilarte Martín-Calero, C. (dir.), *Estudios y comentarios jurisprudenciales sobre discapacidad,* Thomson Reuters Aranzadi, Pamplona, p. 577.

estudios[120]. Tras señalar que eran las autoridades nacionales las que debían decidir y concretar los ajustes razonables necesarios, recordó que en el caso de las personas con discapacidad los Estados deben estar especialmente atentos a dicha elección, habida cuenta de su especial vulnerabilidad. Esta sentencia da un paso más respecto a Çam, pues extiende la especial vulnerabilidad a todas las personas con discapacidad, no sólo a los niños[121]. El TEDH se centró en la valoración del concreto ajuste ofrecido al demandante, la asistencia de un acompañante para ayudarle en sus desplazamientos dentro del centro, y lo consideró no razonable, al pasar por alto la necesidad de *Enver Şahin* de vivir, en la medida de lo posible, de modo independiente y autónomo[122]. El fallo declaró la violación del artículo 14 CEDH en relación con el artículo 2 de su Protocolo 1 y del artículo 8 CEDH[123] con relación al 14. Sin embargo, frente a la unanimidad del asunto Çam, la decisión en el caso *Enver Şahin* se adoptó por seis votos contra uno, el del juez *Lemmens*, que emitió un voto particular por entender que las medidas solicitadas por *Enver Şahin* encajaban más en la esfera de la accesibilidad que en la de los ajustes razonables, lo que habría conducido a un fallo absolutorio[124].

---

120 Concretamente, cuando estudiaba el primer año de su carrera de ingeniería mecánica en la Facultad de Enseñanza Técnica de la Universidad de *Firat*, *Enver Şahin* tuvo un accidente que lo dejó paralizado de las extremidades inferiores.

121 Pár. 68, caso *Enver Şahin*.

122 Ídem, pár. 72.

123 El artículo 8 CEDH recoge el derecho al respeto a la vida privada y familiar.

124 Pár. 11 del voto particular. El acceso al edificio de la Facultad donde *Enver Şahin* estudiaba debía hacerse de forma progresiva, por lo que Turquía fijó en 2005 un plazo inicial de 7 años (finalmente prorrogados a 10) para efectuar las oportunas adaptaciones. Como el estudiante reclamó la falta de accesibilidad del edificio durante el curso 2007-2008, sin proponer a las autoridades universitarias medidas concretas (que

En suma, el TEDH reprocha la pasividad de las autoridades nacionales para garantizar el derecho a la educación de Çam y *Enver Şahin*, a quienes, por la única razón de su discapacidad y sin una previa evaluación de sus necesidades, se les impidió cursar sus estudios superiores. Las autoridades turcas no actuaron con la debida diligencia, pues no probaron la carga que supondría la realización de los ajustes indicados, optando por negar los mismos u ofrecer alternativas sin un análisis de la concreta situación. Se echa en falta, por tanto, el *plus de motivación* al que se refería el profesor Ortega Álvarez en su voto particular a la STC 10/2014 y que resulta exigible a la Administración cuando deniega ajustes razonables, más aún cuando está en juego el derecho a la educación.

---

sí identificó en vía judicial: rampa, ascensor y aseo), *Lemmens* entendió que no cabía imputar al Estado turco ninguna falta de diligencia. De un lado, aún estaba en plazo para adaptar sus edificios. De otro, había prestado su ayuda al señor Şahin en la medida de sus posibilidades. Por lo demás, el juez reprochaba al demandante su actitud ante las autoridades académicas y su poca colaboración, haciéndole en parte responsable de la falta de una evaluación real tanto de sus necesidades como de los eventuales efectos de la oferta propuesta. No compartimos tal reproche, pues *"no se puede hacer recaer en la persona con discapacidad la carga de evaluar, justificar y, en su caso, elegir la medida adecuada a su situación, cometido que debe asumir el Estado"* [*vid.* Morcillo Moreno, Juana y Meix Cereceda, Pablo (2020), "La Universidad ante la discapacidad…", *cit.*, pp. 244 y 245]. Cuestión distinta es que la entidad garante *"entable un diálogo"* con la persona con discapacidad, como señaló el Comité en su *Observación general 6 (2018)*, párs. 24.b) y 26.a).

SEGUNDA PARTE:
la Directiva de Accesibilidad

1. OBJETO Y ESTRUCTURA

1.1. La necesaria armonización de las disposiciones nacionales y la mejora del mercado interior: principales objetivos de la Directiva de Accesibilidad

Como ya se indicó, la UE es Parte de la CDPD, más allá de cada uno de sus Estados miembros. Ello la convierte en garante de la Convención, por lo que, con base en el principio de subsidiariedad[125], debe proteger el mercado interior y unificar las disposiciones intracomunitarias dispares en materia de accesibilidad para definir un marco común a seguir por los Estados miembros; marco que deberá ser desarrollado y ejecutado por los distintos niveles territoriales de cada país según el correspondiente reparto competencial.

---

125 El artículo 5.3 TUE permite la intervención de la UE, en ámbitos que no sean de su exclusiva competencia, "sólo en caso de, y en la medida que" los objetivos a conseguir no se puedan alcanzar "de manera suficiente" por los Estados miembros. Así, de un lado, el mercado interior y los transportes son ámbitos de competencia compartida entre la UE y los Estados miembros [art. 4.2.a) y g) TFUE] y, de otro, éstos no pueden resolver por sí solos un problema que afecta a cuestiones trasnacionales.

Aunque varias normas europeas regulaban antes de la Directiva de Accesibilidad requisitos de accesibilidad específicos para ciertos productos o servicios[126] o, en otros casos, establecían con carácter general una obligación de accesibilidad –sin detallar requisitos ni especificaciones–[127], la falta de una definición y regulación comunes en materia de accesibilidad en el ámbito europeo evidenciaban la necesidad de una armonización a tal fin.

Sólo una Propuesta de Directiva había esbozado en 2015 una primera regulación de los requisitos de accesibilidad de bienes y servicios[128]. Casi dos años después, en septiembre de 2017, se retomó su tramitación y finalmente vio la luz el 17 de abril de 2019 la *Directiva (UE) 2019/882 del Parlamento Europeo y*

---

126 Es el caso, entre otros, del reglamento que establece los derechos de las personas con discapacidad en el transporte aéreo *[Reglamento (CE) nº* 1107/2006 del Parlamento Europeo y del Consejo de 5 de julio de 2006 sobre los derechos de las personas con discapacidad o movilidad reducida en el transporte aéreo] o de la directiva que regula la accesibilidad de sitios web y *apps* del sector público *[Directiva (UE) 2016/2102 del Parlamento Europeo y del Consejo, de 26 de octubre de 2016, sobre la accesibilidad de los sitios web y aplicaciones para dispositivos móviles de los organismos del sector público]*.

127 Por ejemplo, la *Directiva 2014/24/UE del Parlamento Europeo y del Consejo, de 26 de febrero de 2014, sobre contratación pública y por la que se deroga la Directiva 2004/18/CE* hace referencia a la accesibilidad en varios artículos (*vid.* arts. 42 con relación a las especificaciones técnicas o 67 al hilo de los criterios de adjudicación del contrato).

128 Nos referimos a la *Propuesta de Directiva del Parlamento Europeo y del Consejo, relativa a la aproximación de las disposiciones legales, reglamentarias y administrativas de los Estados miembros por lo que se refiere a los requisitos de accesibilidad de los productos y los servicios* [COM(2015) 615 final-2015/0278 (COD), disponible en: resource.html (europa.eu); consulta: 20/01/2023].

del Consejo, sobre los requisitos de accesibilidad de los productos y servicios, publicada en el DOUE el 7 de junio de 2019.

La Directiva de Accesibilidad (también conocida como "Acta Europea de Accesibilidad" o "Ley Europea de Accesibilidad"[129]) concreta los requisitos de accesibilidad de ciertos bienes y servicios, favoreciendo así la seguridad jurídica en el caso de aquellas normas que recogían la accesibilidad como un requisito general y que ahora, sin necesidad de ser modificadas, completan su contenido mediante la definición de los requisitos contenidos en la Directiva.

El Acta Europea de Accesibilidad regula de modo general, por primera vez, las condiciones de accesibilidad de algunos bienes y servicios en el ámbito de la UE, sin que haya estado exenta de duras críticas vertidas, sobre todo, por el colectivo más afectado por la norma: el de las personas con discapacidad[130]. En este sentido, se ha criticado que la Directiva sólo

---

129 Martínez Calvo critica este sobrenombre y, en general, aporta una visión poco optimista de la Directiva en "Nueva directiva europea sobre requisitos de accesibilidad de algunos productos y servicios" (2019), *Integración: Revista digital sobre discapacidad visual,* 75, *passim* y, especialmente, pp. 206 y 208. Destaca la poca ambición de la Directiva, Miguel Ángel Cabra de Luna en su trabajo de 2019 "Impacto en el Derecho Español de la Directiva (UE) 2019/882 del Parlamento Europeo y del Consejo de 17 de abril de 2019 sobre los requisitos de accesibilidad de los productos y servicios", *Anales de derecho y discapacidad,* 4, p. 244.

130 El mismo día de la publicación de la Directiva en el DOUE, el *Foro Europeo de la Discapacidad (European Disability Forum, EDF)* –ONG independiente que representa los intereses de más de 100 millones de personas con discapacidad en la UE– realizó una primera evaluación del texto, destacando pros y contras de cara a un desarrollo más garantista por los Estados miembros. *Vid. EDF analysis of the European Accessibility Act,* disponible en: edf analysis of the european accessibility act - june 2019 2 0.doc (live.com); consulta: 20/01/2023.

mencione, como referente normativo para su adopción, el artículo 114 TFUE, tocante al mercado interior. Ninguna referencia hace al artículo 19 TFUE, que permite a la UE adoptar acciones adecuadas para luchar contra la discriminación por motivos, entre otros, de discapacidad. Ello ha conducido al CERMI a entender que *"sólo de forma secundaria se vislumbran en la Directiva metas en materia social"* y cuando se habla de ellas *"se hace de forma subordinada al objetivo principal, la circulación de productos y servicios"* para que cumplan requisitos de accesibilidad y se mejore así la libre competencia[131]. Y es que la adopción de una norma que armonizase los requisitos de accesibilidad de productos y servicios en la UE había sido, desde hacía más de una década, una de las principales reivindicaciones del movimiento europeo de la discapacidad. Con todo, aunque es cierto que la Directiva de Accesibilidad no menciona expresamente el artículo 19 TFUE, sí hace referencia a la brevísima *Declaración relativa a las personas con discapacidad*, la número 22 de las anejas al Tratado de Ámsterdam, que obliga a las instituciones europeas a tener en cuenta las necesidades de las perso-

En España, el CERMI ha liderado la vertiente más crítica, apuntando la tibieza de las disposiciones de la norma, la insuficiencia del listado de productos y servicios incluidos en ella, y los extensos plazos de transposición y aplicación (*vid.* CERMI| Comité Español de Representantes de Personas con Discapacidad; consulta: 20/01/2023). A finales de junio de 2019 elaboró un interesante *Informe preliminar* sobre el contenido e impacto de la Directiva de Accesibilidad en el ordenamiento jurídico español (*vid.* Informe preliminar del CERMI sobre contenidos e impacto en el derecho Español de la Directiva (UE) 2019/882 del Parlamento Europeo y del Consejo de 17 de Abril de 2019 sobre los requisitos de accesibilidad de los productos y servicios (convenciondiscapacidad.es); consulta: 20/01/2023).

131 En el *Informe preliminar* citado en la nota anterior, el CERMI recordaba que la Directiva 2000/78 sí se basó en el artículo 13 TCE, precedente del actual artículo 19 TFUE.

nas con discapacidad cuando elaboren medidas con arreglo al artículo 114 TFUE[132].

Precisado lo anterior, junto a la armonización de disposiciones, el principal objetivo de la norma se centra en mejorar el funcionamiento del mercado interior, eliminando los obstáculos a la libre circulación de productos y servicios accesibles. Como consecuencia de ello, pretende también facilitar a las empresas el tráfico transfronterizo de bienes y servicios accesibles aproximando las disposiciones nacionales, lo que puede tener reflejo, incluso, fuera de la UE, pues algunos productos y servicios tienen carácter mundial y es importante que las normas de la UE estén sincronizadas con las de otros países, singularmente Estados Unidos.

Unido a lo anterior, la Directiva de Accesibilidad aspira a incrementar la oferta de los productos y servicios en ella regulados, pues las personas consumidoras aumentarán su confianza en las compras transfronterizas y podrán, además, adquirir los productos y servicios a precios más competitivos. Esta reducción de precios beneficiará sobre todo a quienes hayan de utilizar bienes y servicios accesibles, pero también a los agentes económicos más pequeños, pues podrán ofrecer soluciones de accesibilidad fuera de sus mercados nacionales[133].

---

132 *Vid.* considerando 10 DA. La mencionada Declaración, incluida en 1997, hacía entonces referencia al artículo 100A TCE.

133 Esta circunstancia fue destacada por el *Comité Económico y Social Europeo* (CESE) en su Dictamen a la Propuesta de 2015. *Vid.* apdo. 4.2 del *Dictamen 2016/C 303/14*, publicado en el DOUE de 19/08/2016 y disponible en este link: https://op.europa.eu/es/publication-detail/-/publication/a0edcb40-65c5-11e6-9b08-01aa75ed71a1; consulta: 25/02/2023.

1.2. Estructura de la norma europea

Los treinta y cinco artículos de la Directiva de Accesibilidad se distribuyen en once capítulos, precedidos de una larguísima Exposición de Motivos, con casi el doble de considerandos –algunos redactados de forma confusa– que la Propuesta de 2015[134] y acompañados de seis anexos que completan la regulación[135].

De este modo, el capítulo I (arts. 1-3) se refiere al objeto y al ámbito de aplicación de la Directiva e incluye un amplio listado de definiciones –hasta 44–. El capítulo II (arts. 4-6) se centra sobre todo en los requisitos de accesibilidad de los productos y servicios con una imprescindible remisión al anexo I, dividido en 7 secciones en función de los productos y servicios de que se trate. Por su parte, mientras el capítulo III (arts. 7-12) aborda la posición jurídica de los fabricantes, importadores y distribuidores de productos, el IV (art. 13) trata la de los prestadores de servicios. El capítulo V (art. 14) analiza sendas excepciones al régimen de accesibilidad si de su cumplimiento derivara, de un lado, una modificación sustancial de la naturaleza básica del producto o servicio o, de otro, una carga desproporcionada sobre los agentes económicos afectados. El capítulo VI (art. 15) subraya la presunción de conformidad a la Directiva de Accesibilidad de los productos y servicios que cumplan las nor-

---

134 En efecto, 104 considerandos frente a los 54 de la Propuesta de 2015.

135 Los anexos se refieren a las siguientes cuestiones: *Requisitos de accesibilidad de los productos y servicios* (I); *Ejemplos indicativos no vinculantes de posibles soluciones que contribuyen a cumplir los requisitos de accesibilidad* (II); *Requisitos de accesibilidad a efectos del artículo 4.4, relativos al entorno físico donde se prestan los servicios* (III); *Procedimiento de evaluación de la conformidad de los productos* (IV); *Información sobre los servicios que cumplen los requisitos de accesibilidad* (V); y *Criterios para la evaluación de la carga desproporcionada* (VI).

mas armonizadas y las especificaciones técnicas. Con relación a los productos, los capítulos VII (arts. 16-18) y VIII (arts. 19-22) desarrollan, respectivamente, la declaración UE de conformidad y el marcado CE, y los procedimientos en caso de incumplimiento a escala nacional y europea. Y, respecto a los servicios, es el capítulo IX (art. 23) el que ofrece las pautas para que los Estados controlen su conformidad. El capítulo X (arts. 24-25), para garantizar la coherencia del Derecho de la Unión, integra lo dispuesto en la Directiva de Accesibilidad con otros actos de la Unión y, por último, el capítulo XI (arts. 26-35) aúna disposiciones de distinta índole relativas a los actos delegados y competencias de ejecución que puede adoptar la Comisión, al régimen sancionador, a los plazos de transposición y transitorios, a la rendición de cuentas por la Comisión y a su entrada en vigor[136].

Se analizan a continuación las principales cuestiones que plantea la Directiva.

2. ÁMBITOS DE APLICACIÓN SUBJETIVO Y OBJETIVO

2.1. Destinatarios de las disposiciones de la Directiva

Con relación a los destinatarios, consumidores o, en general, posibles afectados por las disposiciones recogidas en la Directiva de Accesibilidad es preciso realizar una importante

---

[136] Llama la atención que varios capítulos (IV, V, VI y XI) estén compuestos sólo de un artículo –cuando, por razones sistemáticas, podrían haberse dividido en varios artículos o agrupado algunos capítulos– y que, en cambio, el último capítulo aglutine disposiciones de contenido tan distinto.

puntualización. Aun cuando la CDPD supone un punto de inflexión en materia de accesibilidad para las personas con discapacidad, la norma que analizamos extiende la necesidad de productos y servicios accesibles más allá de las personas con discapacidad *stricto sensu*, es decir, más allá de quienes presenten "deficiencias físicas, mentales, intelectuales o sensoriales a largo plazo"[137]. En efecto, la regulación parece estar pensada para quienes sufran limitaciones funcionales, *temporales o permanentes*, como consecuencia de la edad, de un accidente o de alguna enfermedad. Es el caso, por ejemplo, de las personas mayores, las mujeres embarazadas o de quienes viajen con equipaje, mencionados expresamente en el considerando 4 de la Directiva. En esta línea, la Propuesta de 2015 señalaba cómo el envejecimiento demográfico en la UE debía acompañarse de un entorno en el que los productos y servicios accesibles pudiesen atender las demandas de consumidores con discapacidades más o menos graves[138]. Y es que, en los últimos tiempos, está emergiendo con fuerza el concepto de "economía plateada"[139] (o "*silver economy*"), que hace referencia a un nuevo modelo económico basado en la mejora de la calidad de vida de las personas mayores de 65 años. Tanto por su tiempo libre, como por los recursos de que disponen, este colectivo está llamado a desempeñar un importante papel en el consumo, por lo que es muy receptivo a la adecuación de bienes y servicios a sus

---

137 Art. 1.2 CDPD.

138 *Vid.* Propuesta de 2015, pp. 2 y 7.

139 Una breve, pero interesante perspectiva del concepto y posibilidades que ofrece la "economía plateada" puede consultarse en el dosier que elaboró la Institución Ferial de Extremadura (FEVAL) para el I Congreso Economía Plateada, cuya celebración tuvo lugar en Mérida los días 22 y 23 de septiembre de 2021, tras ser pospuesto por la Covid-19 (dosier disponible en: dossier.pdf (economiaplateada.org); consulta: 20/01/2023).

necesidades o, mejor aún, a que los mismos se diseñen bajo el paradigma de la accesibilidad universal.

Pues bien, la amplitud de la idea de accesibilidad universal que parece anunciar la antesala de la Directiva se diluye al comprobar cómo en el articulado no hay ninguna referencia a las personas con limitaciones funcionales, salvo una mención puntual, en el artículo 14.7, con relación a la posibilidad de que Comisión complete los criterios para determinar cuándo el cumplimiento de los requisitos de accesibilidad puede suponer a los agentes económicos una carga desproporcionada; de optar por tal ampliación, la Comisión debería tener en cuenta los potenciales beneficios no sólo para las personas con discapacidad, sino también para aquellas con limitaciones funcionales. Por ello, habría sido deseable que, junto a las personas con discapacidad, se hubiera incluido a las personas con limitaciones funcionales como destinatarias de las medidas acordadas.

En sentido análogo, la *Directiva (UE) 2016/2102 del Parlamento Europeo y del Consejo, de 26 de octubre de 2016, sobre la accesibilidad de los sitios web y aplicaciones para dispositivos móviles de los organismos del sector público,* se refería a la necesidad de asegurar el acceso de webs y *apps* no sólo a las personas con discapacidad, sino también a las personas de edad avanzada. Pero, de forma parecida a la Directiva de Accesibilidad, mientras sus considerandos 23 y 49 incluían entre los usuarios a personas con discapacidad y de edad avanzada, el articulado sólo mencionaba a las personas con discapacidad[140]. En cambio, la norma española que transpuso la citada Directiva, esto es, el *Real Decreto 1112/2018, de 7 de septiembre, sobre accesibilidad de los sitios web y aplicaciones para dispositivos móviles del sector público, sí*

---

140 Art. 1.1 Directiva 2016/2102.

se refiere siempre, con carácter específico, tanto en su preámbulo como en su articulado, a los mayores junto a las personas con discapacidad[141]. En este sentido, y más recientemente, el artículo 17.3 de la Ley 15/2022 insiste en que

> "[l]os sitios web y las aplicaciones informáticas tenderán a cumplir los requisitos de accesibilidad para garantizar la igualdad y la no discriminación en el acceso de las personas usuarias, en particular de las personas con discapacidad y de las personas mayores".

No es baladí recordar lo importante que es la visibilidad en materia de inclusión, pues gracias a ella la sociedad puede reaccionar y tomar conciencia de la relevancia de adoptar medidas frente a aquellos obstáculos que, antes o después, en mayor o menor medida, podemos encontrarnos en un mundo globalizado. Debemos ser conscientes de que la accesibilidad no es solo cuestión de unos pocos –de las personas con discapacidad–, sino que una adecuada perspectiva debe ampliar el campo de visión y analizar las disposiciones de la Directiva más como usuarios que como meros observadores.

---

141 *Vid.*, entre otros, arts. 1.2 y 5.1 RD 1112/2018. Una guía para la aplicación de esta norma puede consultarse en Arrufat Pérez de Zafra, María Asunción y Alcaín Martínez, Esperanza (2018), *La accesibilidad de los sitios web y aplicaciones para dispositivos móviles del sector público. Guía jurídica y técnica para la aplicación práctica del Real Decreto 1112/2018, de 7 de septiembre*, Cinca, CERMI y Fundación Derecho y Discapacidad, Madrid. A su vez, sobre la accesibilidad digital y su importancia para las personas con discapacidad, *vid.* Morcillo Moreno, Juana y Caporale, Marina (2019), "Smart cities and disability: digital accessibility as a precondition", en Auby, J.-B., *Le future du droit administratif*, LexisNexis, París, pp. 389-408.

2.2. Productos y servicios incluidos

Con la transversalidad como eje, la norma incluye los requisitos de accesibilidad de ciertos productos y servicios que considera claves, además de por ser pertinentes para las personas con discapacidad, por suponer un serio problema para el mercado interior ante la disparidad de requisitos nacionales[142]. E incorpora también normas sobre accesibilidad a espacios públicos y –muy tímidamente– al entorno construido, así como a cualquier medio de transporte.

La selección de productos y servicios tuvo en cuenta el análisis que precedió a la evaluación de impacto y que contó no sólo con las aportaciones de las empresas y de las principales organizaciones de la sociedad civil –incluidas las representativas de los intereses de las personas con discapacidad[143]–, sino también con la opinión de expertos en materia de discapacidad y con el examen de divergentes normativas de nueve Estados miembros que, en 2015, representaban aproximadamente el 80% del PIB de la UE y el 77% de su población[144]. Aun así, la lista ha sido objeto de críticas: la UE había solicitado un estudio a la empresa Deloitte para valorar las nuevas medidas

---

142 Considerando 18 DA.

143 La importancia de la opinión de las personas con discapacidad en las iniciativas que les afectan se subraya en la recomendación 4 ("*Involve people with disabilities*") del *Word Report on Disability* de 2011 de la OMS, pp. 265 y 266, disponible en: World Report on Disability (who.int). Como ahí se señala, las personas con discapacidad suelen tener perspectivas únicas sobre su discapacidad y situación. Por ello es importante consultar a las mismas y lograr su participación al formular y poner en práctica políticas, normas y servicios.

144 *Vid.* Propuesta de 2015, p. 11.

y, de los 87 productos y servicios considerados relevantes –15 prioritarios–, se seleccionaron sólo 11[145].

Por lo demás, la transversalidad apuntada se refleja también en que la Directiva de Accesibilidad obliga a interpretar conforme a sus disposiciones las de otras normas europeas relativas a la accesibilidad. Es lo que sucede, por ejemplo, con la Directiva 2016/2102. Así, la Directiva de Accesibilidad se aplicará no solo a servicios (como sitios web o *apps*), sino también a productos (como ordenadores, tabletas, cajeros automáticos o terminales de pago) que plantean un mayor riesgo de regulación divergente en materia de accesibilidad.

Se indican a continuación los productos y servicios incluidos en el ámbito de aplicación de la Directiva de Accesibilidad, no sin antes hacer una aclaración: dado el carácter técnico que presentan muchos aspectos de la norma, para entender su verdadero alcance resulta indispensable manejar las definiciones contenidas en ella, así como en otras disposiciones. Así, el concepto de *producto* incluye toda sustancia, preparado o mercancía que resulte de un proceso de fabricación y no se trate de

> "alimentos, piensos, plantas ni animales vivos, productos de origen humano ni productos de origen vegetal o animal directamente relacionados con su futura reproducción"[146].

Por su parte, la definición de *servicio* se remite a la Directiva *Bolkestein,* que lo define como toda actividad económi-

---

145 *Vid.* Deloitte (2015), *Study on the socio-economic impact of new measures to improve accessibility of goods and services for people with disabilities (final report),* https://docplayer.net/54149870-Study-on-the-socio-economic-impact-of-new-measures-to-improve-accessibility-of-goods-and-services-for-people-with-disabilities-final-report.html, pp. 2 y 3; consulta: 09/03/2023.

146 Art. 3.2) DA.

ca por cuenta propia, prestada normalmente a cambio de una remuneración[147].

2.2.1. Productos introducidos en el mercado tras el 28 de junio de 2025

La Directiva se aplicará a los productos en ella indicados que se introduzcan en el mercado después del 28 de junio de 2025. Esta es la fecha a partir de la cual los Estados miembros deberán aplicar las disposiciones de la Directiva, previa transposición que, eso sí, debería haberse realizado como máximo el 28 de junio de 2022[148].

En concreto, los productos afectados son los siguientes:

a) Equipos informáticos de uso general de consumo y sistemas operativos.- Se incluyen los ordenadores de sobremesa, los portátiles, los teléfonos inteligentes y las tabletas. Como la Directiva señala, se trata de aquellos que, con una naturaleza multifuncional, se conciben para su uso por los consumidores y pueden realizar la mayoría de tareas informáticas más habituales solicitadas por ellos. Lógicamente, para que estos equipos funcionen de manera accesible, también deben ser accesibles sus sistemas operativos (v.gr. *Windows*)[149].

---

147 *Vid.* art. 4.1) *Directiva 2006/123/CE del Parlamento Europeo y del Consejo de 12 de diciembre, relativa a los servicios en el mercado interior.* La Directiva menciona el artículo 50 TCE (actual art. 57 TFUE) para incluir de modo particular, entre los servicios, las actividades de carácter industrial, mercantil, artesanal y las propias de las profesiones liberales.

148 Art. 31.1 y 2 DA.

149 Considerando 25 y art. 3.39) DA.

b) Los siguientes terminales de autoservicio:

- Terminales de pago.- Es decir, aquellos dispositivos que permiten hacer pagos en un punto físico de venta, no en un entorno virtual[150].

---

150 Art. 3.29) DA.

- Los siguientes terminales de autoservicio dedicados a prestar los servicios recogidos en la Directiva:

√ Cajeros automáticos.

√ Máquinas expendedoras de billetes.

√ Máquinas de facturación.

√ Terminales de autoservicio interactivos que faciliten información, salvo los instalados como partes integradas de vehículos, aeronaves, buques o material rodante.

c) Equipos de consumo interactivos para prestar servicios de comunicación electrónica.- A tal fin, la "capacidad informática interactiva" es aquella funcionalidad de apoyo que permite la interacción entre usuario y dispositivo al posibilitar el procesamiento y la transmisión de datos, voz o vídeo, o cualquier combinación de éstos[151].

151 Art. 3.40) DA.

d) Equipos de consumo interactivos para acceder a servicios de comunicación audiovisual.- Por ejemplo, los televisores inteligentes.

e) Lectores electrónicos.- Se trata de aquellos equipos especializados –incluidos tanto el aparato como el programa– para acceder a archivos de libros electrónicos, navegar por ellos, leerlos y utilizarlos (v.gr. *Amazon Kindle*)[152].

152 Art. 3.42) DA.

2.2.2. Servicios prestados tras el 28 de junio de 2025

Por su parte, de conformidad con el artículo 2.2, la Directiva de Accesibilidad se aplicará a los siguientes servicios prestados después del 28 de junio de 2025, sin perjuicio de ciertas medidas transitorias[153]:

a. Servicios de comunicaciones electrónicas, salvo los servicios de transmisión que presten servicios de máquina a máquina.- Se trata de aquellos servicios prestados normalmente a cambio de una remuneración mediante redes de comunicaciones electrónicas y que incluyen (i) el servicio acceso a internet y (ii) el servicio de comunicaciones interpersonales (v.gr. videollamadas o correo electrónico). Este concepto proviene de la *Directiva (UE) 2018/1972 del Parlamento Europeo y del Consejo de 11 de diciembre, por la que se establece el Código Europeo de las Comunicaciones Electrónicas* (CECE), que incluye también los servicios consistentes, en su totalidad o principalmente, en el transporte de señales, como los de transmisión usados para prestar servicios máquina a máquina y para la radiodifusión[154]. Pero ya se ha indicado que la Directiva de Accesibilidad excluye de su ámbito de aplicación los servicios de transmisión utilizados para prestar servicios de máquina a máquina, es decir, los que impliquen una transferencia automatizada de datos e información entre dispositivos o aplicaciones de *software* con escasa o nula interacción humana[155]. Sería el caso, por ejemplo, del uso de redes inalámbricas para actualizar vallas pu-

---

153 Recogidas en el artículo 32 DA.

154 Art. 2.4) CECE.

155 Así los define de modo general el considerando 249 CECE.

blicitarias digitales o cambiar el precio de la gasolina en los correspondientes paneles.

b. Servicios que den acceso a los servicios de comunicación audiovisual.- Aquí entrarían las plataformas de vídeo de demanda como *Netflix, HBO* o *Amazon Prime*. Se incluyen, por tanto, los servicios utilizados para identificar, seleccionar y visualizar servicios de comunicación audiovisual y recibir información sobre ellos, así como cualquier característica presentada como subtítulos, audiodescripción, subtítulos hablados o interpretación de lengua de signos, e incluyen las guías electrónicas de programas[156]. A su vez, los "servicios de comunicación audiovisual" comprenden, junto a las comunicaciones comerciales audiovisuales (v.gr. anuncios de televisión), aquellos que proporcionen programas para informar, entretener o educar al público en general, a través de redes de comunicaciones electrónicas[157].

c. Los siguientes elementos de los servicios de transporte de viajeros (aéreo, por autobús, por ferrocarril y por vías navegables)[158]–salvo en el transporte urbano, suburba-

---

156 Art. 3.6) DA.

157 Véase el artículo 1.a) Directiva de servicios de comunicación audiovisual –*Directiva 2010/13/UE del Parlamento Europeo y del Consejo de 10 de marzo*–.

158 La definición de qué se considere un servicio de transporte aéreo, por autobús, por ferrocarril y por vías navegables se remite, respectivamente, a los siguientes reglamentos europeos:

- Transporte aéreo: Reglamento (CE) nº 1107/2006 del Parlamento Europeo y del Consejo, de 5 de julio de 2006, sobre los derechos de las personas con discapacidad o movilidad reducida en el transporte aéreo. Su artículo art. 2.l) reconduce los servicios comerciales de transporte aéreo a los necesarios para salir de un aeropuerto, en situaciones de tránsito en él o al llegar a él. Esta remisión, en concreto, ha sido criticada por el

no y regional[159], en cuyo caso solo se aplicará el último de los puntos señalados a continuación–:

Foro Europeo de la Discapacidad al entender que limita el alcance de la Directiva (vid. EDF analysis of the European Accessibility Act, cit., p. 8).
- Transporte por autobús: Reglamento (UE) nº 181/2011 del Parlamento Europeo y del Consejo, de 16 de febrero de 2011, sobre los derechos de los viajeros de autobús y autocar. Se refiere a servicios regulares cuya distancia programada sea igual o superior a 250 km. (art. 2.1) y, de ser inferior, se aplicarán ciertos derechos entre los que se encuentra facilitar a los pasajeros cierta información sobre su viaje antes y durante el mismo (art. 2.2 en relación con el art. 24).
- Transporte por ferrocarril: Reglamento (CE) nº 1371/2007 del Parlamento Europeo y del Consejo, de 23 de octubre de 2007, sobre los derechos y las obligaciones de los viajeros de ferrocarril (art. 2.1 y 2). No obstante, desde el 7 de junio de 2023 dicho reglamento será sustituido por el Reglamento (UE) nº. 2021/782, de 29 de abril.
- Transporte por vías navegables: Reglamento (UE) nº 1177/2010 del Parlamento Europeo y del Consejo, de 24 de noviembre de 2010, sobre los derechos de los pasajeros que viajan por mar y por vías navegables (art. 2.1 y 2).

159 No acabamos de entender esta salvedad, pues el transporte urbano, suburbano y regional es clave en los desplazamientos cotidianos de la población. En tales casos, sería importante que también fueran accesibles las webs con los itinerarios y las *apps* para acceder a la información en tiempo real, y que se pudiesen comprar y mostrar los billetes en formato digital. Por lo demás, según los define la *Directiva 2012/34/UE del Parlamento Europeo y del Consejo, de 21 de noviembre, por la que se establece un espacio ferroviario europeo único,* los servicios de transporte *urbano y suburbano* responden principalmente a las necesidades de una zona urbana, incluida un área urbana transfronteriza, así como a las necesidades de transporte entre dicha zona y sus extrarradios; y los servicios de transporte *regional* cubren principalmente las necesidades de transporte de una región, incluida una región transfronteriza [art. 3.6) y 7) Directiva 2012/34]. En ambos casos, la Directiva de Accesibilidad solo incluye el transporte por "ferrocarril, autobús y autocar, metro, tranvía y trolebús" [art. 3.35) y 36) DA].

- Sitios web.- Es decir, el conjunto de archivos electrónicos y páginas web referentes a un tema bajo un nombre de dominio específico a los que se accede utilizando un navegador web[160].

- Servicios mediante dispositivos móviles, incluidas las *apps*.- Éstas son aquellas aplicaciones informáticas diseñadas y desarrolladas para su uso por el público en general en dispositivos móviles, entre ellos los teléfonos inteligentes y las tabletas[161]. Pero no incluyen el programa *software* que controla dichos dispositivos (sistema operativo) ni el equipo informático.

- Billetes electrónicos y servicios de expedición de billetes electrónicos.- El "billete electrónico" alude al sistema en que el derecho a viajar –en forma de billete de viaje, abono o crédito de viaje– se almacena electrónicamente en una tarjeta de transporte física u otro dispositivo, pero no se imprime en papel. Por su parte, el "servicio de expedición de billetes electrónicos" procura la adquisición en línea de los billetes de transporte y su envío al comprador en formato electrónico para que pueda imprimirlos en papel o mostrarlos en un dispositivo móvil interactivo cuando viaje[162].

- Información sobre servicios de transporte, en particular sobre viajes en tiempo real.

- Terminales de servicio interactivos situados dentro de la UE, salvo los instalados como partes integradas en vehículos, aeronaves, buques y material rodante.

---

160 Art. 4.a) RD 1112/2018.

161 Art. 4.b) RD 1112/2018.

162 Definiciones que aporta el artículo 3.43) y 44) DA.

d. Servicios bancarios para consumidores.- En este concepto la Directiva incluye ciertos servicios bancarios y financieros dirigidos a los consumidores (v.gr. asesoramiento en inversiones o servicios de pago), pero no dice nada respecto a la accesibilidad al empleo en el sector financiero de las personas con discapacidad.

e. Libros electrónicos y sus programas especializados.- Es decir, el suministro de archivos digitales que contengan la versión electrónica de un libro a la que acceder, por la que navegar y que leer y utilizar, así como de programas especializados que permitan todo lo anterior163. No entrarían los programas incluidos en la definición de "lector electrónico".

f. Servicios de comercio electrónico.- Incluyen los prestados a distancia a través de webs y servicios para dispositivos móviles, por medios electrónicos y a petición del consumidor para celebrar un contrato con este164.

g. Respuestas a las comunicaciones de emergencia al número único europeo de emergencia "112".- Este es uno de los temas más delicados que plantea la Directiva de Accesibilidad. De hecho, se recoge en un apartado específico (art. 2.3).

2.3. Las respuestas a las comunicaciones de emergencia al número 112

En 1991, el Consejo de las Comunidades Europeas adoptó una Decisión[165] para crear el 112 como número de llamada

---

163 Art. 3.41) DA.

164 Art. 3.30) DA.

165 *Vid. 91/396/CEE: Decisión del Consejo, de 29 de julio de 1991, relativa a la creación de un número de llamada de urgencia único europeo,* publicada

de urgencia único europeo. A su vez, se obligaba a los Estados miembros a adoptar las medidas necesarias para garantizar que las llamadas al 112 recibieran la respuesta y atención apropiadas, del modo que mejor se adaptara a la estructura nacional de los sistemas de urgencia.

En 2021 se recibieron más de 153 millones de llamadas en el número único europeo de emergencias 112, lo que refleja su repercusión desde una perspectiva cuantitativa. Por ello, dada la importancia que tiene para la ciudadanía europea este sistema, era preciso dotarlo, también desde una perspectiva cualitativa, de las máximas garantías para que fuera accesible al mayor número de personas. No hay que olvidar, además, que el artículo 11 CDPD obliga a los Estados a que, de conformidad con el derecho internacional, adopten medidas para garantizar la seguridad y proteger a las personas con discapacidad "en situaciones de riesgo, incluidas situaciones de conflicto armado, emergencias humanitarias y desastres naturales", lo que refuerza la necesidad de garantizar la accesibilidad en la respuesta al 112.

Pues bien, aquella Decisión de 1991 fue derogada por una Directiva de 2002[166], a su vez sustituida por el vigente *Código Europeo de las Comunicaciones Electrónicas*. Esta última norma define dos conceptos importantes en esta cuestión, a saber: "comunicación de emergencia" y "servicios de emergencia". La primera es la emitida a través de los servicios de comunicación interpersonal entre un usuario final y el PSAP (punto de respuesta

en el DOUE n° L 217 de 06/08/1991.

166 En concreto, por la *Directiva 2002/21/CE del Parlamento Europeo y del Consejo, de 7 de marzo de 2002, relativa a un marco regulador común de las redes y los servicios de comunicaciones electrónicas (Directiva marco).*

de seguridad pública[167]) para pedir y recibir ayuda urgente de los servicios de emergencia. Estos, por otro lado, son aquellos mediante los que se proporcione

> "asistencia rápida e inmediata en situaciones en que exista, en particular, un riesgo directo para la vida o la integridad física de las personas, para la salud y seguridad públicas o individuales, o para la propiedad pública o privada o el medio ambiente, de conformidad con la normativa nacional"[168].

Asimismo, el artículo 109 CECE encomienda a los Estados la obligación de velar por que los usuarios finales de los servicios de emergencias, incluidos los usuarios de teléfonos públicos de pago, accedan de manera gratuita a dichos servicios a través de comunicaciones de emergencia utilizando el número único europeo de emergencia 112 y cualquier número nacional de emergencia especificado por los Estados miembros. Respecto a las personas con discapacidad, rige el *principio de equivalencia,* de modo que éstas deberían acceder a los servicios de emergencia mediante comunicaciones de emergencia en condiciones equivalentes a como lo hacen otras personas y, especialmente, cuando viajen dentro de la UE, donde no debería ser necesario un registro previo. De ahí la importancia de que las medidas que se adopten garanticen la interoperabilidad entre Estados[169].

---

167 El PSAP (*public safety answering point*) hace referencia a una ubicación física donde se reciben inicialmente las comunicaciones de emergencia y que está bajo la responsabilidad de una autoridad pública o de una organización privada reconocida por el Estado [art. 2.36) CECE]. Un PSAP *más apropiado* es el establecido por las autoridades responsables para hacerse cargo de las comunicaciones de emergencia de una cierta zona o de determinado tipo y enviar ayuda (v.gr. ambulancia, bomberos o policía).

168 Art. 2, apdos. 38) y 39) CECE.

169 Considerando 45 DA y art. 109.5 CECE.

Otro dato importante es el relativo al deber de información que tienen los Estados miembros, pues deben garantizar a los usuarios finales una información adecuada, no sólo sobre la existencia y utilización del número único europeo de emergencia 112, sino también sobre sus características de accesibilidad. Información que deberá prestarse en formatos accesibles, distintos en función de la discapacidad[170].

Así las cosas, la divergencia de medidas adoptadas por los Estados para que las personas con discapacidad puedan acceder a este servicio obligaba a una armonización para evitar, sobre todo, posibles problemas al viajar entre Estados miembros[171]. Esto es lo que pretende la Directiva de Accesibilidad.

De este modo, los requisitos específicos de accesibilidad referidos a la respuesta a las comunicaciones de emergencia al número único europeo de emergencia 112 por el PSAP más apropiado se recogen en la sección V del anexo I de la Directiva, si bien de modo genérico. De un lado, se indica que la respuesta deberá incluir todo lo necesario para atender las necesidades de las personas con discapacidad. Y, de otro, que la respuesta deberá ser adecuada, del modo que mejor convenga a la organización nacional de los sistemas de emergencia, por el PSAP más apropiado utilizando el mismo medio de comunicación que para su recepción. En concreto, los prestadores deberán proporcionar voz y texto sincronizados (es decir, texto

---

170 Art. 109.7 CECE.

171 Aun así, la armonización en esta materia se encuentra con un obstáculo: la organización de los servicios de emergencia es competencia exclusiva de los Estados. La propia Directiva de Accesibilidad, en su artículo 4.8, es cuidadosa en este sentido al indicar que el cumplimiento de los requisitos de accesibilidad en la respuesta al 112 europeo deberá hacerse "de la manera más adecuada a la estructuración de los dispositivos nacionales de emergencia".

en tiempo real) o, si se facilita vídeo, un servicio de conversación total (voz, texto y vídeo sincronizados)[172].

A partir de ahí, los Estados podrán adoptar requisitos adicionales. Y, hasta que los PSAP utilicen servicios de comunicaciones electrónicas a través de protocolos de internet que garanticen la accesibilidad de las respuestas a las comunicaciones de emergencia, los Estados podrán determinar un tercero prestador de servicios de retransmisión al que puedan recurrir las personas con discapacidad para comunicarse con dichos puntos[173].

Pues bien, siguiendo la estela de la Directiva de Accesibilidad en este punto, y conectándola con el artículo 109 CECE, el *Reglamento (UE) 2022/612 del Parlamento Europeo y del Consejo de 6 de abril de 2022 relativo a la itinerancia en las redes públicas de comunicaciones móviles en la Unión (versión refundida)* tiene presentes en su regulación a las personas con discapacidad[174]. Por

---

[172] La conversación total es un sistema que permite a personas que están en dos o más ubicaciones (i) verse, (ii) escucharse y (iii) realizar una interacción de texto (texto en tiempo real), o bien elegir comunicarse con cualquier combinación de los tres modos indicados, siempre en tiempo real. *Vid.* EDF (2020), *Ley Europea de Accesibilidad. Manual para la transposición:* Ley europea de accesibilidad (edf-feph.org), pp. 7 y 8.

[173] Considerando 45 DA.

[174] Este Reglamento, en vigor desde el 1 de julio de 2022, sustituye al *Reglamento (UE) n.º 531/2012,* que puso fin a las tarifas de itinerancia en los desplazamientos dentro de la UE. La norma tiene en cuenta a las personas con discapacidad en varios momentos. Junto al que se menciona en el texto, otro es al hilo de la información básica personalizada sobre tarificación que los proveedores de itinerancia deben facilitar a los clientes itinerantes –salvo que estos hayan indicado lo contrario– cuando entren en un Estado miembro distinto del de su proveedor nacional. A este respecto, el artículo 14.1.6º

lo que aquí interesa, su artículo 15 obliga a los proveedores de itinerancia a informar a los clientes itinerantes sobre los medios de acceso a los servicios de emergencia del Estado miembro visitado, información que será accesible para las personas con discapacidad. Así, cuando un cliente itinerante entre en un Estado miembro distinto al de su proveedor nacional, se le enviará un mensaje automático (mediante SMS u otro medio adecuado adaptado) que le informará, no solo de la posibilidad de acceder gratuitamente a los servicios de emergencia llamando al número único europeo 112, sino también de un enlace para acceder gratis a un sitio web específico, accesible para las personas con discapacidad, que ofrecerá de forma comprensible y en la lengua en que el proveedor de itinerancia se comunique con su cliente información sobre los medios alternativos de acceso a los servicios de emergencia en el Estado miembro visitado. Tales medios alternativos de acceso podrían ser, entre otros, los mencionados en la sección V del anexo I de la Directiva de Accesibilidad.

Sea como fuere, el principal problema que plantea la Directiva de Accesibilidad para garantizar una respuesta accesible a las comunicaciones al número europeo 112 es el excesivo plazo que concede a los Estados para su efectiva implantación, que puede alargarse hasta el 28 de junio de 2027[175] (dos años más del plazo general previsto para los productos y servicios incluidos en su ámbito de aplicación). España, como se verá más adelante, no ha hecho uso de esta prórroga.

---

obliga a que dicha información sea suministrada automáticamente a los clientes con alguna discapacidad, si lo solicitan, mediante una llamada vocal gratuita.

175 Art. 31.3 DA.

2.4. Contenidos de webs y apps excluidos del ámbito de aplicación

La Directiva de Accesibilidad excluye de su ámbito de aplicación los siguientes contenidos de sitios web y *apps*:

a. Contenidos multimedia pregrabados de base temporal publicados antes del 28 de junio de 2025.- Para entender esta exclusión, hay que señalar que se consideran como tales los contenidos multimedia de base temporal emitidos en directo que se mantienen en línea o se emiten de nuevo tras su transmisión en directo "inmediatamente después de la fecha de la emisión inicial o la nueva emisión, sin demoras indebidas y sin que se supere el tiempo estrictamente necesario para que dichos contenidos se hagan accesibles, dando prioridad a la información esencial relativa a la salud, el bienestar y la seguridad de los ciudadanos"[176]. En principio, el período de tiempo necesario no debe superar los catorce días, aunque en casos justificados (v.gr. si no es posible contratar los servicios pertinentes a tiempo) ese período podría ampliarse de forma excepcional al plazo más breve necesario para hacer accesibles los contenidos.

b. Archivos de ofimática publicados antes del 28 de junio de 2025.- Es decir, aquellos documentos que, en principio, no están destinados a ser utilizados en la web pero están incluidos en páginas web, como el formato *pdf*, los documentos de *Office* o sus equivalentes[177].

c. Servicios de mapas y cartografía en línea, siempre que la información esencial sea accesible digitalmente en el caso de mapas destinados a fines de navegación.- A este

[176] Considerando 27 Directiva 2016/2102.

[177] Considerando 26 Directiva 2016/2102.

respecto, la Directiva 2016/2102 –a cuyos requisitos deben adaptarse los de la Directiva de Accesibilidad[178]– es más específica y aclara que, en caso de mapas de navegación, podría ser necesaria información accesible para ayudar a personas con dificultades a utilizar adecuadamente la información visual o las funcionalidades de navegación complejas en casos como, por ejemplo, localizar establecimientos. En dichos supuestos, se deberá ofrecer una alternativa accesible "como la dirección postal, las paradas de transporte público más cercanas, o el nombre de lugares y regiones que a menudo ya conoce el organismo del sector público, de forma sencilla y legible para el mayor número de usuarios"[179].

d. Contenidos de terceros no financiados ni desarrollados por el agente económico en cuestión y que no estén bajo su control.- Esta excepción responde a la misma idea que la incluida, en términos prácticamente idénticos, en la Directiva 2016/2102 respecto a las webs y *apps* de organismos del sector público cuando, tras su creación, se incorporen contenidos de terceros no financiados, desarrollados ni bajo el control del organismo del sector público en cuestión (verbigracia: un artículo que se puede comentar por los usuarios o un sitio donde se insertan de modo automático contenidos que proceden de otras fuentes –como anuncios–). Esta última Directiva va más allá al indicar que si dichos con-

178 Según el considerando 46 DA, "[l]os requisitos de accesibilidad establecidos en la presente Directiva deben adaptarse a los requisitos de la Directiva (UE) 2016/2102, a pesar de las diferencias que existen, por ejemplo, en materia de seguimiento, presentación de informes y aplicación".

179 Considerando 29 Directiva 2016/2102.

tenidos obstaculizaran o redujeran la funcionalidad de los servicios públicos ofrecidos en la web o la *app* no deberían utilizarse. Pero si la finalidad de la web o *app* consistiera justamente en celebrar consultas u organizar foros de debate, dichos contenidos no se considerarían procedentes de terceros y, por tanto, sí deberían ser accesibles, salvo los contenidos aportados por el usuario fuera del control del organismo público[180].

e. Contenidos de sitios web y *apps* considerados como archivos por incluir solo contenidos que no se actualizan ni editan después del 28 de junio de 2025[181].

3. REQUISITOS DE ACCESIBILIDAD

El artículo 4 DA remite los concretos requisitos de accesibilidad de los productos y servicios incluidos en su ámbito de aplicación a su anexo I, que se divide en siete secciones según el producto o el servicio de que se trate. Sin embargo, desde el primer momento se hacen dos importantes advertencias de cara a exceptuar la aplicación de tales requisitos. De un lado, no se aplicarán cuando supongan una modificación sustancial de la naturaleza básica del producto o servicio en cuestión, ni tampoco cuando impongan una carga desproporcionada a los agentes económicos implicados. De otro, las microempresas que presten servicios estarán exentas de cumplir los requisitos de accesibilidad. A dichos supuestos, recogidos no sin cierta ambigüedad en los artículos 14 y 4.5, respectivamente, nos referiremos más adelante.

---

180 Considerando 30 Directiva 2016/2102.

181 Art. 2.4 DA.

3.1. De los productos

Con relación a los productos, pueden destacarse dos reglas:

a. Todos los productos deberán cumplir los requisitos de la sección I del anexo I.

b. Además de los anteriores, todos los productos, salvo los terminales de autoservicio, deberán cumplir los requisitos de la sección II del anexo I.

3.1.1. Requisitos aplicables a todos los productos: sección I del anexo I

Los requisitos generales de accesibilidad enumerados en los apartados 1 y 2 de la citada sección pivotan en dos apreciaciones generales. La primera, que el diseño y fabricación de los productos se haga de tal manera que se optimice su uso previsible por las personas con discapacidad. La segunda, que los productos vayan acompañados, en la medida de lo posible, de información accesible sobre su funcionamiento y características de accesibilidad. A partir de ahí se enumeran ciertos requisitos relativos al suministro de información, a la interfaz de usuario y al diseño de funcionalidad y, cuando se disponga de ellos, a los servicios de apoyo.

Respecto, en primer lugar, al *suministro de información*, la relativa al uso del producto facilitada en el mismo (etiquetado, instrucciones y advertencias) deberá (i) estar disponible en más de un canal sensorial, (ii) ser fácil de entender y (iii) perceptible, y (iv) presentarse en un tipo de letra de tamaño adecuado y forma conveniente según el uso previsible, con un contraste suficiente y un espaciado ajustable entre letras, líneas y párrafos. Si las instrucciones de uso no se facilitasen en el propio producto, sino a través de su uso o por otros medios (como una página web), se pondrán a disposición del público cuando se introduzca en el mercado y, junto a los requisitos anteriores, el contenido de las instrucciones deberá (v) estar disponible en formatos de texto que puedan generar formatos de apoyo presentables de diversas formas y a través de más de un canal sensorial, (vi) ir acompañado de una presentación alternativa del contenido no textual, y (vii) incluirá la descripción de la interfaz de usuario, (viii) la descripción de su funcionalidad y (ix) la descripción de la interconexión del programa y del aparato del producto con dispositivos de apoyo[182].

En segundo término, con relación a la *interfaz de usuario* y al *diseño de funcionalidad del producto*, éste deberá contener características, elementos y funciones que permitan a las personas con discapacidad acceder, percibir, manejar, comprender y controlar el producto[183]. La sección I del anexo I enumera diversos requisitos de accesibilidad según las características de los productos. Buena parte de ellos consiste en ofrecer alternativas a la comunicación visual, auditiva, hablada y táctil. Mientras algunos recogen previsiones más genéricas (como proteger la privacidad del usuario cuando utilice características de accesibilidad), otros se refieren específicamente a los terminales de autoservicio, los lectores electrónicos y los equipos terminales de consumo interactivos utilizados tanto para prestar servicios de comunicaciones electrónicas, como para acceder a servicios de comunicación audiovisual.

Por último, si se dispone de ellos, los *servicios de apoyo* (v.gr. puntos de contacto, centros de asistencia telefónica o servicios de formación) deberán ofrecer información sobre la accesibilidad del producto y su compatibilidad con las

---

182 Sec. I anexo I, apdos. 1.a) y b) DA.

183 Sec. I anexo I, apdo. 2 DA.

tecnologías asistenciales de forma accesible para las personas con discapacidad[184].

A partir de ahí, y dada la complejidad técnica de los requisitos mencionados, la Directiva incorpora en su anexo II algunos ejemplos de soluciones que pueden adoptarse para cumplir los requisitos de accesibilidad indicados. Aunque no son vinculantes, sin duda resultan de gran ayuda[185]. Entre ellos:

a. Con relación al *suministro de información* que facilite el propio producto, para que personas con discapacidad intelectual pudieran entenderla mejor se deberían emplear "las mismas palabras de forma sistemática o con una estructura clara y lógica" (ideas que responden a la técnica de lectura fácil); o para que personas ciegas pudieran percibirla se debería proporcionar "un formato con relieve táctil o un sonido además de una advertencia de texto". En caso de instrucciones de uso no facilitadas en el producto, para posibilitar su percepción por personas sordas se deberían incluir subtítulos si las instrucciones se proporcionasen en vídeo o acompañar un diagrama con un texto descriptivo que definiera los elementos o acciones más importantes.

b. Con relación a la *interfaz de usuario* y al *diseño de funcionalidad*, si el producto utilizase el color para transmitir información, las personas daltónicas podrían usarlo si, además de dar la posibilidad de pulsar el botón verde o el rojo para elegir una opción, se escribieran las opciones sobre los botones; o, para proteger la privacidad

---

184 Sec. I anexo I, apdo. 3 DA.

185 Los ejemplos se sistematizan ordenadamente atendiendo a cada sección –y subapartado, dentro de esta– del anexo I. No obstante, en algún caso no se aporta ejemplo.

del usuario que hiciese uso de la accesibilidad, se podría permitir el uso de auriculares en un cajero automático que ofreciese información oral.

3.1.2. Requisitos adicionales aplicables a todos los productos, salvo a terminales de autoservicio: sección II del anexo I

A los requisitos señalados anteriormente se suman, salvo para los terminales de autoservicio[186], los requisitos recogidos en la sección II y que se refieren, básicamente, a la accesibilidad de embalajes o envases (en particular, de la información facilitada en ellos) y ciertas instrucciones de los productos.

De este modo, la información facilitada en *embalajes o envases* de los productos (por ejemplo, sobre su apertura, cierre o uso) deberá ser accesible y, de ser posible, deberá figurar en el propio embalaje o envase[187].

Por su parte, las *instrucciones* relativas a la instalación y mantenimiento de los productos, a su almacenamiento y eliminación no facilitadas en el propio producto pero disponibles por otros medios se pondrán a disposición del público cuando se introduzca en el mercado y deberán (i) estar disponibles en más de un canal sensorial, (ii) ser fáciles de entender y (iii) perceptibles, (iv) presentarse en un tipo de letra de tamaño adecuado y forma conveniente según el uso previsible, con un

---

186 A ellos hace referencia el artículo 2.1.b) DA, a saber: terminales de pago, cajeros automáticos, máquinas expendedoras de billetes, máquinas de facturación y terminales de autoservicio interactivos que faciliten información, salvo en este último caso los instalados como partes integradas de vehículos, aeronaves, buques o material rodante.

187 Sec. II anexo I, apdo. a) DA.

contraste suficiente y un espaciado ajustable entre letras, líneas y párrafos, (v) presentar su contenido en formatos de texto que puedan generar formatos asistenciales alternativos para su presentación de diferentes modos y a través de más de un canal sensorial, y (vi) acompañar, en caso de contenido no textual, una presentación alternativa de dicho contenido[188].

Igual que antes, el anexo II cita algunos ejemplos no vinculantes de los requisitos apuntados. Así, con relación a *embalajes o envases*, se podría indicar en ellos que el teléfono incluye características de accesibilidad para personas con discapacidad; o, con relación a las *instrucciones* de los productos, se podrían proporcionar archivos electrónicos que pudieran ser leídos por ordenadores mediante lectores de pantalla o que pudieran imprimirse en braille, en ambos casos para facilitar su acceso por personas ciegas.

3.2. De los servicios

Por su parte, respecto a los servicios incluidos en la Directiva de Accesibilidad, ésta distingue entre requisitos generales, de un lado, y específicos según el tipo de servicio, de otro. De este modo:

a. Todos los servicios deberán cumplir los requisitos generales de accesibilidad enumerados en la sección III del anexo I.

b. Además de los anteriores, ciertos servicios deberán cumplir los requisitos de accesibilidad enumerados en la sección IV del anexo I.

---

188 Sec. II anexo I, apdo. b) DA.

c. Con relación al entorno físico donde se prestan los servicios, cada Estado decidirá si debe o no cumplir los requisitos de accesibilidad recogidos en el anexo III.

3.2.1. Requisitos aplicables a todos los servicios: sección III del anexo I

La sección III del anexo I se centra en los requisitos generales de accesibilidad que deben cumplir todos los servicios. Aunque el artículo 4.3.1° DA exceptúa de tales requisitos a los servicios de transporte urbano, suburbano y regional, en realidad no hacía falta dicha precisión, implícita con una simple remisión al artículo 2.2[189] –como hace la sección III del anexo I–. Bajo el paraguas de una prestación de servicios orientada a su mejor uso por las personas con discapacidad, se incluyen exigencias como[190]:

a. La accesibilidad de los *productos* usados para prestar el servicio, así como de las *webs* y servicios basados en dispositivos móviles, haciéndolos perceptibles, manejables, comprensibles y sólidos.

b. El *suministro de información* sobre el funcionamiento del servicio y, cuando se utilicen productos para prestar el servicio, su vinculación con dichos productos, así como sobre sus características de accesibilidad e inte-

---

189 Recordemos que, con relación al transporte urbano, suburbano y regional (sea aéreo, por autobús, ferrocarril o por vías navegables), el artículo 2.2.c) sólo incluye en su ámbito de aplicación los terminales de servicio interactivos situados en la UE, salvo si son partes integradas en vehículos, aeronaves, buques y material rodante empleados prestar servicios de transporte de viajeros.

190 Sec. III anexo I DA.

roperabilidad con dispositivos de apoyo. La información, en todo caso, debería (i) estar disponible en más de un canal sensorial, (ii) ser fácil de entender y (iii) perceptible, (iv) estar disponible en formatos de texto que puedan generar formatos asistenciales alternativos para su presentación de diferentes modos y a través de más de un canal sensorial, (v) presentarse en un tipo de letra de tamaño adecuado y forma conveniente según el uso previsible, con un contraste suficiente y un espaciado ajustable entre letras, líneas y párrafos, (vi) complementarse con una presentación alternativa del contenido, y (vii) ofrecer la información electrónica necesaria para prestar el servicio de modo coherente y adecuado, haciéndola perceptible, manejable, comprensible y sólida.

c. Cuando existan, unos *servicios de apoyo* que faciliten información, mediante modos de comunicación accesibles, sobre la accesibilidad del servicio y su compatibilidad con las tecnologías de apoyo.

Entre los ejemplos que con relación a este apartado aporta el anexo II se encuentra, para que puedan hacer uso de la información las personas ciegas, el suministro de archivos electrónicos que puedan ser leídos por ordenadores mediante lectores de pantalla o, en el caso de las personas sordas, el aporte de subtítulos cuando se presente un vídeo con instrucciones.

3.2.2. Requisitos adicionales aplicables a ciertos servicios: sección IV del anexo I

A los requisitos anteriores se suman otros aplicables a concretos servicios, de nuevo para optimizar su uso previsible por personas con discapacidad. A tal fin, incluirán ciertas funciones, prácticas, políticas, procedimientos y cambios que tengan en cuenta las necesidades de dicho colectivo y garanticen la interoperabilidad con las tecnologías de apoyo.

De este modo, el elenco incluye:

a. Los servicios de comunicaciones electrónicas, en particular las comunicaciones de emergencia. En estos casos habrá que facilitar, además de la comunicación de voz (i) el texto en tiempo real o (ii) la conversación completa con apoyo de vídeo, (iii) velando por que las comunicaciones de emergencia que usen servicios de voz y texto o, en su caso, vídeo estén sincronizadas y sean transmitidas por el prestador de servicios al PSAP más adecuado[191]. Como ejemplo de lo segundo, el anexo II se refiere a facilitar a una persona sorda la utilización de lengua de signos para comunicarse.

b. Los servicios para acceder a los de comunicación audiovisual. Estos servicios deberán (i) facilitar guías electrónicas de programas que sean perceptibles, funcionales, comprensibles y resistentes y que informen sobre la disponibilidad de características de accesibilidad, y (ii) garantizar que sus componentes de accesibilidad (v.gr. subtítulos, audiodescripciones o interpretación por lengua de signos) tengan calidad suficiente para permitir al usuario controlar su presentación y utilización[192]. Como ejemplo de lo primero, el anexo II menciona –ciertamente sin mucho detalle– facilitar que una persona ciega pueda seleccionar programas en la televisión.

c. Los servicios de transporte. En este caso se distingue entre, por un lado, los servicios de transporte de viajeros

---

191 Sec. IV anexo I, apdo. a) DA.

192 Sec. IV anexo I, apdo. b) DA.

por aire, autobús, ferrocarril y vías navegables, sin incluir los urbanos, suburbanos y regionales, y, por otro, estos últimos. Los primeros deberán facilitar información (i) sobre accesibilidad de vehículos, infraestructuras circundantes y entorno construido, y sobre asistencia a personas con discapacidad, así como (ii) sobre terminales inteligentes expendedores de billetes, de viaje en tiempo real o sobre servicios adicionales. Para los servicios de transporte urbanos, suburbanos y regionales se garantiza únicamente la accesibilidad de los terminales de autoservicio que usen para su prestación[193]. Aquí el anexo II no aporta ejemplos.

d. Los servicios bancarios para consumidores. Será preciso (i) facilitar métodos de identificación, firma electrónica, seguridad y servicios de pago que sean perceptibles, funcionales, comprensibles y resistentes y, además, (ii) la información deberá ser comprensible, sin que se rebase un nivel de complejidad superior al B2 del Marco Común Europeo de Referencia para las Lenguas[194]. Como ejemplo para las personas ciegas, el anexo II se refiere a garantizar que los diálogos de identificación en pantalla sean legibles mediante el uso de lectores de pantalla.

e. Los libros electrónicos. Se deberá garantizar (i) que, cuando un libro electrónico tenga audio además de texto, proporcione audio y texto de modo sincronizado, (ii) que los archivos del libro electrónico no afecten al funcionamiento de las tecnologías de apoyo, (iii) el acceso al contenido y la navegación por el mismo, así como una presentación del contenido estructurada, flexible y

---

193 Sec. IV anexo I, apdos. c) y d) DA.

194 Sec. IV anexo I, apdo. e) DA.

variada, (iv) que existan presentaciones de sustitución del contenido y de su interoperabilidad con diversas tecnologías de apoyo para asegurar su percepción, utilización, comprensión y fiabilidad, (v) su posible exploración mediante el suministro de información sobre sus características de accesibilidad a través de metadatos, y (vi) que las medidas de gestión de derechos digitales no bloqueen las características de accesibilidad[195]. Como ejemplos de los anterior, el anexo II se refiere a facilitar a las personas disléxicas la lectura y el audio del texto al mismo tiempo y, respecto a las personas ciegas, menciona habilitar la salida sincronizada de texto y audio o, incluso, una transcripción en una pantalla braille.

f. Los servicios de comercio electrónico. A este respecto, se deberá (i) facilitar la información sobre accesibilidad de productos y servicios en venta cuando el agente económico responsable proporcione esta información, (ii) garantizar la accesibilidad de la función de identificación, seguridad y pago cuando se preste como parte de un servicio, y (iii) facilitar métodos de identificación, firmas electrónicas y servicios de pago que sean perceptibles, funcionales, comprensibles y resistentes[196]. Entre otros ejemplos, para que las personas ciegas puedan hacer compras en línea, el anexo II menciona que la interfaz de usuario del servicio de pago podría estar disponible por voz.

---

195 Sec. IV anexo I, apdo. f) DA.

196 Sec. IV anexo I, apdo. g) DA.

3.2.3. Requisitos de accesibilidad aplicables, en su caso, al entorno físico donde se prestan los servicios: anexo III

Poco ambiciosa es la Directiva de Accesibilidad con relación al entorno físico construido donde se prestan los servicios, pues remite a cada Estado, según sus condiciones nacionales, la decisión de cumplir o no con los requisitos de accesibilidad del anexo III para maximizar su uso por personas con discapacidad[197]. A este respecto, como también se verá, España es uno de los Estados miembros que mejor regula la accesibilidad en el entorno, disponiendo a tal fin de una ambiciosa normativa.

En realidad, dicho anexo no contiene requisitos, sino que sólo indica los aspectos que debería incluir la accesibilidad de zonas de acceso público, sin indicar cómo conseguirla. Sea como fuere, llama la atención la tibieza en este punto de la Directiva, pues en su considerando 49 indica que unos requisitos comunes de accesibilidad del entorno construido facilitarían la libre circulación de los servicios conexos y de las personas con discapacidad. El *Foro Europeo de la Discapacidad*, en su análisis de la Directiva de Accesibilidad, vino a lamentar que los requisitos del anexo III no fueran obligatorios, al menos, en el entorno construido relacionado con la prestación del servicio o producto cubiertos por la Directiva[198]. Y es que dicha circunstancia podría conducir a situaciones absurdas como la de que un banco deba hacer accesible un cajero automático, pero no el local físico para llegar al mismo[199].

---

197 Art. 4.4 DA.

198 *Vid. EDF analysis of the European Accessibility Act, cit.*, p. 9.

199 Tras advertir esta circunstancia también el CESE, en su Dictamen a la Propuesta de 2015 proponía incluir en el ámbito de aplicación de la Directiva, una vez evaluada la aplicación de la Propuesta y consultadas las partes interesadas, el "entorno construido conectado con los productos y servicios incluidos en el ámbito de aplica-

El citado anexo, en un listado que no tiene la consideración de *numerus clausus*, extiende la accesibilidad de las zonas destinadas al acceso público a[200]:

a) Los accesos a los edificios.

b) El uso de:

- Zonas e instalaciones al aire libre asociadas.
- Entradas.
- Vías de circulación tanto horizontal como vertical.
- Las salas por el público.
- Equipos e instalaciones para prestar un servicio.
- Aseos e instalaciones sanitarias.
- Salidas, vías de evacuación y conceptos de planificación de emergencia.
- Instalaciones y edificios para su finalidad previsible.

c) La comunicación y orientación mediante más de un canal sensorial.

d) La protección frente a peligros en el entorno interior y exterior.

Casi al final, la Directiva de Accesibilidad incluye, en los informes periódicos que deberá presentar la Comisión, una evaluación[201]:

---

ción de la Directiva, o que permite acceder a ellos" (*vid.* Dictamen CESE, *cit.*, apdo. 5.1).

200 Anexo III DA.

201 Art. 33 DA.

a. De la aplicación del artículo 4.4 DA –el que remite a los Estados el cumplimiento de los requisitos de accesibilidad sobre el entorno construido–, para ver si ha contribuido a aproximar requisitos de accesibilidad divergentes aplicables al entorno construido de los servicios de transporte de viajeros, servicios bancarios y centros de servicio de tiendas de prestadores de servicios de comunicaciones electrónicas, de cara a hacer un ajuste progresivo de los requisitos del anexo III.

b. De las disposiciones facultativas de la Directiva, en general, para ver si ha contribuido a aproximar los requisitos de accesibilidad de las obras que constituyen el entorno construido y que entran en el ámbito de aplicación de la Directivas de contratación de 2014 (Directivas 2014/23, 2014/24 y 2014/25).

3.3. Requisitos de accesibilidad en otros actos de la Unión Europea

3.3.1. Accesibilidad en las Directivas de contratación pública

Una de las fortalezas de la Directiva es que los requisitos de accesibilidad aplicables a los productos y servicios dan, por fin, contenido a la obligación de accesibilidad (ya existente, pero sin una definición común en el plano europeo) que la UE había incluido al regular algunos ámbitos como la contratación pública. En efecto, la Directiva de Accesibilidad señala que los requisitos de accesibilidad tendrán *carácter imperativo*[202] en el

---

[202] Art. 24.1 DA. Con todo, la Directiva de Accesibilidad no se aplica a los procedimientos de contratación pública en dos aspectos: ni en cuanto a la obligación de los Estados de controlar su cumplimiento (art. 29.3 DA), ni en cuanto al régimen sancionador fijado por cada Estado frente al incumplimiento de las normas que la traspongan (art. 30.5 DA).

ámbito de la contratación pública, por lo que completa dicha normativa en materia de accesibilidad mediante una simple remisión, sin necesidad de emprender reforma alguna.

Así, las Directivas 2014/24 y 2014/25 sobre contratación pública[203] indicaban que, en todas las adquisiciones destinadas a ser utilizadas por personas físicas, las especificaciones técnicas deberían tener en cuenta los criterios de accesibilidad para las personas con discapacidad o el diseño para todos los usuarios[204], salvo en casos debidamente justificados. Además, cuando se hubieran adoptado requisitos de accesibilidad obligatorios mediante un acto jurídico de la UE, las especificaciones técnicas deberían definirse por referencia a ellos[205].

Tales previsiones se reflejaron tanto en el artículo 126.3 de la *Ley 9/2017, de 8 de noviembre, de Contratos del Sector Público,* como en el artículo 45.2.a) del *Real Decreto-ley 3/2020, de 4 de febrero,* que incorporó al ordenamiento varias directivas en el ámbito de la contratación pública en los sectores del agua, la energía,

---

203 Se trata de las *Directivas 2014/24/UE del Parlamento Europeo y del Consejo, de 26 de febrero de 2014, sobre contratación pública* y *2014/25/UE del Parlamento Europeo y del Consejo, de 26 de febrero de 2014, relativa a la contratación por entidades que operan en los sectores del agua, la energía, los transportes y los servicios postales.* La Propuesta de 2015 se refería también a la *Directiva 2014/23/UE del Parlamento Europeo y del Consejo, de 26 de febrero de 2014, relativa a la adjudicación de contratos de concesión* (no así la DA).

204 Sobre la transversalidad de las políticas sobre discapacidad en la contratación pública, *vid.* Moreno Molina, José Antonio (2016), *La inclusión de las personas con discapacidad en un nuevo marco jurídico-administrativo internacional, europeo, estatal y autonómico,* Thomson Reuters Aranzadi, Pamplona, pp. 187 y ss.

205 Arts. 42.1 y 60.1, respectivamente.

los transportes y los servicios postales[206]. De este modo, ambos artículos se remiten, para la redacción de las prescripciones técnicas, tanto a los criterios de accesibilidad universal definidos en el RDLeg. 1/2013 –la Ley 9/2017 menciona también la CDPD– como, cuando existan, los requisitos de accesibilidad obligatorios adoptados por un acto jurídico de la UE. Y ambos establecen que, si no fuera posible definir las prescripciones técnicas según criterios de accesibilidad universal, se motivará suficientemente dicha circunstancia.

Por lo demás, unos días antes de la publicación de la Directiva de Accesibilidad, la *Orden PCI/566/2019, de 21 de mayo,* aprobó el *Plan para el impulso de la contratación pública socialmente responsable en el marco de la Ley 9/2017* con la finalidad, entre otras, de promover en el ámbito estatal la inclusión de consideraciones sociales en los pliegos. A este respecto, cuando los órganos de contratación establezcan las prescripciones técnicas tendrán en cuenta las especificaciones técnicas que definan la accesibilidad universal y el diseño para todas las personas. A dicha orden se remite el artículo 34 del recién aprobado RD 193/2023, tras señalar que las Administraciones promoverán la inclusión de consideraciones sociales en los pliegos de contratos, "prestando especial atención a la accesibilidad universal y diseño universal o diseño para todas las personas".

3.3.2. Accesibilidad en otros actos de la Unión Europea

Lo relatado anteriormente sucede también en otros ámbitos, como el de los *fondos europeos de gestión compartida,* donde la

---

206 A ambos preceptos se remite el artículo 25.1 de la Ley 11/2023 al transponer el artículo 24.1 de la Directiva de Accesibilidad.

legislación de la UE condiciona su asignación al cumplimiento por los Estados de los requisitos en materia de accesibilidad, animándolos incluso a incorporar la financiación de la accesibilidad en sus planes de recuperación y resiliencia[207].

En este sentido, los reglamentos que regulan los fondos de gestión compartida han venido recogiendo, sin definirlo, un requisito general de accesibilidad, primero para el período 2007-2013, después –de modo más reforzado– para el período 2014-2020 y, actualmente, para el período 2021-2027[208].

Así, el *Reglamento (UE) 2021/1060 del Parlamento Europeo y del Consejo, de 24 de junio de 2021,* que establece las disposiciones comunes aplicables a varios fondos europeos (en concreto, FEDER, FSE+, Fondo de Cohesión, FTJ y FEMPA), incluye como principio horizontal la accesibilidad para las personas con discapacidad, que deberá tenerse en cuenta durante la preparación y la ejecución de los programas[209]. Además, su considerando 6 menciona expresamente la necesidad de garantizar la accesibilidad en consonancia con el artículo 9 CDPD "y de

---

207 *Vid. Estrategia Europea sobre los derechos de las personas con discapacidad para 2021-2030, cit.*, p. 4.

208 Casi todos los reglamentos que regulan los Fondos Europeos tienen en cuenta la accesibilidad en sus disposiciones [v.gr. arts. 6 y 28.2 del *Reglamento (UE) 2021/1057 del Parlamento Europeo y del Consejo, de 24 de junio de 2021, por el que se establece el FSE+* o considerando 5 del *Reglamento (UE) 2021/1058 del Parlamento Europeo y del Consejo, de 24 de junio de 2021, relativo al FEDER y al Fondo de Cohesión*].

209 Art. 9.3 Rgto. (UE) 2021/1060. La Directiva de Accesibilidad no menciona expresamente los fondos europeos, como sí hacía la Propuesta de 2015 –en sus arts. 1.3.b) y 21.b)– al incluir en su ámbito de aplicación "la preparación y ejecución de programas" en virtud del *Reglamento (UE) nº 1303/2013,* que, en ese momento, establecía las disposiciones comunes relativas al FEDER, FSE, Fondo de Cohesión, FEADER y FEMPA.

conformidad con el Derecho de la Unión que armoniza los requisitos de accesibilidad aplicables a los productos y los servicios" (ahí da cabida, por tanto, a las disposiciones de la Directiva de Accesibilidad).

Pues bien, tanto para los fondos europeos como para otros actos de la UE que recojan –o vayan a recoger en el futuro– obligaciones sobre accesibilidad, la Directiva de Accesibilidad establece una importante *presunción:* se entenderá que todo producto o servicio cuyas características, elementos o funciones sean conformes a los requisitos de accesibilidad de la sección VI de su anexo I

> "cumple con las obligaciones establecidas en actos de la Unión distintos de la presente Directiva, en lo que respecta a la accesibilidad, respecto de dichas características, elementos o funciones, salvo que esos actos establezcan otra cosa"[210].

Con relación a los productos, la citada sección[211] –remitiéndose a otras del anexo I– exige la accesibilidad (i) de la información sobre su funcionamiento y características de accesibilidad, (ii) de las características, elementos y funciones de la interfaz de usuario y el diseño de funcionalidad y (iii) de su embalaje o envase. Con relación a los servicios, se remite a

---

210 Art. 24.2 DA. Debe repararse en la importancia de esta previsión, pues permite colmar posibles lagunas sobre la accesibilidad, allá donde se contemple. Así, si se aprobasen normas europeas que prescribiesen la accesibilidad de productos o servicios no mencionados expresamente en la Directiva de Accesibilidad (v.gr. electrodomésticos o servicios educativos), este precepto permitiría aplicar los requisitos de la sección VI garantizando un grado mínimo de accesibilidad.

211 Que se titula "Requisitos de accesibilidad para características, elementos o funciones de los productos y servicios de conformidad con el artículo 24, apartado 2".

los requisitos de accesibilidad establecidos en las secciones del anexo I relacionadas con los servicios que ya se han analizado.

3.3.3. Accesibilidad conforme a normas armonizadas y especificaciones técnicas

Para facilitar la evaluación de la conformidad de productos y servicios con los requisitos de accesibilidad, la Directiva establece una *presunción de conformidad* cuando aquellos cumplan con normas armonizadas y especificaciones técnicas –o parte de ellas– adoptadas según ciertos requisitos[212]. Pero esta cuestión se analizará en el epígrafe 5.1 de esta parte.

3.4. Criterio residual: el rendimiento funcional

Si los requisitos de accesibilidad recogidos en la Directiva no abordasen una o más funciones del diseño y fabricación de los productos o de la prestación de los servicios, se aplicarán los *criterios de rendimiento funcional* que recoge la sección VII del anexo I de la Directiva, criterios que conectan con los modos de utilización de los productos y servicios, es decir, que se centran en el resultado a alcanzar sin aportar soluciones específicas.

Estos criterios también se podrán aplicar cuando proporcionen a las personas con discapacidad una accesibilidad equivalente o superior a la que puedan proporcionar uno o varios requisitos técnicos específicos. Como señaló el *Foro Europeo de la Discapacidad* en su manual de transposición de la Directiva, ello es especialmente importante en el caso de productos o

---

[212] Art. 25 DA, que se remite a su artículo 15.

servicios innovadores que pueden no haber sido incluidos en la Directiva[213] (v.gr. *Alexa*, fabricado por Amazon).

Por ejemplo, ya hemos indicado que la información sobre el funcionamiento de un servicio debe estar disponible a través de más de un canal sensorial. Pues bien, para personas sin visión, el servicio debería incluir, como mínimo, un modo de utilización que no requiriese visión o, para personas con conocimiento limitado, el servicio debería ofrecer, como mínimo, un modo de utilización que incorporase características que simplificasen y facilitasen su uso[214].

4. OBLIGACIONES DE LOS SUJETOS INTERVINIENTES EN EL MERCADO INTERIOR

La Directiva de Accesibilidad es aplicable a todos agentes económicos de los sectores público y privado que intervengan, tanto en la cadena de suministro y distribución de productos, como en la prestación de servicios, a saber: fabricantes –y, si fuera el caso, sus representantes autorizados–, importadores y

---

[213] *Vid.* EDF (2020), *Ley Europea de Accesibilidad. Manual para la transposición…, cit.*, p. 31, nota 25.

[214] Sec. VII anexo I, apdos. a) y j) DA. También se recogen criterios de rendimiento funcional para personas con visión limitada, sin percepción de color, sin audición, con audición limitada, sin capacidad vocal, con manipulación o esfuerzo limitados, con alcance limitado o con riesgo de activación de reacciones fotosensibles. Incluso el apartado k) se refiere al caso de productos o servicios que presenten características que permitan la accesibilidad, estableciendo como criterio de rendimiento funcional que se incluya "como mínimo un modo de utilización que mantenga la privacidad cuando se haga uso de dichas características".

distribuidores, si se trata de productos, y prestadores de servicios, en otro caso.

Dicha aplicación conlleva para los mencionados sujetos dos importantes consecuencias. De un lado, podrán aprovechar más el potencial del mercado interior, una vez que la existencia de pautas comunes en la UE ponga fin a las divergencias y, en ocasiones, contradicciones entre los requisitos nacionales de accesibilidad[215]. De otro, deberán respetar un importante catálogo de obligaciones a fin de asegurar la conformidad de los productos y servicios a los requisitos de accesibilidad fijados en la norma europea.

4.1. Obligaciones de los agentes económicos relacionados con los productos

Al establecer las obligaciones de los agentes económicos que participan en la cadena de suministro y distribución de los productos[216], la Directiva de Accesibilidad incluye, como hemos indicado, a los fabricantes –y representantes autorizados, si fuera el caso–, importadores y distribuidores de los productos, sin distinción, ya pertenezcan al sector público o al privado. De ese modo, se asegurará la accesibilidad en toda la cadena del producto al existir diversos puntos de control que deben garantizar que ningún producto no accesible se importe, distribuya o venda dentro de la UE.

Cualquiera de los agentes mencionados en los apartados anteriores deberá identificar ante las autoridades de vigilancia del mercado, previa solicitud, a cualquier otro agente econó-

---

215 Así lo señaló también el CESE en su Dictamen a la Propuesta de 2015 (apdo. 2.5).

216 Capítulo III DA.

mico que le haya suministrado o al que haya suministrado un producto, disponiendo para ello de cinco años desde la fecha de suministro. Dicho plazo podrá ampliarse por la Comisión para productos concretos de modo proporcional a la vida económicamente útil del producto en cuestión[217].

4.1.1. Fabricantes

Con relación a los fabricantes, su principal obligación reside en el diseño y fabricación de productos según los requisitos de accesibilidad de la Directiva, teniendo en cuenta cualquier cambio posterior en las normas armonizadas.

Ahora bien, junto al anterior, la Directiva les encarga otros cometidos en su artículo 7, a saber:

a. Elaborar la documentación técnica necesaria y aplicar el procedimiento de evaluación de la conformidad. Cuando se haya demostrado que el producto cumple los requisitos aplicables mediante dicho procedimiento, elaborarán una declaración UE de conformidad y colocarán el marcado CE. Tanto la documentación técnica como la declaración UE de conformidad deberán conservarse durante cinco años tras la introducción del producto en el mercado.

b. Ofrecer una identificación clara en sus productos –o, de no ser posible, en el embalaje o envase, o en un documento que los acompañe– y sus propios datos de contacto. A este último respecto, la dirección indicará un único punto de contacto y sus datos figurarán en una lengua fácilmente comprensible.

---

217 Art. 12.3 DA.

c. Acompañar el producto de instrucciones e información relativa a la seguridad fácilmente comprensibles.

d. Adoptar inmediatamente medidas correctoras si un producto introducido no fuera conforme con la Directiva, pudiendo incluso retirarlo del mercado. De todo ello informarán a las autoridades nacionales competentes de los Estados en que se haya comercializado el producto. A tal fin, llevarán un registro de los productos que no cumplan los requisitos de accesibilidad y de las quejas correspondientes.

e. Previa solicitud motivada de una autoridad nacional competente, facilitarán la información y documentación necesarias para demostrar la conformidad del producto en una lengua fácilmente comprensible. Y cooperarán con dicha autoridad, a petición de ésta, en cualquier acción para subsanar el incumplimiento de los requisitos de accesibilidad.

Por otro lado, el artículo 8 de la Directiva de Accesibilidad se refiere a los "representantes autorizados" de los fabricantes, que podrán ser designados por éstos mediante mandato escrito, que contendrá las tareas que aquellos pueden efectuar. Entre ellas, (1) mantener la documentación técnica y la declaración UE de conformidad a disposición de las autoridades de vigilancia del mercado durante cinco años, (2) previa solicitud motivada de las autoridades nacionales competentes, facilitar a éstas la información y documentación necesarias para demostrar la conformidad del producto y (3) previa petición de dichas autoridades, cooperar con ellas en cualquier acción para subsanar el incumplimiento de los requisitos de accesibilidad. Eso sí, el mandato no incluirá ni la obligación de diseñar y fabricar productos según los requisitos de accesibilidad, ni la elaboración de la documentación técnica, atribuciones exclusivas del fabricante.

4.1.2. Importadores

Los importadores solo introducirán en el mercado productos conformes, por lo que se convierten en garantes de las obligaciones del fabricante.

A tal fin, la Directiva les atribuye, en su artículo 9, las siguientes responsabilidades, algunas de ellas comunes con las del fabricante:

a. Antes de importar un producto, deberán asegurarse de que ha superado el procedimiento de evaluación de la conformidad, cuenta con la documentación técnica necesaria –incluidas instrucciones e información relativa a la seguridad fácilmente comprensibles–, va acompañado de la declaración UE de conformidad –cuya copia mantendrán durante cinco años–, lleva el marcado CE y ha sido etiquetado correctamente por el fabricante, incluyendo sus datos y los del producto. A este respecto, también los importadores deberán identificarse en los productos –o, de no ser posible, en su embalaje o envase, o en un documento que los acompañe–.

b. Se negarán a introducir un producto que consideren que no cumple los requisitos de accesibilidad e informarán al fabricante y a las autoridades de vigilancia del mercado.

c. Si ya hubieran importado el producto, y consideraran que no es conforme a la Directiva, adoptarán inmediatamente medidas correctoras, pudiendo incluso retirarlo del mercado. De todo ello informarán a las autoridades nacionales competentes de los Estados en que se haya comercializado el producto. A tal fin, llevarán un registro de los productos que no cumplan los requisitos de accesibilidad y de las quejas correspondientes. Además, mientras el producto esté bajo su responsabilidad, se asegurarán de que las condiciones de almacenamiento o transporte no comprometen el cumplimiento de los requisitos de accesibilidad.

d. Previa solicitud motivada de una autoridad nacional competente, facilitarán la información y documentación necesarias para demostrar la conformidad del producto en una lengua fácilmente comprensible. Y cooperarán con dicha autoridad, a petición de ésta, en cualquier acción para subsanar el incumplimiento de los requisitos de accesibilidad[218].

4.1.3. Distribuidores

Por último, en cuanto al papel de los distribuidores, su actuación está sometida a la debida diligencia respecto a los requisitos de accesibilidad de la Directiva y sus obligaciones, recogidas en el artículo 10, constituyen prácticamente un calco de las de los importadores. De ese modo:

a. Antes de comercializar un producto, comprobarán que va acompañado de los documentos necesarios –incluidas instrucciones e información relativa a la seguridad fácilmente comprensibles–, lleva el marcado CE y ha sido etiquetado correctamente por fabricante e importador.

b. Se negarán a comercializar un producto que consideren que no cumple los requisitos de accesibilidad e informarán al fabricante o al importador y a las autoridades de vigilancia del mercado.

---

218 Como se aprecia, las dos últimas obligaciones –que recogen los apartados 8 y 9 del artículo 9 DA– son idénticas a las recogidas en los mismos apartados del artículo 7 respecto al fabricante.

c. Si ya hubieran comercializado el producto, y consideraran que no es conforme a la Directiva, adoptarán inmediatamente medidas correctoras, pudiendo incluso retirarlo del mercado. De todo ello informarán a las autoridades nacionales competentes de los Estados en que se haya comercializado el producto. Además, mientras el producto esté bajo su responsabilidad, se asegurarán de que las condiciones de almacenamiento o transporte no comprometen el cumplimiento de los requisitos de accesibilidad. Hay que destacar que, para los distribuidores, la Directiva no exige llevar un registro de productos que no cumplan los requisitos de accesibilidad ni de quejas.
d. Previa solicitud motivada de una autoridad nacional competente, facilitarán la información y documentación necesarias para demostrar la conformidad del producto. Asimismo, cooperarán con dicha autoridad, a petición de ésta, en cualquier acción para subsanar el incumplimiento de los requisitos de accesibilidad[219].

4.2. Obligaciones de los prestadores de servicios

De modo equivalente a los agentes económicos relacionados con los productos, los prestadores de servicios deben respetar ciertas obligaciones, recogidas en el artículo 13 de la Directiva de Accesibilidad[220], la primera de las cuales es el diseño y prestación de conformidad con los requisitos de accesibilidad. No debe pasarse por alto que, junto a la prestación del servicio, se

---

219 De nuevo, las dos últimas obligaciones son análogas a las de fabricantes e importadores.

220 Único del capítulo IV DA.

menciona su diseño, lo que subraya que deben tenerse presentes los requisitos de accesibilidad desde el principio.

En segundo lugar, deberá poner a disposición del público en formato escrito y oral, y también de forma accesible para las personas con discapacidad, información sobre el servicio ofrecido y cómo cumple los requisitos de accesibilidad, información que deberá conservarse mientras el servicio esté en funcionamiento[221].

En tercer término, deberán asegurarse de que existen procedimientos que garanticen que la prestación de servicios siga siendo conforme con los requisitos de accesibilidad y tener en cuenta los cambios.

Por último, la Directiva recoge dos obligaciones que ya se indicaron al hilo de los agentes económicos relacionados con los productos. La primera, y en caso de no conformidad, los prestadores de servicios deberán adoptar medidas correctoras, de lo que informarán inmediatamente a las autoridades nacionales competentes de los Estados en que presten el servicio. La segunda, los prestadores de servicios, previa solicitud motivada de una autoridad nacional competente, deberán facilitarle la información necesaria para demostrar la conformidad del servicio y cooperarán con dicha autoridad, a petición de ésta, en cualquier acción para hacer conforme el servicio con los requisitos de accesibilidad.

---

221 Información recogida en el anexo V DA.

5. CONFORMIDAD DE LOS PRODUCTOS Y SERVICIOS A LOS REQUISITOS DE ACCESIBILIDAD

5.1. La presunción de conformidad de productos y servicios

La armonización de la accesibilidad que recoge la Directiva de Accesibilidad responde a un plano funcional, es decir, señala solo los principios generales del diseño para todas las personas que habrán de regir la fabricación, importación y distribución de los productos y la prestación de servicios en la Unión Europea. Pero no se desciende a un nivel técnico detallado.

Ahora bien, consciente de que en algunos casos pueda requerirse una descripción más detallada para algunos bienes o servicios o, simplemente, para que pueda otorgarse la declaración UE de conformidad, la Directiva abre la puerta a cuatro opciones:

a. La primera consiste en proporcionar *ejemplos indicativos* de posibles medidas que los Estados podrán trasladar a los agentes económicos para cumplir la Directiva[222].

b. La segunda se apoya en facultar a la Comisión, por tiempo indefinido desde el 27 de junio de 2019, a adoptar *actos delegados* que completen el anexo I para detallar más los requisitos de accesibilidad que, por su propia naturaleza, no puedan surtir el efecto deseado si no se precisan en actos jurídicos vinculantes de la UE, como los requisitos relativos a la interoperabilidad (v.gr. la interoperabilidad de los servicios de telefonía accesibles

222 *Vid.* anexo II. A algunos de ellos ya nos hemos referido en este trabajo.

posibilitaría llamar a cualquier número de la UE o al 112 usando texto en tiempo real)[223].

Las opciones tres y cuatro conectan directamente con la presunción de conformidad del artículo 15 –único del capítulo VI– y se refieren a las *normas armonizadas* y a las *especificaciones técnicas*. Así:

c. Los Estados podrán aplicar los requisitos de accesibilidad recogidos en *normas armonizadas* –o partes de ellas– publicadas en el DOUE, en cuyo caso se presumirá que los productos y servicios conformes con las mismas cumplen los requisitos de accesibilidad de la Directiva de Accesibilidad. A tal fin, la Comisión solicitará a uno o más organismos europeos de normalización proyectos de normas armonizadas para los requisitos de accesibilidad de los productos del anexo I[224].

De interés resultan a este respecto tres normas sobre accesibilidad aprobadas tras sendos mandatos de normalización realizados por la Comisión, uno en 2005 en materia de accesibilidad TIC (M/376), otro en 2007 sobre el entorno construido (M/420) y el último, en 2010, relativo al diseño para todas las personas (M/473):

- El primero dio lugar, en 2014, a la norma *EN 301 549. Requisitos de accesibilidad para productos y servicios TIC*, concretada en su versión española en la norma UNE-EN 301549 V1.1.1:2014[225]. En su *Decisión de Ejecución (UE)*

---

223 Arts. 4.9 y 26.2.1º DA. La delegación de poderes podrá ser revocada en cualquier momento por el Parlamento Europeo o por el Consejo, pero no afectará a la validez de los actos delegados en vigor).

224 Art. 15.1 y 2 DA.

225 Las últimas versiones, hasta el momento, son la EN 301549 v3.2.1 (2021-03) para Europa y la UNE-EN 301-549:2022 para España.

2018/2048, de 20 de diciembre, sobre la norma armonizada aplicable a los sitios web y a las aplicaciones para dispositivos móviles, la Comisión estableció que dicho estándar sería la norma europea EN 301549 en su versión 2018-08, actualizada a la versión actual 2021-03 por la *Decisión de Ejecución 2021/1339, de 11 de agosto.*

- El segundo mandato de normalización se tradujo, en 2019, en la norma *EN 17161. Diseño para todas las personas. Accesibilidad a través de un enfoque de diseño para todas las personas en productos, bienes y servicios. Ampliando la diversidad de usuarios,* adaptada en su versión española en la norma UNE-EN 17161:2020.
- El tercero de los mandatos de la Comisión se reflejó, en 2021, en la norma *EN 17210. Accesibilidad y usabilidad del entorno construido. Requisitos funcionales*[226], materializada en su versión española en la norma UNE-EN 17210:2021. La norma EN 17210, en cuya elaboración participó España activamente[227], constituyó el primer estándar europeo de accesibilidad del entorno construido.

Pues bien, en septiembre de 2022 la Comisión realizó una nueva solicitud de normalización (M/587) para ins-

---

226 Entre los requisitos aprobados en la nueva norma, podemos referirnos a los siguientes: viviendas adaptables (que deben tener salón, cocina, dormitorio y lavabo completo en la planta de acceso), rampas y circulación horizontal (deben evitarse cambios de nivel en una planta y, de no ser posible, deberían usarse rampas), puertas con manillas (y no pomos para evitar que se enganche la ropa) o sistema de orientación *wayfinding* (que guía y facilita el desplazamiento de las personas por el entorno físico).

227 Más información en esta noticia, publicada en 2021 en la *Revista de la normalización española,* 32: Un gran paso en accesibilidad (une.org); consulta: 25/02/2023.

tar, de una parte, la adopción de normas armonizadas en ciertas cuestiones[228] y, de otra, revisar las 3 normas armonizadas anteriores (EN 301549, EN 17161 y EN 17210), todo ello en relación con los anexos I y III de la Directiva de Accesibilidad.

d. Por último, la Comisión podrá adoptar actos de ejecución que establezcan *especificaciones técnicas* según los requisitos de accesibilidad establecidos en la Directiva, si no hubiera normas armonizadas publicadas en el DOUE y, además:

- Existieran retrasos injustificados en la elaboración de normas armonizadas tras la solicitud de la Comisión a los organismos europeos de normalización o éstos no hubieran aceptado la solicitud.
- O bien, la Comisión demostrara que una especificación técnica respeta los requisitos del anexo II[229] del *Reglamento (UE) 1025/2012 del Parlamento Europeo y del Consejo, de 25 de octubre de 2012, sobre la normalización europea*, excepto el

---

228 En concreto, con relación a: (1) la accesibilidad de la información no digital relacionada con los productos; (2) la accesibilidad de los servicios de soporte relacionados con productos y servicios (v.gr. mostradores de ayuda, centros de llamada o soporte técnico), lo que podría incluir también servicios de asistencia a pasajeros o servicios de apoyo cruciales que no sean de emergencia (v.gr. centros de apoyo a víctimas de violencia doméstica); y (3) la accesibilidad e interoperabilidad de las comunicaciones de emergencia y para la respuesta de las comunicaciones de emergencia por parte del PSAP (incluido el número 112). La versión en inglés del mandato M/587 [*Decisión de Ejecución de la Comisión C(2022) 6456 final)*] está disponible en: C(2022)6456_0 (4).pdf; consulta: 26/02/2023.

229 Relativo a los requisitos para identificar las especificaciones técnicas de las TIC.

relativo a que una organización sin ánimo de lucro haya elaborado las especificaciones técnicas[230].

5.1.1. Declaración UE de conformidad de los productos

Solo para el caso de los productos, la Directiva de Accesibilidad recoge una declaración UE de conformidad que deberán firmar los fabricantes o sus representantes autorizados para declarar que sus productos cumplen con los requisitos de accesibilidad aplicables. Dicha declaración reflejará, en su caso, los requisitos sujetos a la excepción de modificación sustancial o carga desproporcionada y conllevará la asunción de la responsabilidad por el cumplimiento de la Directiva[231].

La estructura de la declaración, muy sencilla, se corresponderá con el modelo establecido en el anexo III de la *Decisión nº 768/2008/CE*[232], que incluye los siguientes extremos:

a. Número que constituya la identificación única del producto.

b. Nombre y dirección del fabricante o de su representante autorizado.

c. Declaración en que conste la asunción de plena responsabilidad.

d. Identificación del producto que permita la trazabilidad (podrá incluirse una imagen).

---

230 Art. 15.3 DA.

231 Art. 16.1 y 4 DA.

232 *Decisión nº 768/2008/CE del Parlamento Europeo y del Consejo, de 9 de julio de 2008, sobre un marco común para la comercialización de los productos y por la que se deroga la Decisión 93/465/CEE del Consejo.*

e. Declaración de que el producto es conforme a la legislación comunitaria de armonización pertinente, haciendo referencia a las normas armonizadas pertinentes utilizadas o a las especificaciones respecto a las que se declara la conformidad.

f. Si procede, datos del organismo notificado que haya llevado a cabo el procedimiento de evaluación de la conformidad.

g. Información adicional[233].

h. Nombre, cargo y firma, y fecha y lugar en que se expidió la declaración.

El procedimiento de evaluación de la conformidad de los productos se recoge en el anexo IV de la Directiva, que refiere las siguientes fases:

a. Control interno de la producción. Se trata del procedimiento de evaluación de la conformidad de los productos para asegurar que el fabricante realiza sus obligaciones y declara, bajo su exclusiva responsabilidad, que los productos cumplen los requisitos de la Directiva.

b. Documentación técnica. Elaborada por el fabricante, permitirá evaluar si el producto cumple los requisitos del artículo 4 o, en su caso, demostrar los requisitos que entrarían en la excepción del artículo 14 DA. Debe detallar sólo los requisitos aplicables y recogerá, si fuera

---

233 La Ley 11/2023 contiene un anexo VI, titulado "Declaración UE de conformidad", que recoge un modelo que sigue la estructura descrita. Como posible información adicional, el citado anexo incluye "[s]i procede, requisitos de accesibilidad exceptuados por modificación sustancial y carga desproporcionada, conforme al artículo 16 de la ley".

pertinente para la evaluación, el diseño, fabricación y funcionamiento del producto.

c. Fabricación. Durante la fabricación y la supervisión, el fabricante garantizará la conformidad de los productos con la documentación técnica y los requisitos de la Directiva.

d. Marcado CE y declaración UE de conformidad. Se trata de otras dos obligaciones del fabricante ya citadas.

e. Representante autorizado. El marcado y la declaración de conformidad podrán cumplirse por el representante autorizado del fabricante, en su nombre y bajo su responsabilidad, si así se hubiera establecido en el mandato.

Hay que destacar que la Directiva protege a las microempresas y pymes, señalando que los requisitos relativos a la documentación técnica no podrán imponerles una carga injustificada. No en vano, la Directiva sigue el principio *pensar primero a pequeña escala* y tiene en cuenta las cargas administrativas a las que se enfrentan las pymes[234]. De ahí que señale que su espíritu es el de establecer disposiciones sencillas de evaluación de la conformidad y cláusulas de salvaguardia para los agentes económicos en vez de ofrecer excepciones generales para dichas empresas. Ahora bien, a pesar de ello, lo cierto es que –como enseguida se verá– la Directiva exime de su aplicación a las microempresas que presten servicios y reduce significativamente las obligaciones de justificación de extremos importantes a las microempresas dedicadas a productos. Ello revela una cierta

[234] Considerando 65 DA.

incoherencia, si se tiene en cuenta que las microempresas en la UE representan el 93,25% de todo el tejido empresarial[235].

Por lo demás, si un mismo producto estuviera sujeto a más de un acto de la UE que exija una declaración UE de conformidad, solo se elaborará una que identificará los actos correspondientes, haciendo alusión a sus referencias de publicación. Y es importante destacar que la declaración UE de conformidad debe traducirse a la lengua –o lenguas– que exija el Estado en cuyo mercado se introduzca o comercialice el producto[236].

5.1.2. Marcado CE de productos

El marcado de los productos sujetos a la Directiva de Accesibilidad se ajustará a una serie de principios generales[237].

Será colocado por el fabricante o su representante autorizado antes de introducir el producto en el mercado y reflejará esta imagen (iniciales "CE" con una altura mínima de 5 mm si la legislación específica no indica otra cosa[238]):

---

[235] Así lo indica el *Annual Report on European SMEs 2020/2021* de la Comisión Europea, con relación a 2020 y a la UE de los 27. *Vid.* Annual report on European SMEs 2020/2021–Publications Office of the EU (europa.eu), p. 9; consulta: 21/01/2023.

[236] Art. 16.2 y 3 DA.

[237] El artículo 17 DA se remite al 30 del *Reglamento (CE) nº 765/2008 del Parlamento Europeo y del Consejo, de 9 de julio de 2008, por el que se establecen los requisitos de acreditación y vigilancia del mercado relativos a la comercialización de los productos,* que no ha sido modificado por el *Reglamento (UE) 2019/1020, relativo a la vigilancia del mercado y la conformidad de los productos,* a pesar de que éste ha reformado varios artículos del primero.

[238] Anexo II Rgto. (CE) 765/2008.

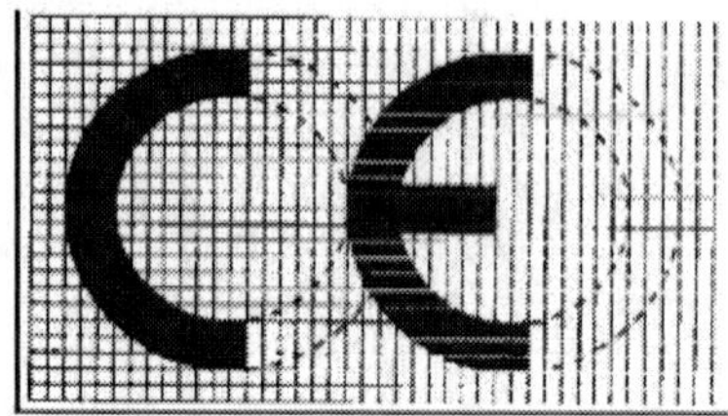

La colocación debe hacerse en el producto o en su placa de datos de forma visible, legible e indeleble y, de no ser posible, en el embalaje o envase y en los documentos adjuntos[239]. Se prohíbe colocar marcados, signos o inscripciones que puedan inducir a confusión en cuanto al significado o la forma del marcado CE, pero sí se puede colocar otro marcado si no afecta a la visibilidad, legibilidad y significado del marcado CE. Por lo demás, la colocación del marcado CE implica la asunción de responsabilidad del fabricante de la conformidad de su producto con los requisitos de accesibilidad.

Los Estados serán garantes de la correcta aplicación del régimen que regula el marcado CE y, en caso de uso incorrecto, emprenderán las acciones oportunas[240].

5.2. Conformidad de los servicios (remisión)

Con relación a la conformidad de los servicios, el artículo 23 de la Directiva remite a los Estados el establecimiento de procedimientos destinados a tal finalidad. El régimen aplicable a dichos procedimientos se tratará en el epígrafe 7.2 de esta parte del trabajo, al que nos remitimos.

---

239 Art. 18.1 DA.

240 Art. 18.3 DA.

No obstante, sí conviene apuntar que el anexo V de la Directiva de Accesibilidad recoge la *información de conformidad* que el prestador de un servicio debe proporcionar en las condiciones generales o documento equivalente. Respecto al qué, amén de la información que hay que facilitar al consumidor –contenida en la *Directiva 2011/83/UE, del Parlamento Europeo y del Consejo, de 25 de octubre de 2011, sobre los derechos de los consumidores*–, deberán describirse los requisitos aplicables al servicio y, si fuera pertinente, su diseño y funcionamiento. Respecto al cómo, la descripción del servicio se hará en formatos accesibles. Para ello, el prestador del servicio podrá aplicar las normas armonizadas y especificaciones técnicas publicadas en el DOUE.

Por lo demás, con relación a esta declaración de conformidad que debe presentar el prestador de un servicio, puede resultar útil el modelo que deben utilizar los organismos del sector público de los Estados para justificar la conformidad de sus webs y *apps* con los requisitos de la Directiva 2016/2102. Dicho modelo se regula en la *Decisión de Ejecución (UE) 2018/1523 de la Comisión, de 11 de octubre.*

6. LAS POLÉMICAS EXCEPCIONES

Ya se ha mencionado anteriormente que los requisitos de accesibilidad no se aplicarán cuando supongan una modificación sustancial de los productos o servicios, o impongan una carga desproporcionada a los agentes económicos afectados. A ambos casos se une otra polémica exclusión, la de las microempresas.

Se analizan a continuación ambas excepciones, planteando los riesgos y dificultades que su aplicación puede conllevar y, por ende, la reducción de los efectos favorables pretendidos por la Directiva de Accesibilidad.

6.1. Modificación sustancial de productos o servicios y carga desproporcionada sobre los agentes económicos

El artículo 14 de la Directiva de Accesibilidad, único que conforma el capítulo V, condiciona la aplicación de los requisitos de accesibilidad a dos importantes reservas, a saber: (1) que no exijan un cambio significativo en un producto o servicio que conlleve la modificación sustancial de su naturaleza básica, o (2) que no provoquen la imposición de una carga desproporcionada sobre los agentes económicos afectados.

Como puede verse, *modificación sustancial* y *carga desproporcionada* constituyen los dos conceptos jurídicos indeterminados clave de cuya delimitación dependerá que la exención de los requisitos de accesibilidad se aplique correctamente y no sea una vía de escape que permita a los agentes económicos evadir sus responsabilidades en materia de accesibilidad. En este sentido, traemos a colación la *Observación general nº. 2 (2014)* del Comité sobre el artículo 9 CDPD, contraria a que una entidad alegue medidas de austeridad "*como excusa para evitar implantar gradualmente la accesibilidad";* ello por cuanto la accesibilidad constituye una obligación incondicional. En cambio, el concepto de *carga desproporcionada* sí podría aplicarse respecto al deber de la entidad de hacer ajustes razonables[241].

Las razones apuntadas condujeron al *Foro Europeo de la Accesibilidad* a plantear la supresión del artículo 14, o bien una cuidadosa delimitación de las exenciones[242]. En la misma línea, la *European Blind Union* (EBU) sugirió, al hilo de la Propuesta de 2015, una participación directa de las organizaciones de personas con discapacidad en su delimitación y aplicación para ga-

---

241 *Vid.* pár. 25 *Observación general 2 (2014), cit.*

242 *Vid. EDF analysis of the European Accessibility Act, cit.*, p. 11.

rantizar un enfoque coherente[243]. El diálogo, por tanto, entre Estados, agentes económicos –microempresas, especialmente– y tercer sector[244] es clave. Como también lo es la supervisión por las autoridades de vigilancia de las evaluaciones presentadas en estos casos.

En efecto, para determinar la concurrencia de dichos supuestos, los agentes económicos concernidos –que, recordemos, pueden pertenecer al sector público o al privado– deberán realizar y documentar la correspondiente evaluación, cuyos resultados deberán conservar durante cinco años desde la última comercialización del producto o prestación del servicio. No en vano, las autoridades competentes –en el caso de los productos, las de vigilancia del mercado, y en el de los servicios, las responsables de verificar su conformidad– podrán pedir una copia de la citada evaluación[245].

Y no sólo: la Directiva también obliga a los agentes económicos que se acojan a los supuestos de modificación sustancial

243 *Vid.* La Ley Europea de Accesibilidad: ¿la promesa de más accesibilidad para los ciudadanos de la UE ciegos y deficientes visuales? | European Blind Union (euroblind.org); consulta: 25/02/2023. En sentido análogo, el CESE resaltó la necesidad de que los *"representantes de la sociedad civil organizada, incluidos los interlocutores sociales y, en particular, los representantes de las organizaciones de personas con discapacidad"* participaran en la aplicación de sendos conceptos "*en relación con la vigilancia del mercado prevista en la Directiva*" (Dictamen CESE, apdo. 5.10).

244 La importancia del movimiento social de la discapacidad, *"tornado actor político consciente"*, es fundamental para impulsar las políticas públicas en materia de discapacidad. *Vid.* Pérez Bueno, Luis Cayo (2019), "Prólogo", en Morcillo Moreno, J. (dir.), *Discapacidad intelectual y capacidad de obrar. De la sustitución de la voluntad al apoyo en la toma de decisiones*, Tirant lo Blanch, Valencia, p. 15.

245 Art. 14.2 y 3 DA.

o carga desproporcionada a informar de ello a las autoridades pertinentes del Estado miembro donde se vaya a introducir el producto o prestar el servicio[246]. Pero se exime a las microempresas tanto de dicha obligación, como de la de documentar la evaluación sobre la concurrencia de una modificación sustancial o de una carga desproporcionada, salvo que le sea solicitada expresamente por la autoridad competente[247]. Sobre las microempresas volveremos más adelante.

Con relación, más concretamente, al supuesto de carga desproporcionada, el agente económico debe procurar que su producto o servicio sea lo más accesible posible, de modo que la excepción solo cubra aquel o aquellos requisitos de accesibilidad cuando supongan una carga desproporcionada. De este modo, si un prestador de servicios concluyera que exigir a todos los terminales de autoservicio el cumplimiento de todos los requisitos de accesibilidad supondría una carga desproporcionada, aplicará tales requisitos en la medida en que no supongan dicha carga. De ahí la importancia de la evaluación del prestador que podría valorar, bien aplicar algunos requisitos de accesibilidad a todos sus terminales, bien aplicar todos los requisitos de accesibilidad a algunos terminales[248].

Es fundamental, por tanto, determinar qué medidas podrían imponer una carga desproporcionada. En este sentido, en su considerando 66, la Directiva ofrece una primera aproximación al indicar que serían aquellas

> "que impondrían una carga organizativa o financiera excesiva adicional al agente económico, teniendo en cuenta al mismo

---

246 Art. 14.8.1º DA.

247 Art. 14, apdos. 4 y 8.2º DA.

248 Considerando 69 DA.

> tiempo el probable beneficio resultante para las personas con discapacidad en consonancia con los criterios establecidos en la presente Directiva". Además, "sólo deben tenerse en cuenta razones legítimas. No deben considerarse razones legítimas la falta de prioridad, de tiempo o de conocimientos".

Pues bien, con tales pautas, los criterios a tener en cuenta para evaluar cuándo existe una carga desproporcionada se detallan en el anexo VI de la Directiva, a saber:

a. Costes y beneficios estimados para los agentes económicos respecto al beneficio estimado para las personas con discapacidad, teniendo en cuenta la cantidad y frecuencia de utilización del producto o servicio.

b. Proporción de los costes netos de cumplir los requisitos de accesibilidad en:

- Los costes totales de fabricar, distribuir o importar el producto o prestar el servicio para los agentes económicos.
- El volumen de negocios neto del agente económico.

Para calcular los costes netos de cumplir los requisitos de actividad deben tenerse en cuenta criterios relativos tanto a *costes organizativos puntuales* (relacionados con recursos humanos adicionales con experiencia en accesibilidad, la formación y adquisición de competencias en dicho ámbito, el desarrollo de un nuevo proceso para incluir la accesibilidad y de material orientativo en materia de accesibilidad y la comprensión de la legislación al respecto), como a *costes de la producción en curso y de desarrollo* (relacionados con el diseño de las características de accesibilidad, los procesos de fabricación, los ensayos o la elaboración de documentación).

Una precisión importante atañe a la financiación con que cuente el agente económico: si recibiera financiación adicional

–distinta de los recursos propios, sea pública o privada– para mejorar la accesibilidad, no podría invocar la concurrencia de una carga desproporcionada[249]. A este respecto, puede citarse aquí la previsión contenida en el artículo 5 de la Directiva 2000/78 bajo el título "ajustes razonables para las personas con discapacidad". El citado precepto obliga a los empresarios a realizar ajustes razonables (es decir, a adoptar las medidas adecuadas según las necesidades de la persona), tanto para permitir a las personas con discapacidad acceder al empleo, tomar parte en el mismo o progresar profesionalmente, como para que se les ofrezca formación, "salvo que esas medidas supongan una carga excesiva para el empresario". Pero lo interesante es lo que señala a continuación:

> "La carga no se considerará excesiva cuando sea paliada en grado suficiente mediante medidas existentes en la política del Estado miembro sobre discapacidades".

Así, la Directiva de Accesibilidad impide alegar una carga desproporcionada a aquellos agentes económicos que dispusieran de financiación adicional, pública o privada, para mejorar la accesibilidad de su producto o servicio. Pero ¿y si pudiendo acceder a dicha financiación adicional fueran los propios agentes quienes rehusaran a la misma? En otras palabras, ¿y si el Estado *pusiera a disposición* de los agentes económicos medidas para paliar "en grado suficiente" la carga de hacer accesibles sus productos y servicios, y fueran ellos quienes decidieran no solicitarlas para soslayar así la adaptación? Si ese fuera el caso, en nuestra opinión el agente no podría acogerse a la excepción de carga desproporcionada. Ello iría, además, en consonancia con lo dispuesto en el artículo 66.2 *in fine* del RDLeg. 1/2013 que, para determinar si un ajuste es razonable, además de los

---

249 Art. 14.6 DA.

costes de la medida y de los efectos discriminatorios que pueda suponer, apunta que se deberá tener en cuenta la posibilidad de "obtener financiación oficial o cualquier otra ayuda", a cuyo fin las Administraciones podrán establecer ayudas públicas. Y también iría en sintonía con el artículo 2.e) del RD 193/2023, que, al definir "proporcionalidad", incluye como uno de los criterios para valorar si los costes y cargas que implica una medida de mejora de la accesibilidad están justificados "[l]la posibilidad de obtener financiación pública u otras ayudas".

Aclarado lo anterior, otro aspecto destacable de la Directiva de Accesibilidad es la necesidad de que los prestadores de servicios renueven la evaluación realizada para invocar una carga desproporcionada en tres casos: si se modifica el servicio, si lo solicitan las autoridades responsables de verificar su conformidad y, en todo caso, cada cinco años[250].

Finalmente, y como sucedía con los requisitos de accesibilidad, se recoge la posibilidad de que la Comisión pueda adoptar actos delegados para completar el anexo VI y precisar más los criterios para evaluar la carga desproporcionada, siempre bajo el prisma de los posibles beneficios para las personas con discapacidad y –se añade en esta ocasión con muy buen criterio– con limitaciones funcionales[251].

---

250 Art. 14.5 DA.

251 Art. 14.7 DA. La duración de la delegación de poderes será de cinco años a partir del 27 de junio de 2019, si bien se prorrogará tácitamente por períodos de cinco años, salvo oposición del Parlamento Europeo o del Consejo (art. 26.2.2º DA).

6.2. Las microempresas

Es probable que el aspecto más controvertido de la Directiva de Accesibilidad sea, seguramente, su falta de aplicación a las microempresas, cierto que con algunos matices.

Una microempresa es aquella empresa que emplea a menos de 10 personas y tiene un volumen de negocios anual menor de 2 millones de euros o un balance anual total menor de 2 millones de euros[252].

La siguiente tabla refleja las tres categorías de pymes (micro, pequeñas y medianas empresas), que se definen en función del número de empleados y uno de los siguientes requisitos económicos, volumen de negocio o balance general:

Categoría empresa	Número personas empleadas	Volumen negocio (facturación anual)	Balance general (activos totales)
Micro	< 10	≤ 2 millones euros	≤ 2 millones euros
Pequeña	< 50	≤ 10 millones euros	≤ 10 millones euros
Mediana	< 250	≤ 50 millones euros	≤ 43 millones euros

6.2.1. Datos relevantes

Para comprender la trascendencia de la citada exclusión, conviene tener presentes algunas cifras sobre el perfil empresarial en la UE, que, como veremos, se reproduce en España.

Según el *Annual Report on European SMEs 2020/2021* de la Comisión Europea, en 2020 –y respecto a los 27– las pymes representaban el 99,82% de las empresas de la Unión, mientras

252 Art. 3.23) DA, de conformidad con el artículo 2.3 de la *Recomendación 2003/361/CE de la Comisión, de 6 de mayo de 2003, sobre la definición de microempresas, pequeñas y medianas empresas.*

que las microempresas suponían el 93,42% de las pymes. Las microempresas, por tanto, conformaban el **93,25% de todo el tejido empresarial**[253]. En su siguiente informe, correspondiente a la anualidad 2021/2022, la Comisión refirió un aumento de microempresas del 1,3%, frente a un ligero retroceso de las pymes (del 0,1% y 0,4%, respectivamente) y un estancamiento de las grandes empresas[254].

Por tanto, en el ámbito de la UE las microempresas constituyen el grueso del tejido empresarial, limitándose las grandes empresas a un 0,18% del total.

6.2.2. Su regulación en la Directiva de Accesibilidad

A partir de los datos anteriores se puede valorar la regulación que contiene la Directiva respecto a las microempresas.

Habida cuenta de su reducido tamaño, la justificación de la Directiva de Accesibilidad para conceder un tratamiento benévolo a las microempresas radica en que el cumplimiento de los requisitos de accesibilidad podría absorber una parte importante de sus recursos humanos y financieros, y, seguramente, comportar una carga desproporcionada. No en vano, la formalización o conservación de documentos y registros para demostrar el cumplimiento de ciertos requisitos establecidos en el Derecho de la Unión conlleva costes significativos para las microempresas.

---

253 *Vid. Annual Report on European SMEs 2020/2021, cit.*, p. 9.

254 *Vid. Annual Report on European SMEs 2021/2022 (SMEs and environmental sustainability Background document)* de la Comisión Europea, p. 31, disponible en: 2021/2022 Annual Report on European SMEs–June 2022–LE Europe (le-europe.eu); consulta: 01/02/2023.

Pues bien, la Directiva de Accesibilidad hace una distinción entre las *microempresas que prestan servicios* y las *microempresas dedicadas a productos*. Las primeras no tendrán que cumplir los requisitos de accesibilidad, ni ninguna obligación relativa al cumplimiento de los mismos[255]; en consecuencia, son eximidas de la obligación –impuesta a todos los agentes económicos– de evaluar si existe o no una carga desproporcionada para cumplir los requisitos de accesibilidad, entendiendo que la exigencia misma de la evaluación constituiría una carga desproporcionada. Resulta curioso que ese mismo argumento sirviera a la Comisión, en la Propuesta de 2015, para descartar una exención absoluta de las microempresas del ámbito de aplicación de la Directiva por entender que las cláusulas relativas a la modificación sustancial y a la carga desproporcionada se adecuaban mejor a los objetivos perseguidos[256].

Con relación a las *microempresas dedicadas a productos*, no hay una exclusión total del ámbito de aplicación de la Directiva, sino una relajación de las obligaciones traducida en la reducción de la carga administrativa de dichas entidades[257]. Como ya avanzamos en el epígrafe anterior, de un lado, estarán exentas de documentar la evaluación sobre la concurrencia o no de una modificación sustancial o de una carga desproporcionada, salvo que una autoridad de vigilancia del mercado se lo solicite. De otro, si se acogieran a los supuestos de modificación sustancial o carga desproporcionada, no deberán informar de ello a las autoridades de vigilancia del Estado en que se vaya a introducir el producto, como sí deben hacer el resto de agentes económicos[258].

---

255 Art. 4.5 DA.

256 Apdo. 3.3 Exposición Motivos Propuesta de 2015.

257 Considerando 71 y art. 14.4 DA.

258 Art. 14, apdos. 4 y 8.2º DA.

Tras la regulación anterior, la Directiva "anima" a *todas* las microempresas a cumplir los requisitos de accesibilidad para aumentar la competitividad y su crecimiento en el mercado interior. De ahí que los Estados deban proporcionarles orientaciones y herramientas que les faciliten la aplicación de las medidas nacionales derivadas de la transposición de la Directiva. Herramientas que, además, deberán ser fruto de la concertación con las partes interesadas pertinentes[259].

7. CONTROL DEL CUMPLIMIENTO DE LOS REQUISITOS DE ACCESIBILIDAD DE LOS PRODUCTOS Y SERVICIOS

7.1. Vigilancia del mercado de los productos

7.1.1. Funciones de las autoridades de vigilancia del mercado

Las autoridades de vigilancia del mercado desempeñan un papel clave al verificar si los productos que se comercializan en la UE se fabrican con arreglo al Derecho europeo[260]. De que efectúen una adecuada supervisión dependerá, en última instancia, la efectiva implantación de la Directiva y, con ella, el cumplimiento de los objetivos pretendidos.

A este respecto, el artículo 19.1 DA remite las cuestiones generales al *Reglamento (CE) nº 765/2008 sobre requisitos de acreditación y vigilancia del mercado relativos a la comercialización de los pro-*

---

[259] Considerando 72 y art. 4.6 DA.

[260] En ellas se centra el capítulo VIII DA.

ductos de la Unión, remisión que hay reconducir a los artículos correspondientes del *Reglamento (UE) 2019/1020, relativo a la vigilancia del mercado y la conformidad de los productos*[261], publicado apenas veinte días después de la Directiva de Accesibilidad (el 26 de junio de 2019). De dicha regulación pueden resaltarse los siguientes aspectos:

a. Principios de actuación de las autoridades de vigilancia.- Las autoridades de vigilancia del mercado ejercerán sus funciones de manera independiente, imparcial, efectiva, eficiente y según el principio de proporcionalidad. Además, con el fin de proteger los intereses de los usuarios finales en la UE, respetarán los principios de confidencialidad y de secreto profesional y comercial, y protegerán los datos personales según la legislación de la UE y nacional[262].

b. Deber de información.- Los Estados miembros designarán una o más autoridades de vigilancia del mercado, de lo que deben informar, junto a las competencias asignadas, a la Comisión y a los demás Estados. A tal fin, cada Estado designará una oficina de enlace única y la Comisión mantendrá un sistema que recopile la información necesaria para, entre otros fines, mejorar el intercambio de datos entre Estados y facilitar una visión global de las actividades de vigilancia del mercado. La Comisión desarrollará y mantendrá la interfaz de usuario pública de este sistema para facilitar a los usuarios

---

261 En particular, la DA se remite a los artículos 15.3, 16 a 19, 21, 23 a 28 y 29.2 y 3 del Rgto. (CE) 765/2008, sustituidos ahora por los equivalentes del Rgto. (UE) 2019/1020 según la *tabla de correspondencias* que recoge su anexo III.

262 Arts. 11.2, 14.2 y 17 Rgto. (UE) 2019/1020.

finales información clave sobre las actividades de vigilancia del mercado[263].

c. Obligaciones de los Estados.- Además de dotar de los oportunos poderes y recursos a sus autoridades de vigilancia del mercado[264], así como de asegurar la coordinación entre ellas, los Estados miembros deberán (i) estar al corriente de las reclamaciones sobre riesgos o incumplimientos; (ii) verificar la adopción de medidas correctoras; y (iii) diseñar una estrategia nacional de vigilancia del mercado, como mínimo, cada cuatro años y evaluarla periódicamente[265].

d. Medidas de vigilancia del mercado.- Si un producto incumpliera la legislación armonizada de la UE o supusiera un riesgo para la salud o seguridad de sus usuarios, las autoridades de vigilancia del mercado exigirán al agente económico concernido la adopción de medidas correctoras adecuadas y proporcionadas para poner fin a la situación. De no hacerlo, las autoridades podrán retirar, recuperar, prohibir o restringir la comercialización del producto, de lo cual se informará oportunamente al público, a la Comisión y a los demás Estados miembros[266].

Por lo demás, y enlazando de nuevo con el contenido de la Directiva de Accesibilidad, esta atribuye a las autoridades de vigilancia del mercado dos importantes funciones de control. La

---

263 Arts. 10.2, 10.3 y 34.1 Rgto. (UE) 2019/1020.

264 Al hilo de esta cuestión, el *Foro Europeo de la Discapacidad* echaba en falta una referencia más clara al modo de financiación de las autoridades de vigilancia del mercado, así como a la dotación y formación de su personal. *Vid. EDF analysis of the European Accessibility Act, cit.*, p. 12.

265 Arts. 10.5, 10.6, 11.7, 14.2 y 31.2.o) Rgto. (UE) 2019/1020.

266 Art. 16.5 Rgto. (UE) 2019/1020.

primera, para comprobar que el agente económico, además de realizar la necesaria evaluación para acogerse, si fuera el caso, a los supuestos de modificación sustancial o carga desproporcionada, ha aplicado correctamente en dicha evaluación los criterios oportunos. La segunda, para comprobar el cumplimiento mismo de los requisitos de accesibilidad[267]. En un caso y otro, la información recabada deberá estar a disposición de los consumidores, previa solicitud y en formato accesible, salvo que no pueda prestarse por motivos de confidencialidad. El *Foro Europeo de la Discapacidad* criticó estos dos últimos aspectos: de un lado, que la información al consumidor sobre la conformidad de los agentes económicos con los requisitos de accesibilidad dependiera de su previa solicitud y, de otro, que dicha información pudiese no darse por motivos de confidencialidad. Por ello, esta organización proponía una base de datos pública (v.gr. RAPEX[268] o RASFF[269]) para incluir un listado de productos no conformes[270].

---

267 Art. 19.2 DA.

268 El RAPEX es un sistema de alerta rápida de productos peligrosos para los consumidores de la UE y su finalidad es intercambiar información a tal fin entre Estados miembros. Para ello, existe una Red de Alerta con puntos de contacto en todos los Estados miembros, coordinados por la Comisión mediante la *Dirección General de Sanidad y Consumo* y en España por el *Instituto Nacional de Consumo*. Aunque cada viernes la Comisión publica un informe con los productos peligrosos informados, el listado está permanentemente actualizado en la web del RAPEX: Application name (europa.eu); consulta: 08/03/2023.

269 Como en el caso anterior, el RASFF es un sistema de alerta rápida, en esta ocasión para alimentos y piensos. *Vid.* RASFF (europa.eu); consulta: 08/03/2023.

270 *Vid. EDF analysis of the European Accessibility Act, cit.*, p. 12.

7.1.2. Procedimiento nacional en caso de incumplimiento

En su artículo 20, la Directiva de Accesibilidad aporta algunas directrices a los Estados para articular un procedimiento en caso de incumplimiento. Así, cuando las autoridades de vigilancia del mercado nacionales tuvieran motivos suficientes para pensar que un producto no cumple con los requisitos de accesibilidad aplicables, lo primero que deberán hacer es una evaluación del producto con relación a tales requisitos[271].

De constatarse las sospechas, las autoridades pedirán sin demora al agente económico concernido que adopte medidas correctoras en un plazo razonable –según el tipo de incumplimiento– y, de no adoptarlas, le exigirán que retire el producto del mercado en un plazo adicional igualmente razonable. Si, en este último caso, el agente continuara sin cumplir, las autoridades competentes adoptarán las medidas provisionales precisas para prohibir o restringir la comercialización del producto en el mercado nacional, o para retirarlo de él. De ello se dará cuenta detallada tanto a la Comisión, como a los demás Estados miembros para que puedan, si así lo consideran, plantear objeciones en el plazo de tres meses. Transcurrido dicho plazo sin objeciones, las medidas se considerarán justificadas[272]. De haber objeciones, se seguirá el procedimiento de salvaguardia de la Unión referido en el epígrafe siguiente.

La Directiva contiene también un listado de situaciones en que el Estado miembro pedirá al agente económico que subsane la no conformidad del producto, procediendo, de no hacerlo, a adoptar las medidas precisas para prohibir o restrin-

---

271 Art. 20.1.1º DA.

272 Art. 20, apdos. 1.2º y 3º, y 4 a 7 DA.

gir su comercialización o para retirarlo del mercado él[273]. Las situaciones son estas:

a. Marcado CE no colocado o colocado de modo incorrecto.
b. Declaración UE de conformidad no realizada o realizada de modo incorrecto.
c. Documentación técnica no disponible o incompleta.
d. Información sobre la identificación del fabricante o del importador ausente, falsa o incompleta.
e. Ausencia de otro requisito administrativo de cuyo cumplimiento se deba encargar el fabricante o el importador.

Para garantizar su cumplimiento, la Directiva obliga a los Estados a establecer disposiciones que aseguren su observancia, a cuyo efecto permitirán la actuación en cualquier procedimiento administrativo o judicial tanto de los consumidores, como de los organismos públicos o entidades privadas en su nombre o apoyo[274]. Asimismo, los Estados establecerán un régimen sancionador que controle las conductas de aquellos agentes económicos que se desvíen de lo establecido en las disposiciones nacionales que apliquen la Directiva[275]. Recuérdese que de estas dos previsiones (es decir, del régimen de incumplimiento

---

273 Art. 22 DA.

274 Art. 29.2 DA. El *Foro Europeo de la Discapacidad* alabó la posibilidad de que las asociaciones pudieran representar a las personas con discapacidad en estos procedimientos, a menudo complejos y costosos (*vid. EDF analysis of the European Accessibility Act, cit.*, p. 14).

275 El artículo 30 DA se refiere a este cometido del Estado, indicando que las sanciones serán efectivas, proporcionadas y disuasorias, yendo acompañadas de medidas correctores efectivas en caso de incumplimiento.

de la Directiva y del régimen sancionador) quedan excluidos los procedimientos de contratación pública.

7.1.3. Procedimiento de salvaguardia de la Unión

En el caso de que otros Estados hayan planteado objeciones a las medidas restrictivas provisionales acordadas por un Estado respecto a un producto, o de que la Comisión tenga pruebas razonables de que dichas medidas vulneran el Derecho de la Unión, la Comisión consultará a los Estados miembros y al agente económico implicado, tras lo cual evaluará las medidas cuestionadas y decidirá sobre su justificación.

Si se consideran justificadas, todos los Estados miembros procurarán la retirada del mercado del producto e informarán a la Comisión. Si no se consideran justificadas, el Estado miembro afectado retirará las medidas[276].

7.2. Conformidad de los servicios

Retomamos aquí la cuestión planteada más atrás respecto a la conformidad de los servicios[277], recordando que la Directiva no recoge previsiones específicas a este respecto más allá de indicar, en su anexo V, la información que el prestador de un servicio debe incluir en las condiciones generales. La Directiva se remite, por tanto, a los procedimientos que establezcan los Estados. Dichos procedimientos, actualizados periódicamente, permitirán (i) comprobar la conformidad de los servicios –en particular, la evaluación en casos de modificación sustancial o carga desproporcionada–, (ii) hacer un seguimiento de

---

276 Art. 21.1 y 2 DA.

277 *Vid.* capítulo IX DA.

quejas o informes de no conformidad y (iii) verificar la adopción por los prestadores de servicios de las medidas correctoras oportunas[278].

Por lo demás, los Estados miembros designarán a las autoridades responsables de la ejecución los procedimientos indicados y serán garantes de que el público esté debidamente informado de su existencia, responsabilidades, identidad y funciones. Un aspecto criticable de la Directiva es que condicione la disponibilidad de dicha información en formatos accesibles a que se solicite[279]. Resulta llamativo que una norma cuya finalidad es armonizar las divergencias existentes en materia de accesibilidad entre los Estados no obligue a éstos a presentar la información al público, necesariamente, en formatos accesibles, haciéndolo depender de una solicitud que, en muchos casos, podría no llegar. Para evitar tal situación, la Ley 11/2023 elimina el previo requerimiento para que la información se preste en formatos accesibles y dispone, en su artículo 24.2, que la información "será puesta a disposición de todas las personas en formatos accesibles"[280].

8. LA LAXITUD EN LOS PLAZOS: TRANSPOSICIÓN Y MEDIDAS TRANSITORIAS

Otra de las cuestiones más debatidas que planteaba la Directiva de Accesibilidad, en vigor desde el 27 de junio de 2019

---

[278] Art. 23.1 DA.

[279] Art. 23.2.2º *in fine* DA.

[280] La necesidad de previa solicitud también aparecía en el artículo 24.2 del anteproyecto de ley de transposición de abril de 2022, si bien, como hemos indicado, desaparece en la Ley 11/2023.

–veinte días tras su publicación en el DOUE[281]–, era el excesivo plazo concedido a los Estados para transponerla y adecuarse a sus prescripciones.

La Propuesta de 2015 señalaba que el calendario de ejecución respondía a los ciclos de vida de los productos, cuidadosamente seleccionados, al igual que los servicios[282]. Con dicha justificación, sustentada en los principios de proporcionalidad y eficacia, las obligaciones de accesibilidad se deben aplicar a los *nuevos* productos introducidos o servicios prestados a partir del 28 de junio de 2025.

8.1. Transposición de la Directiva y aplicación de sus disposiciones

La Directiva fijó un plazo máximo de *transposición* de tres años desde su entrada en vigor. Dicho plazo finalizó el 28 de junio de 2022[283] y algunos países –incluida España– lo incumplieron.

Dentro del mismo, los Estados deberían haber comunicado a la Comisión el texto de las principales disposiciones internas adoptadas para incorporar la Directiva de Accesibilidad y, específicamente, las relacionadas con el entorno físico construido, aunque este último aspecto fuera solo opcional para los Estados. Junto a ello, los Estados deben aportar los documentos explicativos que consideren necesarios para justificar la relación entre las disposiciones de la Directiva y las partes correspondientes de los documentos nacionales de transposición[284].

---

281 Art. 34 DA. La publicación en el DOUE tuvo lugar el 7 de junio de 2019.

282 *Vid.* apdo. 3.3 Exposición de Motivos Propuesta de 2015.

283 Art. 31.1 DA.

284 *Vid.* considerando 100 DA, que se remite a la *Declaración política conjunta, de 28 de septiembre de 2011, de los Estados miembros y de la Comisión sobre los documentos explicativos* (2011/C 369/02), publi-

Dicha obligación, recogida ya en la Propuesta de 2015, y que al fin y al cabo se traduce en una carga administrativa más, se justifica en la diversa regulación sobre accesibilidad existente en los distintos Estados. De ese modo, la aportación de tales documentos facilitará la supervisión por parte de la Comisión de la transposición de una Directiva de carácter transversal.

De otro lado, las disposiciones nacionales adoptadas en cumplimiento de la Directiva *deben aplicarse*, como se ha dicho, a productos y servicios introducidos después del 28 de junio de 2025. Sin embargo, la Directiva permite que los Estados pospongan la aplicación de las obligaciones específicas de accesibilidad de la respuesta al número único europeo 112 hasta el 28 de junio de 2027[285], demora que ha sido objeto de muchas críticas y de la que, por cierto, España no ha hecho uso en la Ley 11/2023.

8.2. Régimen transitorio

Las medidas transitorias de la Directiva de Accesibilidad se recogen en su artículo 32 en los siguientes términos:

> "1. Sin perjuicio del apartado 2 del presente artículo, los Estados miembros dispondrán de un período transitorio que finalizará el 28 de junio de 2030, durante el que los prestadores de servicios podrán seguir prestando sus servicios mediante los productos que habían estado utilizando legalmente para prestar servicios similares antes de dicha fecha.

---

cada en el DOUE de 17/12/2011. Según dicha Declaración, en casos justificados y tras una adecuada ponderación, los Estados miembros se comprometen a adjuntar dichos documentos explicativos, "que podrán presentarse en forma de tablas de correspondencia u otros documentos que tengan el mismo objeto".

285 Art. 31.2 y 3 DA.

> Los contratos de servicios celebrados antes del 28 de junio de 2025 podrán continuar sin cambios hasta su expiración, pero sin superar una duración de cinco años a partir de dicha fecha.
>
> 2. Los Estados miembros podrán disponer la posibilidad de que los terminales de autoservicio utilizados legalmente por los prestadores de servicios para la prestación de servicios antes del 28 de junio de 2025 se sigan utilizando para la prestación de servicios similares hasta el final de su vida útil desde el punto de vista económico, aunque sin superar los veinte años después de su puesta en funcionamiento".

Del citado precepto derivan tres previsiones:

- Los *contratos de servicios celebrados antes del 28 de junio de 2025* podrán continuar sin cambios hasta su finalización, nunca más allá de cinco años desde su celebración. Aunque dependerá de cada contrato, el plazo podría extenderse, como máximo, hasta el 28 de junio de 2030 (en realidad, un día antes). Esta medida se recoge en el párrafo 2 del artículo 32.1 DA.
- Los *servicios que utilizasen productos inaccesibles ya en uso antes del 28 de junio de 2025* podrán seguir usándolos hasta el 28 de junio de 2030. A esta medida se refiere, de forma poco clara –imprecisión que ha pasado también a la ley española–, el párrafo 1 del artículo 32.1 DA. Decimos que la norma es poco concreta porque no podría saberse la fecha a la que se refiere el final de dicho párrafo 1 ("dicha fecha"[286]) de no leerse antes el apartado 2, al que nos referimos a continuación.

---

[286] Hasta ese momento, el párrafo 1 solo menciona una única fecha, el 28 de junio de 2030, que es la fecha transitoria *ad quem,* pero no la que marca el punto de referencia para la aplicación de la medida (como hemos dicho, el 28 de junio de 2025).

- Los *servicios que utilicen terminales de autoservicio inaccesibles ya en uso antes del 28 de junio de 2025* podrán seguir usándolos hasta el final de su vida útil desde el punto de vista económico, sin superar los veinte años desde su puesta en funcionamiento. Aunque dependerá de los casos, dicho plazo podría extenderse, como máximo, hasta el 28 de junio de 2045 (en realidad, un día antes).

La siguiente escala refleja la complicada –y, en exceso, generosa– implantación prevista por la "Ley Europea de Accesibilidad":

Escala de implantación de la Directiva de Accesibilidad

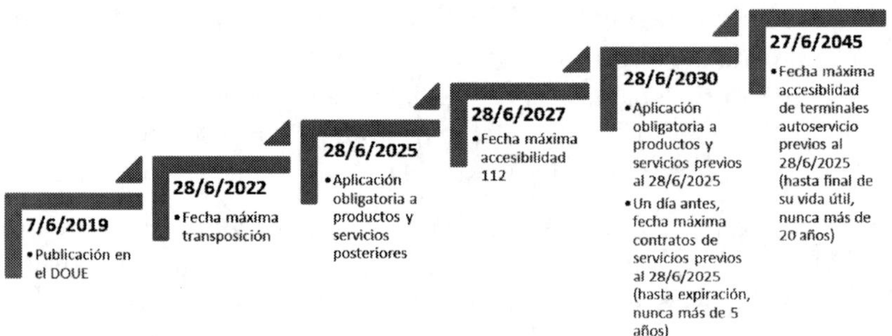

Fuente: elaboración propia

TERCERA PARTE: el proceso de transposición en España. Análisis de la Ley 11/2023, de 8 de mayo

1. ANTECEDENTES

A diferencia de otros Estados miembros, España es un país avanzado en materia de accesibilidad. Cuenta una normativa amplia[287] que, en buena medida, cumple lo establecido en la Directiva de Accesibilidad e incluso va más allá en algunos aspectos.

Ahora bien, la dispersión normativa existente en materia de accesibilidad en nuestro país dificulta su acceso y consulta, por lo que la incorporación de la Directiva de Accesibilidad

---

287 Con todo, como señala Torres López, *"[l]a realidad muestra que, a pesar de tener una legislación que sobre el papel puede ser ejemplar, su aplicación en la práctica no es fácil"*, entre otras razones, por la falta de información y formación de los profesionales implicados, así como *"por la escasa presencia de las personas con discapacidad en muchos ámbitos de la vida"* [*vid.* Torres López, Mª Asunción (2015), "Derecho a la igualdad de oportunidades y no discriminación. Derechos políticos y civiles de las personas discapacitadas (accesibilidad universal, educación inclusiva, empleo público, contratación pública", en Beltrán Aguirre, J.L. y Ezquerra Huerva, A. (dirs.), *Atención y protección jurídica de la discapacidad,* Thomson Reuters Aranzadi, Pamplona, p. 124]. Y otro importante factor que ralentiza la implantación de las políticas públicas sobre accesibilidad es el presupuestario.

al ordenamiento jurídico español era precisa, amén de para cumplir el mandato de la UE, para dotar de sistemática a la regulación existente e incorporar aspectos aún no regulados.

Los trabajos de transposición comenzaron en julio de 2019 con la presentación del *Plan de Transposición de la Directiva* a la Secretaría de Estado para la UE por parte del, entonces, Ministerio de Sanidad, Consumo y Bienestar Social[288]. Dicho plan destacaba la necesidad de aprobar un proyecto de real decreto que modificara varias normas de ese ministerio, quedando pendiente de concretar el número y rango de otras que debieran modificarse para completar la transposición. A tal fin, se creó un grupo de trabajo para coordinar y seguir el proceso, y que en noviembre de 2019 se reunió por primera vez para detallar qué otras normas se debían modificar. Pero llegó la Covid-19 y, con ella, los trabajos se interrumpieron.

Así las cosas, tras un cambio de perspectiva respecto al rango que habría de tener la norma de transposición –ahora legal– y antes de elaborar el anteproyecto de ley correspondiente, en diciembre de 2020 el Ministerio de Asuntos Sociales y Agenda 2030 lanzó una consulta pública en su web para recabar la opinión de los sujetos y organizaciones más representativas posiblemente afectados por la norma. En ese momento, se barajaban dos posibilidades para llevar a cabo la trasposición:

---

288 Tras el cambio de gobierno en 2020, las competencias en la materia fueron asumidas en parte por el Ministerio de Derechos Sociales y Agenda 2030 mediante el *Real Decreto 452/2020, de 10 de marzo,* que lideró a partir de ese momento la transposición de la Directiva de Accesibilidad. Con todo, dado su amplio ámbito de aplicación, se hacía necesario contar también con la colaboración de otros ministerios según la naturaleza de los productos o servicios a regular. Por lo demás, la presentación del citado plan derivaba del *Acuerdo para la aprobación del plan de mejora del proceso interno de transposición de directivas de la UE,* aprobado por el Consejo de Ministros el 22 de noviembre de 2013.

afrontarla de modo sectorial, esto es, mediante la modificación de numerosas normas ya existentes, o abordarla a través de un único texto normativo, esto es, de una *norma paraguas*[289]. Al final, y en aras de la simplificación normativa, el grupo de trabajo optó por esta última posibilidad, más compleja en su elaboración, pero de más provechoso alcance, al homogeneizar la normativa sobre accesibilidad en España y aportar un marco común de referencia. En nuestra opinión, sin duda dicha solución era la más adecuada, habida cuenta de la importancia que un texto marco de estas características está llamado a desempeñar en materia de accesibilidad.

En mayo de 2021 la *Dirección General de Derechos de las Personas con Discapacidad,* órgano competente dentro del Ministerio de Derechos Sociales y Agenda 2030 para su realización, remitió el borrador de anteproyecto de ley al grupo de trabajo. Tras su revisión por los Ministerios de Derechos Sociales y Agenda 2030, Consumo y Transportes, Movilidad y Agenda Urbana, el 5 de abril de 2022 el Consejo de Ministros aprobó en primera lectura el *Anteproyecto de Ley en materia de requisitos de accesibilidad de determinados productos y servicios, por la que se transpone al ordenamiento jurídico español la Directiva (UE) 2019/882 del Parlamento Europeo por la que se establecen los requisitos de accesibilidad de determinados productos y servicios,* acordándose su tramitación urgente para que la norma pudiera entrar en vigor

---

289 *Vid. Anteproyecto de Ley en materia de requisitos de accesibilidad de determinados productos y servicios, por la que se transpone al ordenamiento jurídico español la Directiva (UE) 2019/882 del Parlamento Europeo y del Consejo, de 17 de abril de 2019, por la que se establecen los requisitos de accesibilidad de determinados productos y servicios,* p. 68. El texto del anteproyecto, de fecha 12 de abril de 2022, está disponible en este enlace: AP LEY REQUISITOS ACCESIBILIDAD.pdf (mdsocialesa2030.gob.es); consulta: 15/03/2023.

en el plazo previsto de transposición previsto por la Directiva de Accesibilidad[290].

El texto seguía, en esencia, la estructura de la Directiva, aunque recogía algunas novedades como (i) la creación de una nueva oficina técnica para realizar tareas de coordinación y comunicación que permitieran una óptima colaboración entre las autoridades competentes, (ii) la atribución a las comunidades y ciudades autónomas de la designación de las autoridades garantes de los criterios de accesibilidad, o (iii) la innecesaridad de un registro o procedimiento previo para obtener respuesta a las comunicaciones con el número europeo de emergencia 112.

El trámite de audiencia pública tuvo lugar entre el 12 y el 25 de abril de 2022, y fue seguido de los informes tanto de los departamentos ministeriales interesados y proponentes, como de diversas entidades representativas de intereses sociales –v.gr. el *Consejo Nacional de la Discapacidad* (CND)– y de otras instituciones como la *Agencia Española de Protección de Datos* (AEPD). Asimismo, también se solicitó dictamen al *Consejo Económico y Social* (CES). Todos ellos elaboraron sendos documentos de los que puede extraerse una serie de conclusiones:

---

290 El artículo 27.1.a) de la *Ley 50/1997, de 27 de noviembre, del Gobierno,* permite al Consejo de Ministros, a propuesta del titular del departamento al que corresponda la iniciativa normativa, acordar la tramitación urgente del procedimiento de elaboración y aprobación de anteproyectos de ley "[c]uando fuere necesario para que la norma entre en vigor en el plazo exigido para la transposición de directivas comunitarias o el establecido en otras leyes o normas de Derecho de la Unión Europea".

a. Con relación al CND, emitió su informe a partir de las observaciones remitidas por las doce vocalías que lo integran y que representan los distintos tipos de discapacidad (física, visual, auditiva, mental e intelectual)[291]. Tales aportaciones son del máximo interés, pues reflejan una visión pragmática de la que, a veces, carece el legislador, contribuyendo así a un considerable mejora de la norma. Alguna de dichas propuestas se ha reflejado en la Ley 11/2023, como la supresión de un registro previo obligatorio para que las personas con discapacidad puedan acceder al 112 europeo, propuesta por FIAPAS[292] y sobre la que volveremos más adelante.

b. La AEPD, por su parte, criticó en su *Informe nº. 33/2022*[293] la ausencia en el Anteproyecto de cualquier mención a la normativa de protección de datos personales (siguiendo la estela de la Directiva de Accesibilidad). Según indicaba, la utilización de los requisitos de accesibilidad puede afectar, en ciertos casos, a la privacidad y a la protección de datos personales si el producto o servicio no se diseña *ab initio* adecuadamente, también desde la perspectiva de la normativa de protección de datos personales. De hecho, en su *Guía de Privacidad desde el Diseño* la AEPD recuerda que el artículo 25 del *Reglamen-*

---

291 En concreto, COCEMFE, CERMI, FIAPAS, ONCE, Confederación Salud Mental España, CERMI Andalucía, FONCE, Confederación PREDIF, PREDIF ASCM, PREDIF ECOM, CNSE y Confederación Autismo España.

292 *Vid. Informe* del CND (aportación de FIAPAS, p. 31) de 26 de abril de 2022, disponible en: PL Accesibilidad productos y otros.pdf (congreso.es); consulta: 20/03/2023.

293 Dicho informe, de fecha 29 de abril de 2022, está disponible en: PL Accesibilidad productos y otros.pdf (congreso.es); consulta: 20/03/2023.

to General de Protección de Datos[294], titulado "Protección de datos desde el diseño y por defecto", considera como un requisito legal la integración de la protección de datos "*desde las primeras etapas del desarrollo de sistemas y productos*" para "*establecer estrategias que incorporen la protección de la privacidad a lo largo de todo el ciclo de vida del objeto*". De ese modo, la protección de datos estaría presente desde las primeras fases de desarrollo y no sería "*una capa añadida a un producto a sistema*"[295]. Como conclusión, el informe recomendaba –pues el efecto directo del RGPD obliga a su cumplimiento al margen de su reflejo en una ley nacional–, incorporar una DAd. 3ª que indicase que

"[e]n la concepción y desarrollo de los productos, servicios y comunicaciones de emergencia" recogidos en la norma, "se tendrán en cuenta los principios de la protección de datos desde el diseño y por defecto recogidos en el art. 25" del RGPD[296].

c. Respecto al CES, su breve *Dictamen nº. 8/2022*[297] reflejó una triple crítica de índole formal. De un lado, por haberle

294 Aprobado mediante *Reglamento (UE) 2016/679 del Parlamento Europeo y del Consejo, de 27 de abril de 2016, relativo a la protección de las personas físicas en lo que respecta al tratamiento de datos personales, y a la libre circulación de estos datos y por el que se deroga la Directiva 95/46/CE.*

295 Dicha obligación compete al responsable del tratamiento, si bien éste debe animarse a los fabricantes de productos y prestadores de servicios a que tengan en cuenta el derecho a la protección de datos cuando los desarrollen y diseñen. *Vid.* AEPD, *Informe 33/2022, cit.*, p. 3 y Considerando 78 RGPD.

296 *Vid.* AEPD, *Informe 33/2022, cit.*, pp. 3 y 4.

297 Aprobado en sesión extraordinaria del Pleno de 8 de junio de 2022. *Vid.* Consejo Económico y Social (2022), *Dictamen núm. 8/2022, de 8 de junio, sobre el Anteproyecto de Ley en materia de requisitos de accesibilidad de determinados, productos y servicios, por la que se transpone al ordenamiento jurídico español la Directiva (UE) 2019/882 del Parlamento*

consultado sobre una versión provisional del Anteproyecto cuando aún faltaban informes de otras entidades que podían alterar su contenido; la consulta se debería haber hecho después de tales informes y, en todo caso, sobre *"un texto cerrado previo a la consulta al Consejo de Estado"*[298]. De otro, por la premura en la solicitud del dictamen, que, dada la complejidad del texto, se debería haber tramitado con un plazo ordinario. Finalmente, por el carácter general de la norma y el elevado número de medidas necesitadas de un ulterior desarrollo para su efectiva implantación, lo que limitaba la intervención del CES. Eso sí, se aconsejaba una revisión del Anteproyecto para cumplir con las recomendaciones en materia de lenguaje inclusivo.

Así las cosas, el Ministerio de la Presidencia, Relaciones con las Cortes y Memoria Democrática decidió refundir la última versión de dicho Anteproyecto –de fecha 22 de septiembre de 2022– junto a otros cuatro, que se habían tramitado también de forma separada[299], en un anteproyecto conjunto para incorporar al ordenamiento jurídico español, a la vez, cuatro directivas de la UE y la normativa internacional sobre responsabilidad civil en materia de energía nuclear. El nuevo texto, denominado *Anteproyecto de Ley de trasposición de Directivas de la Unión Europea en materia de accesibilidad de determinados productos y servicios, migración de personas altamente*

Europeo y del Consejo, de 17 de abril de 2019, CES, Madrid. El texto está disponible en: Dic082022.pdf (ces.es); consulta: 20/03/2023.

298 *Vid.* CES (2022), *Dictamen 8/2022, cit.*, p. 7.

299 Aunque después se identificarán mejor, los anteproyectos versaban sobre migración de personas altamente cualificadas, sobre aspectos tributarios, sobre digitalización de actuaciones notariales y registrales, y sobre responsabilidad civil por daños nucleares o producidos por materiales radioactivos.

cualificadas, tributaria y digitalización de actuaciones notariales y registrales; y por la que se modifica la Ley 12/2011, de 27 de mayo, sobre responsabilidad civil por daños nucleares o producidos por materiales radiactivos, se envió a la consideración del Consejo de Estado, que emitió el *Dictamen nº. 1604/2022* en su sesión de 27 de octubre de 2022. Con algún cambio, este último Anteproyecto fue aprobado por el Consejo de Ministros el 31 de octubre de 2022 y constituye el punto de partida del proyecto de ley, que, con el mismo nombre, se tramitó por el procedimiento de urgencia y dio lugar a la aprobación de la Ley 11/2023.

A la vez, de forma paralela a la transposición de la Directiva de Accesibilidad, desde el Ministerio de Derechos Sociales y Agenda 2030 se tramitó el esperado reglamento sobre condiciones básicas de accesibilidad y no discriminación para el acceso y utilización de los bienes y servicios a disposición del público, afectado en algunos aspectos por la Directiva, y que ha visto la luz, con 18 años de retraso, mediante el RD 193/2023.

En los epígrafes siguientes se analizará la Ley 11/2023, dedicándose la última parte de este trabajo a realizar algunas reflexiones sobre el RD 193/2023.

2. JUSTIFICACIÓN DE LA ESTRUCTURA DE LA LEY 11/2023

En noviembre de 2022 el Gobierno remitió al Congreso el texto que aglutinaba las cinco iniciativas mencionadas, provenientes de sendos anteproyectos de ley, en torno al *Proyecto de Ley de trasposición de Directivas de la Unión Europea en materia de accesibilidad de determinados productos y servicios, migración de personas altamente cualificadas, tributaria y digitalización de actuaciones notariales y registrales; y por la que se modifica la Ley 12/2011, de 27 de mayo, sobre responsabilidad civil por daños nucleares o producidos por materiales radiactivos*[300]. Este fue el texto que comenzó su andadura en las Cortes Generales.

Tras valorar las enmiendas presentadas, el Proyecto de Ley 2022 fue aprobado inicialmente el 30 de marzo de 2023 por la *Comisión de Derechos Sociales y Políticas Integrales de la Discapacidad* del Congreso, con competencia legislativa plena[301], desde donde se remitió al Senado. Además de otros cambios, el texto incorporó la transposición de dos nuevas directivas sobre materias distintas a las recogidas en la versión enviada por el Gobierno. De ese modo, pasó a agrupar un total de siete iniciativas de la más diversa índole: seis conectadas con directivas europeas y otra hilada a la modificación de convenios internacionales[302]. Por tanto:

---

300 La versión analizada es la publicada en el BOE de 9 de mayo de 2023. Con todo, algunas partes de este trabajo hacen también referencia al texto enviado por el Gobierno al Congreso, publicado en el BOCG Congreso de los Diputados, Serie A, núm. 126-1, el 17 de noviembre de 2022 y disponible en: https://www.congreso.es/public_oficiales/L14/CONG/BOCG/A/BOCG-14-A-126-1.PDF.

301 El texto se aprobó con 20 votos a favor, 5 en contra y 9 abstenciones. *Vid.* Diario de Sesiones del Congreso de los Diputados, Comisiones (Derechos Sociales y Políticas Integrales de la Discapacidad), núm. 881, de 30 de marzo de 2023, p. 11. Disponible en: Diario de Sesiones de la Comisión de Derechos Sociales y Políticas Integrales de la Discapacidad (congreso.es).

302 Junto a ellas, la DF 15ª de la Ley 11/2023 ("Incorporación de Derecho de la Unión Europea") cita otras dos, adaptadas parcialmente al ordenamiento español mediante la reforma de las normas oportunas. Se trata de la (i) *Directiva (UE) 2021/2118 del Parlamento Europeo y del Consejo, de 24 de noviembre de 2021, por la que se modifica la Directiva 2009/103/CE relativa al seguro de la responsabilidad civil que resulta de la circulación de vehículos automóviles, así como al control de la obligación de asegurar esta responsabilidad*, cuya fecha máxima de transposición es el 23 de diciembre de 2023; y de la (ii)

a) De un lado, incorporaba al ordenamiento español, junto a la Directiva de Accesibilidad, estas cinco:

> 1ª. Parcialmente, la *Directiva (UE) 2021/1883 del Parlamento Europeo y del Consejo, de 20 de octubre de 2021, relativa a las condiciones de entrada y residencia de nacionales de terceros países con fines de empleo de alta cualificación, y por la que se deroga la Directiva 2009/50/CE del Consejo,* cuya fecha máxima de trasposición es el 18 de noviembre de 2023.
>
> 2ª. Parcialmente, la *Directiva (UE) 2020/284 del Consejo, de 18 de febrero de 2020, por la que se modifica la Directiva 2006/112/CE en lo que respecta a la introducción de determinados requisitos para los proveedores de servicios de pago,* cuya fecha máxima de transposición es el 31 de diciembre de 2023.
>
> 3ª. Parcialmente, la *Directiva (UE) 2019/1151 del Parlamento Europeo y del Consejo, de 20 de junio de 2019, por la que se modifica la Directiva (UE) 2017/1132 en lo que respecta a la utilización de herramientas y procesos digitales en el ámbito del Derecho de sociedades,* cuyo plazo de trasposición, salvo alguna matización y prórroga permitida, expiró el 1 de agosto de 2021.
>
> 4ª. La *Directiva (UE) 2020/1151 del Consejo de 29 de julio de 2020 por la que se modifica la Directiva 92/83/CEE relativa a la armonización de las estructuras de los impuestos especiales sobre el alcohol y las bebidas alcohólicas,* cuyo plazo de transposición expiró el 31 de diciembre de 2021.
>
> 5ª. La *Directiva (UE) 2020/262 del Consejo, de 19 de diciembre de 2019, por la que se establece el régimen general de*

Directiva (UE) 2019/2034 del Parlamento Europeo y del Consejo, de 27 de noviembre de 2019, relativa a la supervisión prudencial de las empresas de servicios de inversión, y por la que se modifican las Directivas 2002/87/CE, 2009/65/CE, 2011/61/UE, 2013/36/UE, 2014/59/UE y 2014/65/UE, cuyo plazo de transposición expiró el 26 de junio de 2021.

los impuestos especiales, cuyo plazo de transposición expiró también el 31 de diciembre de 2021.

b) De otro, adaptaba nuestro Derecho interno a la normativa internacional tras la entrada en vigor de los Protocolos de 2004 de enmienda del *Convenio de París, de 29 de julio de 1960, sobre la responsabilidad civil en materia de energía nuclear,* y de su *Complemento de Bruselas, de 31 de enero de 1963.*

La tramitación en el Senado tuvo lugar en el seno de la *Comisión de Políticas Integrales de la Discapacidad* y su aprobación tuvo lugar en el Pleno de 19 de abril[303]. Como en la Cámara Alta se introdujeron varias enmiendas, el texto se envió de vuelta al Congreso para su aprobación definitiva, que tuvo lugar en el Pleno de 27 de abril de 2023[304]. La norma resultante de todo el proceso parlamentario ha sido la *Ley 11/2023, de 8 de mayo, de trasposición de Directivas de la Unión Europea en materia de*

---

303 El texto se aprobó con 153 votos a favor, 3 en contra y 100 abstenciones. *Vid.* Diario de Sesiones del Senado, Pleno, núm. 129, de 19 de abril de 2023, p. 137. Disponible en: Diario de Sesiones de Pleno (senado.es)e.

304 En el Senado se aprobaron 7 de las 64 enmiendas presentadas (2 a iniciativa del Grupo Parlamentario Vasco y 5 del Popular) más 4 transaccionales; no obstante, de vuelta al Congreso se confirmaron las enmiendas transaccionales, pero se rechazaron 3 de las admitidas en el Senado (atinentes, en concreto, al artículo 2.3 de la ley de transposición de la Directiva de Accesibilidad y a sus anexos I y II). Las enmiendas aprobadas en el Senado pueden consultarse en el BOCG Congreso de los Diputados, Serie A, núm. 126-5, de 26 de abril de 2023 (disponible en: https://www.congreso.es/public oficiales/L14/CONG/BOCG/A/BOCG-14-A-126-5.PDF#page=1) y los resultados de la votación definitiva en el Congreso pueden consultarse en el Diario de Sesiones del Congreso, Pleno y Diputación Permanente, núm. 265, de 27 de abril de 2023, pp. 66 y 67, disponible en: Diario de Sesiones de Pleno y Diputación Permanente (congreso.es).

accesibilidad de determinados productos y servicios, migración de personas altamente cualificadas, tributaria y digitalización de actuaciones notariales y registrales; y por la que se modifica la Ley 12/2011, de 27 de mayo, sobre responsabilidad civil por daños nucleares o producidos por materiales radiactivos, publicada el 9 de mayo en el BOE.

Como hemos indicado, el Proyecto de Ley 2022 incorporó la primera vez que pasó por el Congreso la transposición de dos nuevas directivas sobre materias distintas a las recogidas en la versión enviada por el Gobierno. Sin embargo, el título de esta norma *Frankenstein* no cambió, como tampoco lo hizo durante su tramitación en el Senado ni, de nuevo, en el Congreso. Ello conlleva, desde mi punto de vista, una buena dosis de inseguridad jurídica –de modo similar a las conocidas "leyes de acompañamiento"–, al no reflejar su título los contenidos regulados.

Buena parte de la Exposición de Motivos de la Ley 11/2023 se dedica a justificar la acumulación de proyectos en un único texto, argumentos que pivotan en estos tres: agilizar su tramitación parlamentaria, cumplir un compromiso común de adecuación del ordenamiento español a directivas europeas y convenios internacionales, y mejorar la actual coyuntura socioeconómica derivada de la Covid-19 y de la guerra de Ucrania[305]. Asimismo, se menciona la STC 136/2011, de 13 de septiembre, para apoyar la refundición de iniciativas. En dicho pronunciamiento, al hilo de las conocidas como *leyes de acompañamiento,* el Tribunal Constitucional vino a señalar que

> "la deseable homogeneidad de un texto legislativo no es obstáculo insalvable que impida al legislador dictar normas multisectoriales, pues tampoco existe en la Constitución precepto alguno, expreso o implícito, que impida que las leyes tengan un contenido heterogéneo". Por ello, "ningún óbice existe desde el punto de vista constitucional que impida o limite la

---

[305] *Vid.* apdo. I Exposición de Motivos Ley 11/2023.

incorporación a un solo texto legislativo, para su tramitación conjunta en un solo procedimiento, de diversas medidas normativas de carácter heterogéneo"[306].

Se indica, además, que dicha técnica se ha empleado ya *"en no pocas ocasiones"* para transponer directivas mediante reales decretos-leyes, pero que, al no concurrir la extraordinaria y urgente necesidad, procedía en este caso su tramitación como ley, aunque ágil, para evitar la apertura de procedimientos de infracción por la Comisión.

A nuestro juicio, por más que pueda hallarse un argumento formal para justificar la refundición en un texto de iniciativas de tan diversa índole[307], no nos parece que la técnica legislativa empleada sea adecuada ni que la iniciativa debiera tramitarse por la vía de urgencia. Por un lado, los diversos textos

---

306 FJ 3º. La citada sentencia se pronunció sobre la constitucionalidad de la *Ley 50/1998, de 30 de diciembre, de medidas fiscales, administrativas y del orden social,* y concluyó que la heterogeneidad de ciertas disposiciones legislativas no las convierte *per se* en normas inconstitucionales, pues en la CE no hay un precepto que impida que las leyes tengan un contenido multisectorial. Con todo, el citado pronunciamiento también señalaba que las normas heterogéneas, tramitadas además por el procedimiento de urgencia, podían "afectar en cierta manera al ejercicio efectivo del derecho a la participación política de los poderes estatuidos", si bien en el caso concreto no se demostró que tal afectación fuera sustancial.

307 De *"proyecto coctelera"* lo calificó la diputada del PP Mª Jesús Moro en el debate que condujo a la aprobación del texto en el Congreso. Es más, en su voto concurrente al *Dictamen 1604/2022* del Consejo de Estado (p. 79), Herrero y Rodríguez de Miñón señaló que *"sería deseable que en el futuro el Gobierno evitase un dislate semejante"*.

no guardan entre sí una conexión material[308] –aunque se intente justificar un común objetivo de adaptar el derecho interno a las normativas europea e internacional–. Por otro, la adecuación pretendida no es un hecho imprevisible que no se pudiera haber iniciado antes para asegurar una tramitación con las debidas garantías de participación, transparencia y seguridad jurídica.

La Exposición de Motivos añade un último argumento, llamativo cuando menos, para defender la agrupación de normas consistente en la *conveniencia* de que, con vistas a la preparación de la presidencia española del Consejo de la Unión Europea en el segundo semestre de 2023, nuestro ordenamiento hubiera incorporado las directivas y la normativa internacional indicadas. Una razón que pone por delante una cuestionable premura a una tramitación parlamentaria suficientemente garantista.

Sea como fuere, la norma consta de 42 artículos –divididos en seis títulos–, 12 disposiciones adicionales, 1 transitoria, 1 derogatoria, 18 finales y 7 anexos[309].

---

308 En análogo sentido se pronunció el Consejo de Estado en su dictamen al anteproyecto conjunto, señalando que esta agrupación *"dificulta notablemente su comprensión y, por ende, es susceptible de entorpecer el desenvolvimiento del procedimiento legislativo". Vid. Dictamen 1604/2022, cit.*, pp. 16 y 19, disponible en: PL Accesibilidad productos y otros.pdf (congreso.es); consulta: 20/03/2023.

309 El número de disposiciones, tanto adicionales como finales, aumentó considerablemente tras pasar el texto por el Congreso y el Senado (la versión aprobada por el Gobierno contaba también con 1 disposición transitoria y 1 derogatoria, pero solo con 5 adicionales y 6 finales).

3. UNA VISIÓN DE CONJUNTO: CORRESPONDENCIA DE LA LEY 11/2023 CON LA DIRECTIVA DE ACCESIBILIDAD (REMISIÓN)

De la Ley 11/2023, transponen la Directiva de Accesibilidad su título I (arts. 1-31), los 7 anexos y, del abanico de disposiciones, 6 adicionales, 1 transitoria, 1 derogatoria y 9 finales.

La correspondencia entre el proyecto nacional y la norma europea es muy elevada tal y como se puede ver en la tabla que se adjunta como Anexo en la que, además, se comentan las novedades de la norma de transposición. Entre ellas, y por capítulos (11 conforman el título I), destacan las siguientes:

1. Capítulo I (arts. 1-2). *Disposiciones generales.* El artículo 1 evidencia un cambio de perspectiva en los textos europeo y nacional, pues mientras el primero se centra en el funcionamiento del mercado, el segundo lo hace en la autonomía de todas las personas y, en particular, de las personas con discapacidad. Recordemos que el CERMI había criticado que la Directiva solo atendiese de *forma secundaria* las metas en materia social, subordinadas a la circulación de productos y servicios[310]. El artículo 2, respecto a los productos, añade los "terminales de gestión de turno, tanto quioscos expendedores como dispositivos donde se anuncie el turno"[311] y, respecto a

---

[310] *Vid. Informe preliminar*, de finales de junio de 2019, sobre el contenido e impacto de la Directiva de Accesibilidad en el ordenamiento jurídico español. Disponible en: Informe preliminar del CERMI sobre contenidos e impacto en el derecho Español de la Directiva (UE) 2019/882 del Parlamento Europeo y del Consejo de 17 de Abril de 2019 sobre los requisitos de accesibilidad de los productos y servicios (convenciondiscapacidad.es); consulta: 20/01/2023.

[311] *Vid.* art. 2.1.b).2°.v.

los servicios, añade la accesibilidad de webs y servicios mediante dispositivos móviles en los servicios de "suministro eléctrico, de agua y gas", de "agencia de viajes y turoperadores" y "redes sociales"[312].

2. Capítulo II (arts. 3-6). *Requisitos de accesibilidad y libre circulación.* El artículo 3 establece la obligatoriedad de los requisitos de accesibilidad que figuran en los anexos de la ley, recuerda que las microempresas que presten servicios están exentas de cumplir los requisitos y extiende los requisitos de accesibilidad específicos a las comunicaciones de emergencia al número único europeo 112. El artículo 4 remite a la regulación europea sobre accesibilidad lo relativo al transporte de viajeros. Y el artículo 6 reconoce como centros de referencia especializados en accesibilidad, a escala nacional, al CEAPAT y al *Real Patronato sobre Discapacidad* con sus centros asesores y de referencia, y, a escala autonómica, a las respectivas entidades públicas o privadas[313].

3. Capítulo III (arts. 7-12). *Obligaciones de los agentes económicos que guardan relación con los productos.* Pocas novedades refleja este capítulo respecto a su equivalente en la Directiva de Accesibilidad. Recoge las obligaciones de los fabricantes –y de sus representantes autorizados–, importadores y distribuidores según su función en la cadena de suministro. Sus datos de contacto, así como las instrucciones e información sobre seguridad que deben incorporar los productos se ofrecerán en una lengua fácilmente comprensible y, al menos, en castellano y en la

---

312 *Vid.* art. 2.2.g), h) e i).

313 La referencia a los centros de referencia autonómicos se introdujo en el Congreso.

lengua oficial del territorio donde se vayan a comercializar[314]. Además, también deberán respetar los criterios de lectura fácil[315].

4. Capítulo IV (arts. 13-15). *Obligaciones de los prestadores de servicios.* Los prestadores de servicios son responsables de la prestación de servicios conformes a la ley (art. 13). Se añaden dos artículos, inéditos en el articulado de la Directiva pero que ésta recoge literalmente en sus considerandos 19 y 20. El artículo 14 establece una suerte de accesibilidad *en cascada*, pues la accesibilidad de un servicio conllevará la de los productos utilizados en su prestación; además, la accesibilidad de un servicio no debe verse afectada en caso de que se subcontrate a un tercero. El artículo 15 concreta la obligación de los prestadores de servicios a garantizar la formación de su personal.
5. Capítulo V (art. 16). *Modificación sustancial de productos o servicios y carga desproporcionada sobre los agentes económicos.* Regula las excepciones al cumplimiento de los requisitos de accesibilidad cuando éstos supongan la modificación sustancial de productos o servicios, o una carga desproporcionada para los agentes económicos. Esta cuestión se analizará con más detalle en el epígrafe siguiente.

---

314 El anteproyecto no hacía alusión a lengua alguna, si bien la mención al castellano se introdujo en el texto enviado al Congreso. En el Senado se añadió la referencia a otras posibles lenguas oficiales.

315 El texto que llegó al Congreso se refería a "lenguaje claro", si bien CERMI y ONCE habían sugerido –*vid. Informe* del CND, pp. 16 y 51– sustituir dicha expresión por la de "lectura fácil", más aceptada. Finalmente, se realizó el cambio en el Congreso al hilo de las obligaciones de importadores (art. 9.5), aunque no de distribuidores (art. 10.2) ni fabricantes (art. 7.7).

6. Capítulo VI (art. 17). *Normas armonizadas y especificaciones técnicas de los productos y servicios.* Se establece la presunción de conformidad de los productos y servicios cuando su accesibilidad sea conforme a normas armonizadas o, en su defecto, a especificaciones técnicas.

7. Capítulo VII (art. 18-20). *Conformidad de los productos y marcado CE.* Se regula la declaración de conformidad UE de los productos que los fabricantes deben elaborar y firmar para confirmar que los mismos cumplen los requisitos de accesibilidad (art. 18). Como novedad, la ley española incorpora en su anexo VI un modelo de *Declaración UE de conformidad,* que la Directiva remite al anexo III de la *Decisión nº 768/2008/CE.* Por lo demás, nada es resaltable respecto al marcado CE (arts. 19 y 20), resultado visible del proceso.

8. Capítulo VIII (arts. 21-23). *Vigilancia del mercado de los productos y procedimiento de salvaguardia de la Unión.* Se regula el régimen aplicable a la vigilancia del mercado de los productos, con una importante remisión al *Reglamento (UE) 2019/1020,* tal y como hace la Directiva. Igualmente, se indican las funciones de las autoridades de vigilancia cuando el agente económico se acoja a alguna de las excepciones (art. 21) o cuando los productos no cumplan los requisitos de accesibilidad, articulándose a este último respecto el correspondiente procedimiento (arts. 22 y 23).

9. Capítulo IX (art. 24). *Conformidad de los servicios.* Se prevén las funciones y el procedimiento a seguir por las autoridades de vigilancia para verificar la conformidad de los servicios. La información que las autoridades de vigilancia deben facilitar a la ciudadanía lo será en formatos accesibles sin necesidad de que se tenga que pedir (Directiva y anteproyecto exigían la previa solicitud para la prestación de la información en formatos accesibles).

10. Capítulo X (arts. 25-26). *Requisitos de accesibilidad en otros actos de la Unión.* El artículo 25 considera obligatorios, con arreglo a los artículos 126.3 de la Ley 9/2017 y 45.2.a) del RDLey 3/2020, los requisitos de accesibilidad aplicables a los productos y servicios incluidos en la Directiva.

11. Capítulo XI (arts. 27-31). *Autoridades de vigilancia, medios de control y régimen sancionador.* Se define "autoridades de vigilancia", incluyendo las que vigilen el mercado de productos, verifiquen la conformidad de los servicios y verifiquen las evaluaciones de conformidad. La designación de dichas autoridades corresponderá a las comunidades autónomas y Ceuta y Melilla (art. 27), y se prevé la creación de una "unidad técnica de apoyo y coordinación" en la Administración estatal que asesorará y coordinará a las autoridades de vigilancia y será interlocutora con la UE (arts. 28 y 31). Por último, la Ley 11/2023 se refiere a los medios para controlar el cumplimiento de sus disposiciones (art. 29) y remite el régimen sancionador a la legislación sectorial que corresponda y, en su defecto, al título III del RDLeg. 1/2013 (art. 30); ambos aspectos no se aplicarán a los procedimientos de contratación, apreciación que hace también la Directiva.

Como ya se avanzó, el texto incorpora al final un buen número de disposiciones, afectando al ámbito de aplicación de la Directiva de Accesibilidad las que se refieren a continuación:

a. Respecto a las adicionales, resultan de aplicación 6 (de un total de 12). En concreto, las DAd. 1ª y 2ª resaltan la promoción de las Administraciones para que los requisitos de accesibilidad se cumplan incluso en dos ámbitos exceptuados de su aplicación, a saber: (i) en los transportes urbanos y espacios públicos urbanizados, incorporando la accesibilidad universal a los planes locales de movilidad urbana sostenible[316]; y (ii) en las microempresas, proporcionándoles orientaciones y herramientas que les faciliten el cumplimiento de los requisitos de accesibilidad. La DAd. 3ª –inexistente en el anteproyecto– se centra en la accesibilidad de webs, que deberán cumplir, al menos, el nivel medio de los criterios de accesibilidad para contenidos generalmente reconocidos, con la norma UNE 139803[317] y el RD 1112/2018 como puntos de referencia. La DAd. 4ª se refiere a la aplicación de la norma a las Fuerzas Armadas siempre que proceda y no afecte a su eficacia y operatividad. Y las DAd. 8ª y 9ª crean, respectivamente, el *Centro Español de Documentación e Investigación sobre Discapacidad*

---

[316] El texto enviado por el Gobierno en noviembre hacía referencia solo a planes *municipales*, si bien en el Congreso se sustituyó dicha referencia por la de planes *locales*. Por lo demás, el 24 de marzo de 2023 se presentó en Albacete el *Plan de Accesibilidad Universal de las Personas del Ayuntamiento de Albacete* (PAUPA), que incluye un plan director y 5 planes sectoriales referidos, respectivamente, a las vías urbanas, los edificios públicos, el transporte, las comunicaciones y el sector turístico. Se trata de un documento ambicioso, cuya efectiva implantación dependerá de la adecuada financiación. Precisamente con relación a la accesibilidad de las ciudades españolas, el *Índice Smart Cities España* (ISCE) de 2023, elaborado por Idencity con la ayuda de FONCE, coloca a Albacete entre las ciudades más accesibles de nuestro país (junto a Santa Cruz de Tenerife, Lleida, A Coruña, Las Palmas de Gran Canaria y Ciudad Real). *Vid.* noticia al respecto en: El Índice Smart Cities España de 2023 analiza la accesibilidad de las ciudades • ESMARTCITY; consulta: 03/04/2023.

[317] Esta norma dispone tres niveles de conformidad (A, AA y AAA), siendo el A el menos exigente y el AAA el más exigente. Por tanto, entendemos que el mínimo exigido se refiere al cumplimiento del nivel AA.

(CEDID)[318] y el *Centro Español sobre Trastornos del Espectro del Autismo* (CETEA)[319], ambos en el seno del *Real Patronato sobre Discapacidad.*

b. La DT única incorpora las medidas transitorias del artículo 32 de la Directiva en términos similares, salvo por dos particularidades: de un lado, reduce de 20 a 10 los años a los que se podrá extender, como máximo, el uso de terminales de autoservicio inaccesibles utilizados por prestadores de servicios antes del 28 de junio de 2025 y, de otro, dispone unas pautas para los procedimientos de contratación, de modo que la accesibilidad será exigible desde el 28 de junio de 2025 si la licitación se hubiera publicado tras dicha fecha o, de no haberla, si el órgano de contratación hubiera iniciado el procedimiento después.

c. La DD única deja sin efecto las disposiciones de igual o inferior rango que se opongan a la ley.

d. En cuanto a las disposiciones finales, resultan aplicables 9 (de un total de 18). La DF 2ª dispone la modificación de la *Ley 33/2003, de 3 de noviembre, de Patrimonio de las Administraciones Públicas*[320] para añadir, como destino final del efectivo y saldos abandonados –junto a la

---

318 Sus funciones consisten, de una parte, en desarrollar las "actividades editoriales, formativas, investigadoras, de planificación y de divulgación" del *Real Patronato sobre Discapacidad,* y, de otra, en difundir el conocimiento científico sobre la discapacidad y proporcionar acceso a información y documentación específica y actualizada (DF 8ª.1).

319 Al CETEA se le encomendarán "funciones de estudio, investigación, formación y cualificación, generación y transferencia de conocimiento y toma de conciencia sobre el Trastorno del Espectro del Autismo y las personas que lo presentan" (DF 9ª).

320 Concretamente, del artículo 18.2 y de su DA 26ª.

promoción de las condiciones educativas de personas con discapacidad–, la extensión de la accesibilidad universal de los entornos, bienes, servicios y procesos. La DF 3ª prevé la reforma de la *Ley 29/2005, de 29 de diciembre, de Publicidad y Comunicación Institucional*"[321] para garantizar que las campañas institucionales de publicidad y comunicación de la Administración estatal cuenten, desde el 1 de enero de 2024, con "subtitulado, interpretación en lengua de signos y audiodescripción" y promuevan formatos que aseguren la accesibilidad cognitiva. La DF 5ª, por su parte, reforma el RDLeg. 1/2013 para establecer la no discriminación de las personas con discapacidad en espectáculos públicos y actividades recreativas[322]. La DF 13ª se refiere a la necesidad de que, en un año desde la aprobación de la ley, el Gobierno revise y actualice el *Estatuto del*

---

[321] En concreto, de su artículo 5.

[322] A tal fin, se introduce una DA 13ª en el RDLeg. 1/2013 formada por 3 apartados. El primero dispone la participación sin discriminación de las personas con discapacidad en espectáculos públicos y actividades recreativas, comprendidos los taurinos. El segundo prohíbe el uso en tales foros de personas con discapacidad "para suscitar la burla, la mofa o la irrisión del público de modo contrario al respeto debido a la dignidad humana". El tercero impone a las Administraciones la promoción, junto a organizaciones representativas de este sector social, de políticas públicas para que las personas con discapacidad dedicadas laboralmente a tales prácticas "puedan transitar e incorporarse a ocupaciones regulares". El CERMI había sugerido, en el trámite audiencia pública ante el Consejo de Estado respecto al proyecto origen del RD 193/2023, incorporar la referida prohibición en el apartado 6 de su artículo 24, dedicado a los "bienes y servicios deportivos, recreativos y de ocio"; finalmente, el artículo 24.6 del RD 193/2023 no la incorpora, limitándose a subrayar la necesidad de que en tales espectáculos se respeten la dignidad humana y la diversidad, sin que se lesionen los derechos de las personas con discapacidad.

Real Patronato sobre Discapacidad para adecuarlo a la CDPD, al RDLeg. 1/2013 y a lo dispuesto en la propia ley sobre creación de nuevos centros en el seno de dicho Patronato. La DF 14ª menciona como títulos competenciales los de los apartados 1 y 13 del artículo 149[323]. La DF 15ª menciona todas las normas europeas incorporadas. La DF 16ª contiene una *salvaguarda de rango* de disposiciones reglamentarias, de modo que aquellas disposiciones incluidas en reglamentos modificados por la ley podrán ser modificadas por normas reglamentarias del mismo rango. Por lo demás, la 17ª contiene las facultades de desarrollo normativo y la 18ª establece el 28 de junio de 2025 como fecha de entrada en vigor de la ley, salvo: (i) la previsión del artículo 27.4 y las DAd. 1ª y 4ª y DF 2ª, que entrarán en vigor a los veinte días de la publicación de la ley en el BOE; y (ii) el resto de DAd., DT, DD y DF, que entrarán en vigor el día siguiente al de su publicación. Sobre esta cuestión volveremos en el epígrafe siguiente.

Finalmente, la Ley 11/2023 incorpora 7 anexos que, en esencia, se corresponden con los de la Directiva de Accesibilidad con dos matices. De un lado, se introducen dos anexos –inéditos en la Directiva– que añaden un modelo de declaración UE de conformidad (anexo VI[324]) y un listado de definiciones

---

[323] Apartados que atribuyen al Estado la competencia para regular, respectivamente, "las condiciones básicas que garanticen la igualdad de todos los españoles en el ejercicio de los derechos y en el cumplimiento de los deberes constitucionales" y las "bases y coordinación de la planificación general de la actividad económica".

[324] La Directiva remite dicho modelo al recogido en el anexo III de la *Decisión nº 768/2008/CE.*

(anexo VII[325]) y se suprime el anexo V de la Directiva, referido a la información que deberán facilitar los prestadores de servicios en cuanto al cumplimiento de los requisitos de accesibilidad, que se lleva al artículo 13 referido, justamente, a las obligaciones de los prestadores de servicios.

4. UNA ATENTA MIRADA SOBRE CUATRO CUESTIONES CLAVE

Tras el repaso anterior, nos centraremos en las cuatro cuestiones, a nuestro juicio, más importantes, abordando las novedades introducidas al respecto por la Ley 11/2023.

Nos referimos (i) a la accesibilidad del número único europeo de emergencia 112, (ii) a los supuestos de modificación sustancia y carga desproporcionada, (iii) al beneficioso régimen aplicable a las microempresas, y (iv) a las novedades de la ley respecto a su entrada en vigor y medidas transitorias.

4.1. La accesibilidad del número europeo de emergencia 112: un importante paso al frente

Tras la Decisión del Consejo de las Comunidades Europeas de 1991 para crear el 112 como número de llamada de urgencia único europeo[326], España aprobó el *Real Decreto 903/1997, de 16 de junio, por el que se regula el acceso, mediante redes de te-*

325 Prácticamente idéntico al que recoge la Directiva en su artículo 3, si bien ordenado alfabéticamente, lo cual añade un valor sistemático importante.

326 Recordemos que se trataba de la *Decisión 91/396/CEE del Consejo, de 29 de julio de 1991, relativa a la creación de un número de llamada de urgencia único europeo.*

lecomunicaciones, al servicio de atención de llamadas de urgencia a través del número telefónico 112 para habilitar este número con carácter exclusivo en nuestro país y obligar a los operadores de redes telefónicas públicas, así como de redes digitales de servicios integrados y de servicios públicos móviles, a realizar a su cargo las adaptaciones técnicas pertinentes para permitir su implantación en todo el territorio nacional. La misma norma establecía que la prestación del servicio de atención de llamadas de urgencia 112 se llevaría a cabo por las comunidades autónomas, que establecerían los correspondientes centros de recepción de llamadas.

Así pues, en España el 112 es un número único para todo el territorio, si bien el servicio de atención a llamadas se presta por las comunidades autónomas. Por ello, existen 19 servicios distintos[327] (17 comunidades autónomas, más Ceuta y Melilla) en función del respectivo territorio y la falta de unas pautas comunes en materia de accesibilidad plantea dos problemas.

En primer lugar, la diversidad de sistemas autonómicos. No todas las comunidades autónomas han previsto un medio alternativo a las llamadas de voz al 112 y, las que lo han hecho, no siempre tienen en cuenta las distintas necesidades de las personas con discapacidad. Así, uno de los sistemas accesibles con más éxito es la aplicación móvil *112 Accesible,* desarrollada por Telefónica y que varias regiones han puesto a disposición de las personas con discapacidad auditiva de su territorio. Descargada la *app,* y tras el oportuno registro –con datos de activación facilitados por distintas entidades dentro de la comunidad autónoma–, se puede contactar con el 112 clicando en un icono con forma de teléfono. A partir de ahí, se podrá elegir entre

---

327 Los enlaces a los 19 servicios del 112 se pueden consultar aquí: 112 (proteccioncivil.es); consulta: 17/02/2023.

25 opciones distintas (explicadas en vídeos mediante lengua de signos) que se agrupan en 3 categorías: ambulancia, bomberos y policía. Además, gracias al GPS del móvil, se enviará automáticamente al centro de referencia la ubicación exacta del llamante. Se muestran a continuación, además de una imagen de la *app*, los 3 pictogramas correspondientes a las categorías mencionadas, así como sendos ejemplos de las 25 situaciones posibles:

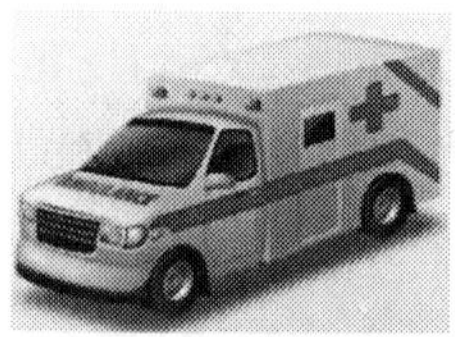

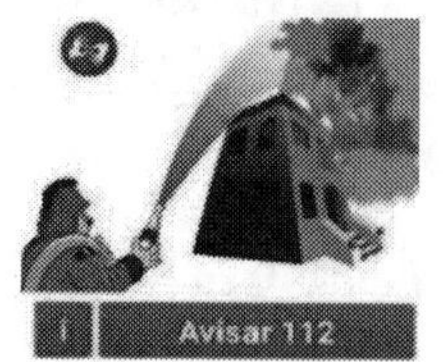

Cataluña fue la primera comunidad autónoma en adherirse en 2013 a *112 Accesible*[328] y, como la aplicación da servicio en numerosos idiomas[329], se ofrece también a turistas (desde 2014) y a personas refugiadas (desde 2016). En estos dos últimos casos, la *app* detecta, de forma automática, el idioma del teléfono del usuario y se muestra en este idioma sin tener que seleccionar nada. La región catalana también dispone de alternativas a las llamadas de voz al 112 mediante SMS o fax, sistemas no demasiado accesibles.

Cantabria incorporó este sistema en 2017[330] y Castilla-La Mancha es otra de las comunidades autónomas donde funcio-

---

328 *Vid.* App para dispositivos móviles. 112 emergencias (gencat.cat) (consulta: 18/02/2023). En Cataluña, el servicio se puede solicitar a FESOCA *(Federación de Personas Sordas de Cataluña),* a la *Asociación Provincial de Laringectomizados de Lleida* y a ACAPPS *(Federación de Asociaciones Catalanas de Padres y Personas Sordas).* Por lo demás, la *Ley 4/2003, de 7 de abril, de Ordenación del Sistema de Seguridad Pública de Cataluña,* ya estableció, en su artículo 30.2, que el 112 "debe ser de acceso universal y gratuito para el conjunto del territorio y de la población de Cataluña", debiéndose garantizar los mecanismos para asegurar dicho acceso a las personas con discapacidad [art. 4.b) de la *Ley 9/2007, de 30 de julio, del Centro de Atención y Gestión de Llamadas de Urgencia 112 Cataluña*].

329 Además de en castellano, inglés, francés y alemán, se han ido incorporando el gallego, italiano, árabe, chino, japonés, polaco, ruso o turco.

330 *Vid.* ¿Se puede alertar al 112 con discapacidad auditiva? 112 Cantabria (consulta: 18/02/2023). En Cantabria, las claves para el uso de la *app* las facilita FESCAN (*Federación de Personas Sordas de Cantabria*). Por lo demás, la *Ley 3/2019, de 8 de abril, del Sistema de Protección Civil y Gestión de Emergencias de Cantabria,* incluye la accesibilidad universal entre los principios que deben regir el servicio público de gestión emergencias (art. 1). Más concretamente –aunque de modo genérico–, su artículo 37.2 señala que la ciudadanía debe poderse comunicar con el 112 "mediante el empleo de cualquier medio tec-

na, desde 2020, la *app 112 Accesible* para que las personas con discapacidad auditiva y/o del lenguaje puedan comunicarse con el 112[331]. Junto a este, la Comunidad manchega dispone de otro sistema que requiere previo registro y alta en la sede electrónica de la JCCM, a partir de cuyo momento las personas con discapacidad auditiva y/o del lenguaje que lo necesiten llamarán al 112 y el sistema las identificará de forma automática. Después, un operador las atenderá mediante SMS o chat.

Con todo, el canal de texto como único canal de comunicación, aunque puede ayudar en determinados casos, no satisface plenamente las necesidades de las personas con discapacidad auditiva[332], razón por la que diversas entidades han planteado soluciones alternativas. Una de ellas es la apuntada por la *Confederación Estatal de Personas Sordas* para incorporar el servicio de video-interpretación SVIsual al servicio telefónico 112[333], como se ha hecho con otros teléfonos de atención ciudadana como

---

nológicamente apto para ello" y que debe garantizarse la atención de los avisos que se reciban "por vía telemática o por cualquier otra vía que permita tener un conocimiento adecuado de las circunstancias de cada emergencia".

331 *Vid.* 112 Accesible | 112.castillalamancha.es (consulta: 18/02/2023). En Castilla-La Mancha, los datos de activación de la *app* los proporciona CERMI CLM a personas con discapacidad y FeSorMancha *(Federación de Personas Sordas de Castilla-La Mancha)* a personas con discapacidad auditiva.

332 Como señala Jorge Sánchez –experto en accesibilidad de CNSE–, *"en ocasiones, la lengua materna de las personas sordas no son las lenguas orales sino la lengua de signos"* (*vid.* cermi.es semanal–cermi.es semanal Nº 257–112: Cuando 1 y 1 no son 2; consulta: 20/02/2023). Otro inconveniente es que en muchas regiones los SMS corren a cargo del usuario (v.gr. Extremadura).

333 *Vid. Informe* del CND al anteproyecto de ley de abril de 2022 (aportación de CNSE, p. 68), disponible en: PL Accesibilidad productos y otros.pdf (congreso.es); consulta: 20/03/2023.

el 016, el 091 y el 062. Esto es lo que hizo Extremadura en 2018 mediante la aplicación móvil *112 Svisual Extremadura*[334], que coexiste con un sistema basado en el envío de SMS o chat[335].

El segundo de los problemas anunciados *supra* ante la falta de pautas comunes en materia de accesibilidad y la limitada eficacia de las medidas regionales es la ausencia de un mecanismo estatal que garantice la accesibilidad de las llamadas al 112 realizadas por una persona con discapacidad desde fuera de su comunidad autónoma. A este respecto, también se han sugerido soluciones que van desde la supresión del registro previo obligatorio –en la línea apuntada por el artículo 109 CECE– a la creación de una única aplicación móvil común en todo el territorio que permita a las personas sordas ser atendidas y derivar la emergencia al 112 correspondiente[336], pasando por una unificación de criterios por las comunidades autónomas *"para constituir un único sistema nacional de 112 que incluya texto, vídeo y voz y las tecnologías actuales que pueden establecerse también con geolocalización a través de GPS"*[337].

---

334 *Vid.* El 112 Extremadura, accesible para personas sordas | extremadura .com (consulta: 20/02/2023). Por lo demás, la accesibilidad del 112 está presente en varios artículos de la *Ley 10/2019, de 11 de abril, de protección civil y de gestión de emergencias de la Comunidad Autónoma de Extremadura*. Así, más allá de encargar al Centro Coordinador de Emergencias 112 de Extremadura que contemple "las necesidades específicas de los colectivos con discapacidad para facilitar la atención de sus llamadas al teléfono único 112" [art. 5.f)], incluye entre los principios rectores del servicio de protección civil y emergencias el de la accesibilidad universal (arts. 13.1 y 13.4.2º).

335 *Vid.* Juntaex–Centro de Atención de Urgencias y Emergencias–112 para personas sordas; consulta: 20/02/2023.

336 Propuesta de FIAPAS. *Vid.* cermi.es semanal–cermi.es semanal Nº 257–112: Cuando 1 y 1 no son 2; consulta: 20/02/2023.

337 Propuesta de la OADIS (*Oficina de Atención de la Discapacidad*). Ídem.

Así las cosas, pasaron más de 12 años de insistentes reivindicaciones del tercer sector social de la discapacidad hasta que una norma estatal, al hilo de la protección civil, estableciera la necesidad de que el número 112 fuese accesible. En concreto, la DAd. 2ª del *Real Decreto 734/2019, de 20 de diciembre*[338], estableció la obligación de los poderes públicos, en colaboración con el sector social de la discapacidad, de garantizar

> "la accesibilidad universal a los servicios de emergencia y, en particular, al número telefónico 112, como número único de acceso a los servicios de atención de emergencias en todo el territorio nacional".

A partir de ahí, la *Ley 11/2022, de 28 de junio, General de Telecomunicaciones* (LGTel.) ha incorporado, aunque tarde[339], el *Código Europeo de las Comunicaciones Electrónicas* al ordenamiento jurídico español. Así, el artículo 74 LGTel. transpone las previsiones del 109 CECE, reforzando el funcionamiento del 112 como número de llamada de emergencia en toda Europa y la obligación de que el mismo sea accesible a personas con discapacidad.

En primer lugar, los apartados 1 y 2 del citado precepto contienen unas previsiones generales sobre el 112 que van desde el acceso gratuito al mismo, con independencia de la Administración pública responsable de la prestación del servicio de comunicaciones de emergencia y con independencia del terminal

---

338 *Real Decreto 734/2019, de 20 de diciembre, por el que se modifican directrices básicas de planificación de protección civil y planes estatales de protección civil para la mejora de la atención a las personas con discapacidad y a otros colectivos en situación de especial vulnerabilidad ante emergencia.* La citada DAd. se dictaba en aplicación del artículo 3.2 de la *Ley 17/2015, de 9 de julio, del Sistema Nacional de Protección Civil.*

339 El plazo para su transposición había concluido el 21 de diciembre de 2020, razón por la cual, en abril de 2022 la Comisión denunció a España, junto a otros 9 países, ante el TJUE.

que se utilice, hasta la obligación de los operadores de derivar gratuitamente las comunicaciones de emergencia a los servicios de emergencia, poniendo a disposición de las autoridades receptoras los datos que se determinen por real decreto relativos a la ubicación del llamante (y que solo se podrán utilizar con relación a la concreta llamada de emergencia).

En segundo término, el apartado 3 del artículo 74 LGTel. se refiere al acceso a los servicios de emergencia a través de comunicaciones de emergencia para los usuarios finales con discapacidad, insistiendo en que será *equivalente* al que disfrutan otros usuarios finales. Poco más añade el precepto nacional a la normativa europea, pues remite a un real decreto, en cuya elaboración se oirá al CND, las medidas adecuadas para garantizar dicha equivalencia a los usuarios finales con discapacidad en sus viajes dentro de la UE y, si fuera factible, sin necesidad de registro previo. De ahí la importancia de que las medidas garanticen la interoperabilidad entre Estados miembros y se basen en buena medida en normas o especificaciones europeas. El apartado 4 insiste en la necesidad de que las autoridades responsables de la prestación de los servicios de emergencias informen a los ciudadanos de la existencia y utilización del número de emergencia 112, así como de sus características de accesibilidad, poniendo especial atención en quienes viajen a otros países de la UE y en quienes tengan discapacidad.

Por último, parece interesante la *obligación* de los operadores de servicios móviles de comunicaciones interpersonales basados en numeración de transmitir *alertas públicas* a usuarios finales afectados en casos de grandes catástrofes o emergencias inminentes o en curso[340], lo que se concretará

---

340 De modo similar, si bien en el contexto de los servicios de *comunicación audiovisual*, la *Ley 13/2022, de 7 de julio, General de Comunicación Audiovisual*, garantiza el derecho de las personas con discapacidad

en un real decreto. Adicionalmente, otro real decreto *podrá* establecer –ya, por tanto, sin carácter obligatorio– que tales alertas públicas se transmitan por otros servicios de comunicaciones electrónicas disponibles al público distintos, por medio de servicios de comunicación audiovisual o por medio de una aplicación móvil basada en un servicio de acceso a través de internet, siempre que la eficacia del sistema de alerta sea equivalente en términos de cobertura y capacidad para abarcar a los usuarios finales, incluso si se encuentran de forma temporal en el área en cuestión. Ambos reglamentos, cuando se aprueben, deberían respetar los requisitos de accesibilidad indicados en la Ley 11/2023 para personas con discapacidad o con limitaciones funcionales.

A partir de ahí, la Ley 11/2023 transpone los requisitos específicos de accesibilidad relacionados con la respuesta a las comunicaciones al número único europeo de emergencia 112 por el PSAP más apropiado en la sección V de su anexo I, conformada por tres párrafos. El primero, idéntico al equivalente de la norma europea, garantiza la inclusión en la respuesta al 112 de "funciones, prácticas, políticas, procedimientos y cambios" que atiendan a las necesidades de las personas con discapacidad.

El segundo párrafo suprime –respecto al texto europeo y al anteproyecto de ley– la necesidad de responder a las comunicaciones al 112 teniendo en cuenta "la manera que mejor convenga a la organización nacional de los sistemas de emergencia"; no obstante, su artículo 3.4 mantiene el cumplimiento de los requisitos de accesibilidad universal específicos

---

a que las informaciones relativas a situaciones de emergencia, incluyendo las comunicaciones y anuncios en situaciones de catástrofes naturales y crisis de salud pública, "se difundan de forma clara, comprensible y accesible"(art. 101.3).

aplicables al 112 "de la manera más adecuada a la estructuración de los dispositivos nacionales de emergencia". En nuestra opinión, el reajuste pretende evitar que la accesibilidad en esta cuestión dependa de la *mejor conveniencia* de la organización nacional de los sistemas de emergencia, aunque se haga de la *manera más adecuada* a dicha estructura. Por lo demás, las comunicaciones al 112 se responderán por el PSAP más apropiado y utilizando el mismo medio de comunicación que para su recepción. En concreto, utilizando (i) voz y texto sincronizados o (ii) texto y vídeo sincronizados como una conversación completa.

El tercer párrafo, inexistente en el anteproyecto de ley, es el más novedoso. Su tenor literal es el siguiente:

> "En ningún caso será necesario un registro o procedimiento previo para que las personas con discapacidad obtengan respuesta a las comunicaciones con el número único europeo de emergencia «112». Las comunicaciones de emergencia que se produzcan en territorio español deberán ser accesibles para las personas con discapacidad con las mismas garantías que para el resto de la ciudadanía, es decir, también cuando se producen en itinerancia".

Dicho apartado contiene dos importantes previsiones. La primera materializa la aclamada supresión de un registro o procedimiento previo para que las personas con discapacidad puedan obtener respuesta a las comunicaciones al 112. La segunda equipara las garantías de la accesibilidad al 112 entre personas con y sin discapacidad para que también sean accesibles las comunicaciones de emergencia producidas en itinerancia. Así lo habían reclamado varias entidades en el *Informe* del CND al anteproyecto de ley. Es el caso de FIAPAS, que, junto a la eliminación del registro previo, proponía que se garantizara

> "una respuesta accesible y homogénea en todo el territorio del Estado, independientemente de que la persona usuaria se halle

> en su Comunidad Autónoma de residencia habitual, en una estancia temporal en otra Comunidad Autónoma o en tránsito"[341].

Como ya se ha advertido, la existencia de canales de accesibilidad propios en cada comunidad autónoma impide que, cuando la persona usuaria no se encuentre en la suya, puedan transferirse sus comunicaciones de emergencia al 112 de la zona geográfica en la que esté en ese momento. De ahí la importancia, junto a la eliminación del registro previo, de articular un protocolo de comunicación que evite los intermediarios.

4.2. Los imprecisos supuestos de modificación sustancial y carga desproporcionada: propuestas para su mejor aplicación

La Ley 11/2023 incorpora las previsiones relativas a los supuestos de modificación sustancial y carga desproporcionada en su artículo 16, único del capítulo V y equivalente al 14 de la Directiva de Accesibilidad, analizado en el epígrafe 6.1 de la segunda parte. Completa la regulación su anexo V, que recoge los criterios para la evaluación de la carga desproporcionada.

El apartado 1 del artículo 16 introduce sendas excepciones con una redacción, a mi juicio, más atinada que la de la Directiva. Mientras esta exige el cumplimiento de los requisitos de accesibilidad *solo si* no concurren las circunstancias que estudiamos, la Ley 11/2023 parte de la exigibilidad de tales

---

341 *Vid. Informe* del CND, p. 31. Igualmente, el CERMI (en p. 28) había sugerido suprimir el registro y asegurar una "*atención adecuada a llamadas y comunicaciones en itinerancia, con independencia del territorio en que se produzcan y de la competencia de la Administración prestadora del servicio*".

requisitos *salvo que, con carácter excepcional* y previa justificación[342], su cumplimiento:

a. Exigiera un cambio significativo en un producto o servicio cuyo resultado fuese la modificación sustancial de su naturaleza básica.

b. Provocase la imposición de una carga desproporcionada sobre los agentes económicos afectados.

Pocas novedades incorpora el precepto respecto al artículo 14 de la Directiva. Como ya se indicó en su momento, la aplicación de los dos supuestos indicados pasa por que los agentes económicos: (ii) realicen la correspondiente *evaluación*; tratándose de prestadores de servicios, deberán renovarla si se modifica el servicio[343], lo solicitan las autoridades de vigilancia y, en todo caso, cada 5 años; (ii) *documenten* la evaluación, conservando los resultados 5 años y facilitando una copia a las autoridades de vigilancia, si así lo piden; documentación que, salvo petición de una autoridad de vigilancia, no deberán realizar las microempresas dedicadas a productos[344]; y (iii) *informen* a las

342 Además, la Ley 11/2023 exige que las excepciones estén "debidamente justificadas", apreciación inexistente en la DA.

343 A este respecto, PREDIF ECOM sugirió incluir la necesidad de renovar la evaluación por los prestadores de servicios también cuando el servicio se ampliase (circunstancia que, a mi juicio, podría entenderse incluida en la modificación), así como cuando el servicio tuviera *"un volumen que lo aconseje o no haya alternativa accesible"*. En este caso, la citada entidad entendía que en cinco años un servicio puede crecer "*exponencialmente tanto en público atendido como en ingresos generados*" y citaba como ejemplo las *startups*. (*vid. Informe* del CND al anteproyecto, p. 56).

344 Recordemos que las microempresas que presten servicios están exentas del cumplimiento tanto de los requisitos de accesibilidad, como de las obligaciones relativas al mismo (art. 3.3 Ley 11/2023).

autoridades de vigilancia si se hubieran acogido a los supuestos; obligación no aplicable a las microempresas.

Una cuestión clave es la del control de los requisitos que avalen los supuestos del artículo 16. En este sentido, la Ley 11/2023 atribuye a las autoridades de vigilancia (que, recordemos, serán designadas por las comunidades autónomas y Ceuta y Melilla) las siguientes competencias, pudiendo contar para su realización con la colaboración de las personas con discapacidad y de las organizaciones que las representen:

a. Comprobar que el agente económico ha realizado la correspondiente evaluación.

b. Examinar dicha evaluación y sus resultados, prestando atención a la correcta aplicación de los criterios del anexo V.

c. Comprobar el cumplimiento de los requisitos de accesibilidad que resulten aplicables.

Tales competencias se establecen en el artículo 21.2 de la Ley 11/2023 respecto a los productos, precepto al que se remite el artículo 24.1.a) respecto a los servicios si bien con un importante error que no se ha reparado ni en el Congreso ni en el Senado: la remisión que el artículo 24.1.a) hace a los artículos 13 y 18.2, en realidad debería hacerla a los artículos 16 y 21.1 de la ley. Nos mostramos por ello críticos con el legislador, pues esta es una de las consecuencias a que aboca una tramitación rápida y sin el debido sosiego predicable de una buena técnica legislativa.

Por lo demás, en aras de la transparencia de todo el proceso, la información que aúnen las autoridades de vigilancia

---

Por otra parte, la exención de documentación para las microempresas fue criticada por FONCE (*Informe* del CND, p. 51).

sobre la evaluación prevista en el artículo 16 deberá ponerse a disposición de la ciudadanía. Con relación a los productos, la información se facilitará, excepto cuando sea confidencial, "previa solicitud" de los consumidores y en un formato accesible (así se indica tanto en el texto europeo como el nacional[345]). Respecto a los servicios, la regulación nacional mejora la europea, disipando algunas dudas que ésta planteaba. En efecto, el artículo 23.2.2º de la Directiva garantiza la información al público, entre otros extremos, sobre la evaluación prevista en su artículo 14, pero añade de forma confusa que, "[c]uando así se les solicite" las autoridades de vigilancia "pondrán a disposición dicha información en formatos accesibles". Ello se prestaba a dos posibles interpretaciones, a saber: entender que la *información* se facilitará sólo si se solicita previamente, o entender que la previa solicitud solo es necesaria para solicitar la información, disponible en todo caso, en *formatos accesibles,* opción esta que parecería más razonable en cuanto a la forma, pero no en cuanto al fondo, pues la información deberá prestarse *en todo caso* en formatos accesibles. Así las cosas, aunque el anteproyecto de ley transcribía literalmente el ambiguo inciso de la Directiva, la Ley 11/2023 aclara las dudas y señala en su artículo 24.2 *in fine* que la información en cuestión "será puesta a disposición de todas las personas en formatos accesibles". Restaría, por tanto, valorar el distinto régimen aplicable a la prestación de información en el caso de productos, sometida a su previa solicitud, y de servicios, disponible en todo caso. Lo más adecuado sería trasladar a los productos lo indicado respecto a los servicios para asegurar,

---

[345] *Vid.* arts. 19.3 DA y 21.3 Ley 11/2023. Sin embargo, el anteproyecto de ley recogía esta puesta a disposición como una mera facultad de las autoridades de vigilancia, lo que mereció una observación esencial de Consejo de Estado en su *Dictamen 1604/2022* (pp. 31 y 32) que fue atendida por el Gobierno.

en ambos casos, que las autoridades de vigilancia pusieran a disposición de la ciudadanía la información pertinente en formatos accesibles. En este sentido, y con ocasión de la Directiva, el *Foro Europeo de la Discapacidad* proponía crear una suerte de *base de datos pública* que incluyera, a escala europea, el listado de productos no conformes[346] y que podría extenderse también a los servicios no conformes.

Sin perjuicio de otros medios para controlar el cumplimiento de la ley[347], una importante función de las autoridades de vigilancia es establecer mecanismos de seguimiento y evaluación específicos para verificar *a posteriori* la justificación de la concurrencia de las excepciones del artículo 16[348].

Para cerrar este análisis, pueden aportarse algunas ideas sobre la regulación del supuesto de *carga desproporcionada* en la Ley 11/2023. El texto añade una precisión que la Directiva solo recoge en su considerando 66. Se trata de la obligación de los agentes económicos de garantizar, en todo caso, la mayor accesibilidad posible en sus productos o servicios "aplicando los

---

346 *Vid. EDF analysis of the European Accessibility Act, cit.*, p. 12. Dos ejemplos de estos *sistemas de alerta rápida (rapid alert system)* a escala de la UE son el RAPEX, para productos peligrosos [Safety Gate: the EU rapid alert system for dangerous non-food products (europa.eu)], y el RASFF, para alimentos y piensos [RASFF (europa.eu)].

347 En este sentido, el artículo 29.1 de la Ley 11/2023 se refiere a "los procedimientos establecidos en materia de sugerencias y reclamaciones y de tramitación de denuncias frente a los incumplimientos de los requisitos de accesibilidad, sin perjuicio de la posibilidad de acceso al vigente procedimiento de arbitraje sobre igualdad de oportunidades, no discriminación y accesibilidad por razón de discapacidad o de los procedimientos establecidos en materia de consumo". El referido procedimiento arbitral se regula en el *Real Decreto 1417/2006, de 1 de diciembre.*

348 Art. 29.3 Ley 11/2023.

requisitos de accesibilidad en la medida en que no supongan una carga desproporcionada". Esta aclaración nos parece muy importante para evitar posibles abusos en la aplicación de este supuesto, de por sí difícil de concretar.

Además, la excepción debe ser objeto de una interpretación restrictiva y referirse a uno o varios requisitos de accesibilidad, limitándose a lo estrictamente necesario según el concreto producto o servicio de que se trate. Recuérdese que, en su *Observación general nº. 2 (2014)* al artículo 9 CDPD, el Comité se muestra contrario a que las entidades aleguen medidas de austeridad para sortear el cumplimiento gradual de la accesibilidad, pues esta es una obligación incondicional. Cuestión distinta es admitir la carga desproporcionada a la hora de realizar ajustes razonables[349].

Sea como fuere, como lo difícil es definir el concepto de *carga desproporcionada*, la Directiva aporta una aproximación al mismo como resultado de la ponderación entre, por un lado, "la carga organizativa o financiera excesiva adicional" para el agente económico que suponga el cumplimiento de los requisitos de accesibilidad –sin que cuenten razones conectadas con falta de prioridad, tiempo o conocimientos– y, por otro, "el probable beneficio resultante para las personas con discapacidad"[350]. Recuérdese, además, que no procederá la invocación de esta excepción si el agente económico hubiera percibido financiación adicional para mejorar la accesibilidad, con independencia de que la fuente de procedencia sea pública o privada[351]. Debería bastar para neutralizar la excepción que el agente económico tuviera *posibilidad de obtener financiación*

349 *Vid.* pár. 25 *Observación general 2 (2014), cit.*

350 Considerando 66 DA.

351 Art. 6.6 Ley 11/2023.

oficial o de otro tipo[352], pues podría darse el caso de que, pudiendo optar a la misma, decidiera no hacerlo para no asumir el coste de la accesibilidad.

Así las cosas, resulta indudable que la clave de bóveda de esta cuestión son los criterios aplicables para realizar y, en su caso, documentar la evaluación de la carga desproporcionada, criterios que recoge el anexo V de la Ley 11/2023 en términos equivalentes al VI de la Directiva de Accesibilidad. Como ya se apuntó en su momento, tales criterios incluyen, de un lado, los costes y beneficios estimados para los agentes económicos con relación al beneficio estimado para las personas con discapacidad y, de otro, la proporción de *costes netos* de cumplir la accesibilidad tanto en cada fase de la cadena de suministro o prestación del servicio, como en el volumen de negocios del agente económico, a cuyo efecto se listan una serie de elementos. Tales elementos conectan con *costes organizativos puntuales* (relacionados con recursos humanos adicionales con experiencia, formación, desarrollo de nuevos procesos para incluir la accesibilidad y de material orientativo en la materia, y la comprensión de la legislación al respecto) y con *costes de la producción en curso y de desarrollo* (relacionados con el diseño, procesos de fabricación, ensayos o elaboración de documentación). Pues bien, a pesar de que la redacción del anexo se ha mantenido invariable en los textos europeo y nacional, son muy interesantes las sugerencias que al respecto vertieron varias entidades en el *Informe* del CND al anteproyecto. Entre ellas:

a. ONCE destacó la ambigüedad del anexo y la discutible valoración de los costes resultante de aplicar algunos

---

[352] *Vid.* arts. 5 Directiva 2000/78, 66.2 *in fine* RDLeg. 1/2013 y 2.e) RD 193/2023.

criterios *"ciertamente subjetivos"*, amén de que lo más complicado sería establecer la *"valoración económica del 'beneficio estimado para las personas con discapacidad' según su cantidad y frecuencia en la utilización"*. Por ello sugería que, durante un tiempo (5-8 años), se fijaran unos porcentajes que reflejaran el valor del coste de fabricación de un producto o servicio accesible. Ello permitiría que los conocimientos adquiridos por una empresa al hacer accesible un producto o servicio, y computables como *costes de formación,* pudieran aplicarse a futuros productos o servicios, sin que en este segundo caso procediera el cómputo de dichos costes[353].

b. PREDIF ECOM hizo una importante sugerencia, no atendida, para incidir en el carácter *universal* de la accesibilidad. Concretamente, en el criterio relativo a la relación entre costes y beneficios para los agentes económicos y beneficio para las personas con discapacidad, instaba a sustituir la referencia a éstas últimas por el de *"toda la población"* con el fin de resaltar que el beneficio que supone la accesibilidad *"mejora la experiencia de las personas usuarias, tengan o no reconocida una discapacidad, y en general beneficia también a toda la población"*. Otra idea conduciría a reducir el beneficio estimado que supone la accesibilidad para las personas y generará un *"desequilibrio en la balanza"*. Asimismo, esta asociación planteaba incorporar un apartado 2.bis para incluir el siguiente criterio en la valoración de la carga desproporcionada:

"Los efectos discriminatorios que comportaría para las personas con discapacidad que el producto o servicio no sea

[353] *Vid. Informe* del CND, pp. 44 y 45.

accesible, teniendo en cuenta la existencia de alternativas en el mercado"[354].

c. *Confederación Autismo España* recomendó concretar los criterios para reducir su vaguedad y facilitar su aplicación, evitando así que cualquier agente económico pudiera alegar un *"coste extra al servicio actual"* al hacerlo accesible. Por eso apostaba por especificar valores mínimos y máximos en las proporciones, y desglosar costes o valorar cuantitativamente la proporción entre costes y beneficios de hacer accesible un bien o servicio[355].

Por último, el texto español habilita a la persona titular del Ministerio de Asuntos Sociales y Agenda 2030 a adecuar el contenido del anexo V a lo que la Comisión Europea disponga si, llegado el caso, dictara actos delegados para completarlo y precisar más los criterios en él recogidos[356]. A tal efecto, nos parece vital que la Comisión deba tener en cuenta "los beneficios potenciales no solo para las personas con discapacidad, sino también para las personas con limitaciones funcionales"(art. 14.7 DA). Como ya se advirtió, esta es la única referencia a las personas con limitaciones funcionales que hace en su articulado la Directiva de Accesibilidad, pero parece ir en la línea de lo apuntado por PREDIF ECOM como sugerencia al anexo V.

---

354 *Vid. Informe* del CND, pp. 59 y 60. Se justificaba la adición en la adecuación a los criterios que el artículo 66.2 del RDLeg. 1/2013 recoge para determinar si un ajuste es razonable. Así, junto a los costes de la medida, las características del sujeto y la posibilidad de obtener financiación, refiere "los efectos discriminatorios que suponga para las personas con discapacidad su no adopción".

355 *Vid. Informe* del CND, p. 90.

356 DF 16ª.2ª Ley 11/2023.

4.3. Las microempresas: el reflejo más claro de la tensión entre economía y accesibilidad universal

Según datos del Ministerio de Industria, Comercio y Turismo referidos a mayo de 2023[357], las pymes representan el 99,81% del total de empresas (2.930.969 de 2.936.485) y las microempresas el 93,3% de las pymes (2.734.473, equivalentes a un **93,12% del total**). Las grandes empresas suponen solo el 0,19% del total. La siguiente tabla refleja dichos datos:

Tabla 1. Empresas por tamaño

Empresas por tamaño	Número de empresas	Tasa de variación %	
		mensual	anual
PYME (0-249 asalariados)	**2.930.969**	**-0,07**	**-0,49**
PYME sin asalariados (0 asalariados) [2] 1T2023	**1.599.954**	**0,00**	**-1,12**
PYME con asalariados (1-249 asalariados)	**1.331.015**	**-0,16**	**0,29**
Microempresas (1-9 asalariados)	1.134.519	-0,24	-0,21
Pequeñas (10-49 asalariados)	168.860	0,26	3,24
Medianas (50-249 asalariados)	27.636	0,58	3,34
Grandes (250 o más asalariados)	5.516	0,36	5,65
Total Empresas	**2.936.485**	**-0,07**	**-0,48**

Fuente: Ministerio de Industria, Comercio y Turismo. *Informe Cifras PyME*. Mayo 2023

Las cifras anteriores evidencian que el tejido empresarial en nuestro país –como también en Europa– está en manos de pequeños empresarios. En consecuencia, al abordar el cumplimiento de los requisitos de accesibilidad, la UE se encontró en la tesitura de encontrar un equilibrio entre los principios de libre circulación de bienes y servicios –con la idea de *"pensar*

---

357 *Vid. Informe Cifras PyME 2023,* publicado por el Ministerio de Industria, Comercio y Turismo con datos de mayo de 2023. El documento puede consultarse en: Cifras PYME. Datos mayo 2023 (industria.gob.es); consulta: 29/06/2023.

primero a pequeña escala"– y accesibilidad universal. La tensión estuvo presente desde el principio, si bien la balanza se inclinó finalmente a favor de los intereses empresariales.

En efecto, la Propuesta de 2015 entendía que las cláusulas de salvaguardia para las microempresas en la regulación de la modificación sustancial y carga desproporcionada eran la mejor opción[358]. Pero lo relevante era la argumentación que condujo a tal conclusión, pues *"se consideró la posibilidad de eximir completamente a las microempresas"*, opción descartada

> "en favor de las cláusulas mencionadas, que se adecuarán mejor a la población real de agentes económicos cuyas cargas podrían, en casos específicos y bien justificados, ser desproporcionadas en relación con los beneficios"[359].

Pues bien, más allá de las conocidas cláusulas de salvaguardia para las microempresas, básicamente conectadas con la reducción de cargas administrativas, es primordial saber que la Propuesta de 2015 no contenía *ninguna exención* aplicable a las microempresas que prestasen servicios similar a la recogida en los artículos 4.5 de la Directiva y 3.3 de la Ley 11/2023. Eso evidencia que, al retomarse los trabajos para elaborar el texto europeo final, el sector empresarial desempeñó un importante papel que condujo a la inclusión de la citada exención.

Así pues, con relación a las microempresas, el régimen nacional pivota, al igual que el europeo, en torno a dos ejes:

---

358 Así se reflejaba en su considerando 37, como también en el definitivo considerando 65 DA.

359 *Vid.* apdo. 3.3 Exposición Motivos Propuesta de 2015. Los considerandos 37 de la Propuesta y 65 de la versión final mantienen la conveniencia de optar por cláusulas de salvaguardia en esta cuestión, "en lugar de ofrecer excepciones y exenciones generales para estas empresas".

a. La *exención total* a las *microempresas que presten servicios* del cumplimiento, tanto de los requisitos de accesibilidad aplicables a los servicios incluidos en su ámbito de aplicación, como de cualquier obligación relativa a dicho cumplimiento (art. 3.3).

b. La *exención parcial* a las *microempresas dedicadas a productos* del cumplimiento de ciertas cargas administrativas en los supuestos de modificación sustancial y carga desproporcionada (apdos. 4 y 7.2º del art. 16). En concreto, la atenuación consistirá, de una parte, en no tener que informar a la autoridad de vigilancia competente cuando se acojan, en su caso, a dichos supuestos y, de otra, en no tener que documentar la evaluación que realicen a tal fin, salvo requerimiento de la autoridad de vigilancia competente[360].

Las razones de un régimen jurídico tan favorable se justifican en ambos textos[361], siempre bajo el prisma de la competitividad y del crecimiento económico, y con una cuestionable lógica argumental. De un lado, se dice, tanto profesionales como pymes y microempresas son renuentes a emprender nue-

---

360 Tanto la Directiva como el texto español, al excluir la obligación de notificar a las autoridades de vigilancia la decisión de acogerse a los supuestos del artículo 16, se refieren a las *microempresas* en general (arts. 14.2º DA y 16.7.2º Ley 11/2023), sin especificar que se trate de aquellas que *guarden relación con los productos* como sería deseable y se hace al hilo de la exención –salvo petición de la autoridad competente– de documentar la evaluación pertinente (arts. 14.4 DA y 16.4 Ley 11/2023). Como es lógico, desde el momento en que las microempresas *que presten servicios* están fuera del ámbito de aplicación de la norma (arts. 4.5 DA y 3.3 Ley 11/2023), con más razón no están obligadas a cumplir con la obligación de información referida.

361 *Vid.* considerandos 6, 70 y 71 DA y apdo. III, pár. 3º, Exposición Motivos Ley 11/2023.

vos proyectos empresariales fuera de sus mercados nacionales ante las diferentes regulaciones nacionales de los requisitos de accesibilidad y los costes adicionales que supondría desarrollar y comercializar productos y servicios accesibles para cada mercado nacional. De otro, y ya con relación a las microempresas, sus limitados recursos humanos y económicos hacen que el cumplimiento de los requisitos de accesibilidad pueda suponer una parte desproporcionada de sus costes. A partir de ahí, la Directiva de Accesibilidad da un salto y entiende que la evaluación que debe hacer toda empresa para determinar la proporcionalidad del cumplimiento de la accesibilidad constituye *per se* una carga desproporcionada para las *microempresas que presten servicios*, por lo que las excluye de su ámbito de aplicación, reduciendo la exigencia de requisitos y obligaciones a las *microempresas dedicadas a productos*.

En mi opinión, la regulación confunde dos aspectos distintos: de una parte, subraya la actual reticencia de empresas pequeñas para hacer accesibles sus productos y servicios, habida cuenta de las distintas regulaciones y aplicaciones nacionales de los requisitos de accesibilidad; hasta ahí estamos de acuerdo. Pero, de otra, no compartimos la idea de que, fijado un nivel común de accesibilidad en toda la UE, la sola "autoevaluación" para determinar el grado de accesibilidad y valorar el coste de su cumplimiento justifique su inaplicación a las *microempresas que presten servicios*. Téngase en cuenta que la mayor parte de las microempresas se dedican al sector "servicios" (v.gr. comercios *online* y editoriales de libros electrónicos)[362]. Como refleja la siguiente tabla, de las empresas que se dedican al sector servi-

---

362 En este sentido, FONCE ya había mostrado su desacuerdo con esta exención por entender que las microempresas prestadoras de servicios *"suponen la gran mayoría de los servicios del día a día de la población"*. Por tanto, "*se garantiza la discriminación de las personas con discapacidad*"

cios (2.159.415, equivalente a un 73,53% del total), 2.155.357 son pymes (99,81%) y, de éstas, 2.019.197 son microempresas (un 93,7% de pymes, un 93,5% de las empresas dedicadas a servicios y un 68,76% del total).

	Agrario	%	Industria	%	Construcción	%	Servicios	%	Total
PYME	268.326	100	170.276	99,3	337.010	100	2.155.357	100	2.930.969
PYME sin asalariados[3] (0 asalariados) 1T2022	180.174	67,1	65.638	38,3	195.367	57,9	1.158.775	53,7	1.599.954
PYME (1-249 asalariados)	88.152	32,8	104.638	61,0	141.643	42,0	996.582	46,2	1.331.015
Microempresas (1-9 asalariados)[4]	79.964	29,8	73.642	43,0	120.491	35,7	860.422	39,8	1.134.519
Pequeñas (10-49 asalariados)	7.089	2,6	25.317	14,8	19.240	5,7	117.214	5,4	168.860
Medianas (50-249 asalariados)	1.099	0,4	5.679	3,3	1.912	0,6	18.946	0,9	27.636

Fuente: Ministerio de Industria, Comercio y Turismo. *Informe Cifras PyME*. Mayo 2023

Por ello, debería unificarse el régimen aplicable a todas las microempresas y, si bien parece defendible la opción de flexibilizar las cargas burocráticas (como se hace respecto a las *microempresas dedicadas a productos*), lo más adecuado sería fijar un calendario para que gradualmente pudieran asumir los requisitos de accesibilidad.

Además, aunque necesaria, no nos parece a este respecto suficiente la promoción a que se refiere la DAd. 2ª de la Ley 11/2023[363], consistente en que las Administraciones, mediante sus centros de referencia en materia de accesibilidad, proporcionen a las microempresas orientaciones y herramientas para facilitarles el cumplimiento de los requisitos de accesibilidad. Más importante nos parece la previsión, comentada

---

y se deja *"a voluntad del prestador del servicio que este vaya destinado a toda la población o solo a una parte de la misma"* (*vid. Informe* del CND, p. 50).

363 En sentido análogo, *vid.* art. 4.6 DA. Su considerando 72 indica que "conviene animar a todas las microempresas" al cumplimiento de los requisitos de accesibilidad.

al hilo de la carga desproporcionada, de que los agentes económicos garanticen, "en todo caso", que el producto o servicio "sea lo más accesible posible aplicando los requisitos de accesibilidad en la medida en que no supongan una carga desproporcionada"[364].

4.4. Novedades de la Ley 11/2023 en cuanto a su entrada en vigor y medidas transitorias

La Ley 11/2023 reproduce en gran medida las previsiones de la Directiva de Accesibilidad relativas a su entrada en vigor y a las medidas transitorias. Con todo, deben subrayarse cuatro cambios muy interesantes.

En primer lugar, con carácter general el título I de la Ley 11/2023 (que es el relativo a la transposición de la Directiva de Accesibilidad) entrará en vigor el 28 de junio de 2025[365], pero:

a. Varias disposiciones entraron en vigor a los veinte días de su publicación en el BOE, es decir, el 29 de mayo de 2023, a saber: el apartado 4 del artículo 27, relativo al establecimiento de los instrumentos de cooperación entre Estado y comunidades autónomas para la aplicación de la ley[366], así como las DAd. 1ª y 4ª, y la DF 2ª.

---

364 Art. 16.1.b) *in fine* Ley 11/2023.

365 DAd. 18ª.2 Ley 11/2023.

366 Concretamente, el artículo 27.4 de la Ley 11/2023 señala que "[l]os instrumentos de cooperación entre el Estado y las comunidades autónomas precisos para la aplicación de lo dispuesto en este título se establecerán mediante Acuerdo de las conferencias sectoriales existentes en el ordenamiento jurídico".

b. El resto de DAd., DT, DD y DF entraron en vigor el día siguiente al de su publicación en el BOE, es decir, el 10 de mayo de 2023.

Otra importante matización es que la Ley 11/2023 no hace uso de la demora que permite la Directiva para aplicar la accesibilidad en la respuesta al número único europeo de emergencias 112 (hasta el 28 de junio de 2027). Así es. La ley española no recoge ninguna especificidad al respecto, por lo que su aplicación será exigible conforme al régimen general a partir del 28 de junio de 2025.

En tercer lugar, respecto a las medidas transitorias, la DT de la Ley 11/2023 insiste en lo previsto en el artículo 32 de la Directiva de Accesibilidad con alguna salvedad. Así:

a. En cuanto a los *contratos de servicios celebrados antes del 28 de junio de 2025,* podrán continuar sin cambios hasta su finalización, nunca más allá de cinco años desde su celebración (plazo que, aunque dependerá de cada contrato, podría extenderse, como máximo, hasta el 28 de junio de 2030). Nada distinto recoge en la ley española[367].

b. En cuanto a los *servicios que utilizasen productos inaccesibles ya en uso antes del 28 de junio de 2025,* podrán seguir usándolos hasta el 28 de junio de 2030. Esta medida se recoge de forma poco clara en la ley española, igual que en la Directiva[368].

c. En cuanto a los *servicios que utilicen terminales de autoservicio inaccesibles ya en uso antes del 28 de junio de 2025,* podrán seguir usándolos hasta el final de su vida útil desde el punto de vista económico, sin superar los diez años

---

367 DT 1.2º Ley 11/2023.

368 DT 1.1º Ley 11/2023.

desde su puesta en funcionamiento[369] (plazo que, aunque dependerá de los casos, podría extenderse, como máximo, hasta el 28 de junio de 2035). A este respecto, la ley española reduce en diez los años durante los que se podrán usar dichos terminales de autoservicio (pues la Directiva permite su uso durante veinte, es decir, hasta el 28 de junio de 2045).

Por último, también con relación a las medidas transitorias, la Ley 11/2023 introduce una disposición específica –inexistente en la Directiva y en el anteproyecto– respecto a la exigencia de los requisitos de accesibilidad en los procedimientos de contratación a partir del 28 de junio de 2025[370]:

a. Si la licitación se publicase después de dicha fecha.

b. De no haber licitación, si el órgano de contratación iniciase el procedimiento después de dicha fecha.

Escala de implantación de la Ley Española de Accesibilidad

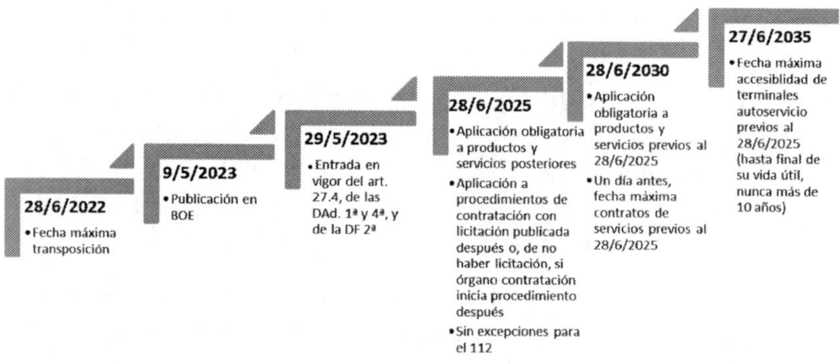

Fuente: elaboración propia

---

369 DT 2 Ley 11/2023.

370 DT 3 Ley 11/2023.

CUARTA PARTE: apunte sobre el Real Decreto 193/2023, de 21 de marzo

1. CONTEXTO: LIONDAU, RDLEG. 1/2013 Y STS 384/2019

De modo simultáneo a la Ley 11/2023, desde el Ministerio de Derechos Sociales y Agenda 2030 se tramitó el reglamento sobre condiciones básicas de accesibilidad y no discriminación de las personas con discapacidad para el acceso y utilización de los bienes y servicios a disposición del público, aprobado mediante el *Real Decreto 193/2023, de 21 de marzo.*

Es importante destacar la oportunidad de la tramitación paralela de ambas iniciativas, pues ello ha permitido que, en la elaboración del reglamento, se tuvieran en cuenta las previsiones de la Ley 11/2023, al menos las incluidas hasta la remisión del Proyecto de Ley 2022 al Congreso de los Diputados para su tramitación por el procedimiento de urgencia en noviembre de 2022. Con todo, hay que relativizar este juicio positivo si se tiene en cuenta que el Gobierno debería haber aprobado este real decreto hace prácticamente 18 años. Incumplimiento que fue condenado por el Tribunal Supremo en la STS 384/2019, de 20 de marzo[371].

---

371 Recurso núm. 691/2017, ponente D. Segundo Menéndez Pérez.

En efecto, ya en 2003 la LIONDAU había considerado la accesibilidad como presupuesto esencial para el ejercicio de los derechos fundamentales de las personas con discapacidad, conectándola con el artículo 14 CE en la medida en que la falta de accesibilidad de los entornos, productos y servicios constituía una "forma sutil pero muy eficaz" de discriminación indirecta, "pues genera una desventaja cierta a las personas con discapacidad en relación con aquellas que no lo son"[372]. Dicha norma, sin perjuicio de las competencias autonómicas y locales, encomendaba al Gobierno español la regulación, en un plazo máximo de dos años, de unas condiciones básicas de accesibilidad y no discriminación en determinados ámbitos para garantizar a todos los ciudadanos con discapacidad unos mismos niveles de igualdad de oportunidades[373]. Esos ámbitos eran los cinco siguientes: relaciones con las Administraciones Públicas –incluyendo las condiciones básicas de accesibilidad y no discriminación en los procesos electorales y en la participación política– (DF 5ª), bienes y servicios a disposición del público (DF 6ª), nuevas tecnologías, sociedad de la información y medios de comunicación (DF 7ª), transporte (DF 8ª) y edificación y urbanismo (DF 9ª).

---

372 Apdo. I Exposición de Motivos de la LIONDAU.

373 De la aprobación de las condiciones básicas de accesibilidad para el acceso y utilización de los bienes y servicios a disposición del público, fijando el referido plazo de 2 años, se ocupaba la DF 6ª.1 LIONDAU. Por lo demás, un interesante repaso de la normativa sobre accesibilidad en España puede consultarse en Luis Cayo Pérez Bueno (2011), "Nuevo marco legislativo de la accesibilidad en España", en Hernández Galán, J. (dir.), *Accesibilidad universal y diseño para todos. Arquitectura y urbanismo*, Fundación ONCE y Fundación Arquitectura COAM, Madrid, pp. 234-243.

El Gobierno cumplió todos los mandatos[374], salvo la aprobación del reglamento de condiciones básicas de accesibilidad y no discriminación de las personas con discapacidad a los bienes y servicios a disposición del público. Aprobado el RD-Leg. 1/2013, la regulación de la LIONDAU pasó en esencia al nuevo texto refundido y éste, junto a la necesidad de regular dichas condiciones básicas[375], fijó un nuevo plazo de dos años

---

374 La DF 5ª se cumplió con el *Real Decreto 366/2007, de 16 de marzo, por el que se establecen las condiciones de accesibilidad y no discriminación de las personas con discapacidad en sus relaciones con la Administración General del Estado* y, en cuanto a los procesos electorales, primero con el *Real Decreto 1612/2007, de 7 de diciembre, por el que se regula un procedimiento de voto accesible que facilita a las personas con discapacidad visual el ejercicio del derecho de sufragio* y después con el *Real Decreto 422/2011, de 25 de marzo, por el que se aprueba el Reglamento sobre las condiciones básicas para la participación de las personas con discapacidad en la vida política y en los procesos electorales*; la DF 7ª se cumplió, primero con el *Real Decreto 1494/2007, de 12 de noviembre, por el que se aprueba el Reglamento sobre las condiciones básicas para el acceso de las personas con discapacidad a las tecnologías, productos y servicios relacionados con la sociedad de la información y medios de comunicación social* y después con el RD 1112/2018; por su parte, la DF 8ª se desarrolló mediante el *Real Decreto 1544/2007, de 23 de noviembre, por el que se regulan las condiciones básicas de accesibilidad y no discriminación para el acceso y utilización de los modos de transporte para personas con discapacidad*; y, finalmente, la DF 9ª se cumplió a través del *Real Decreto 505/2007, de 20 de abril, por el que se aprueban las condiciones básicas de accesibilidad y no discriminación de las personas con discapacidad para el acceso y utilización de los espacios públicos urbanizados y edificaciones.*

375 El artículo 29.1 RDLeg. 1/2013 obliga a todas las personas físicas y jurídicas, tanto del sector público como del privado, que suministren bienes o servicios disponibles al público fuera del ámbito privado o familiar, a que en sus actividades y transacciones consiguientes cumplan el "principio de igualdad de oportunidades de las personas con discapacidad, evitando discriminaciones, directas o indirectas, por motivo de o por razón de discapacidad".

desde su entrada en vigor –esta vez hasta el 4 de diciembre de 2015– para la adopción del reglamento en cuestión[376].

Transcurridos casi dos años sin que se avistara el reglamento, el CERMI interpuso en diciembre de 2017 un recurso frente al Gobierno español por inactividad reglamentaria. No en vano, la falta de tales condiciones básicas impedía avanzar en la inclusión de las personas con discapacidad en ámbitos como la educación, la cultura o el deporte, al no existir una normativa mínima estatal reguladora, más allá de ciertas normativas sectoriales autonómicas, a la postre, insuficientes. El Tribunal estimó el recurso e impuso al Gobierno la obligación de aprobar el reglamento que estamos comentando, si bien no concretó –como habría sido deseable–, un plazo para ello. Como señalé en otro trabajo, entre los argumentos que justificaron su decisión, el Tribunal Supremo apuntó atinadamente hacia los artículos 49 y 53.3 CE, pues

> "el mandato legal recogido en la DF 3ª.2 del RDLeg. 1/2013 no es sino el desarrollo legal –*ex* art. 53.3 CE– de un principio rector de la política social o, si queremos, de un mandato dirigido a los poderes públicos –art. 49–, en este caso, al Gobierno estatal para que garantice unas condiciones básicas de accesibilidad y no discriminación para el acceso y utilización de los bienes y servicios a disposición del público por las personas con discapacidad. Y dicho mandato, pasado por el tamiz de los artículos 49 y 53.3 CE, obliga a 'una mayor vinculación y un singular plus de exigencia so pena de conculcarlos'"[377].

Sea como fuere, en junio de 2021 se formó un grupo de trabajo interministerial para elaborar un borrador, sobre la base

---

376 *Vid.* DF 3ª.2 RDLeg. 1/2013.

377 *Vid.* Morcillo Moreno, Juana, "El reto de la accesibilidad y su incumplimiento por los poderes públicos…", *cit.*, p. 317.

de uno anterior de 2013[378], que derivó en el *Proyecto de Real Decreto por el que se regulan las condiciones básicas de accesibilidad y no discriminación de las personas con discapacidad para el acceso y utilización de los bienes y servicios a disposición del público*, aprobado el 12 de mayo de 2022[379] y cuya tramitación se ha materializado en el RD 193/2023.

2. ESTRUCTURA Y CONTENIDO

En su Exposición de Motivos, el RD 193/2023 alude precisamente a la STS 384/2019[380]. Se trata de una norma de mínimos aplicable a todo el territorio español, sin perjuicio de que las comunidades autónomas, Ceuta y Melilla, y los entes locales puedan, dentro de sus competencias, establecer disposiciones más exigentes para garantizar los derechos de las personas con discapacidad y sus familias.

Junto a las *condiciones básicas* de accesibilidad y no discriminación, el RD 193/2023 incorpora *medidas de acción positiva* para intentar compensar las desventajas de partida que sufren

---

378 Dicho texto no se llegó a aprobar *"como consecuencia de las normas de racionalización y control del gasto público en las Administraciones públicas impuestas en ese momento por la crisis económica"*. Así lo señala el Consejo de Estado en la consideración 5ª.a) de su *Dictamen núm. 26/2023, de 9 de febrero, sobre el Proyecto de Real Decreto por el que se regulan las condiciones básicas de accesibilidad y no discriminación de las personas con discapacidad para el acceso y utilización de los bienes y servicios a disposición del público:* BOE.es–CE-D-2023-26; consulta: 25/03/2023.

379 La versión de esta fecha, junto a la MAIN, puede consultarse en este enlace: rd_accesibilidad.pdf (mdsocialesa2030.gob.es).

380 La menciona por su referencia ROJ (Repositorio Oficial de Jurisprudencia), única para cada sentencia: STS 894/2019.

de forma generalizada las personas con discapacidad y que, concretadas en –o complementadas por– los debidos *apoyos*, les permitan vivir según sus decisiones y elecciones[381]. Con todo, las medidas de acción positiva no deberían perpetuarse, pues implican en sí mismas cierta discriminación para las personas con discapacidad. Como señala la profesora Torres López, *"constituyen un medio para lograr un objetivo que es esencial"*, la inclusión, pero deben desaparecer una vez conseguido[382].

En la elaboración del reglamento, además, se ha tenido en cuenta el *Estudio de accesibilidad de los bienes y servicios a disposición del público en España*, realizado en 2017 por el Gobierno para cumplir con el encargo del apartado 5 del artículo 29

---

381 *Vid.* art. 1 RD 193/2023. El artículo 23 del RDLeg. 1/2013 se refiere, en general, a las "condiciones básicas de accesibilidad y no discriminación", que establecerán medidas concretas para prevenir o suprimir discriminaciones, así como para compensar desventajas. Entre dichas medidas, la letra c) del artículo 23.2 menciona, en concreto, los *apoyos complementarios*, "tales como ayudas económicas, productos y tecnologías de apoyo, servicios o tratamientos especializados, otros servicios personales, así como otras formas de apoyo personal o animal. En particular, ayudas y servicios auxiliares para la comunicación, como sistemas aumentativos y alternativos, braille, lectura fácil, pictogramas, dispositivos multimedia de fácil acceso, sistemas de apoyo a la comunicación oral y lengua de signos, sistemas de comunicación táctil y otros dispositivos que permitan la comunicación". Esta letra ha sido modificada por la Ley 6/2022 para incluir los apoyos necesarios también en caso de discapacidad cognitiva. Y clave ha sido en esta cuestión la Ley 8/2021, cuya finalidad es diseñar un *traje a medida* a cada persona que le permita, con los apoyos necesarios, tomar decisiones sobre su vida.

382 *Vid.* Sánchez Torres, Mª Asunción (2015), "Derecho a la igualdad de oportunidades y no discriminación. Derechos políticos y civiles de las personas discapacitadas...", *op. cit.*, p. 79.

del RDLeg. 1/2013[383]. La finalidad de dicho estudio era hacer un diagnóstico sobre el estado de accesibilidad de los bienes y servicios a disposición del público más significativos referidos en el texto refundido de 2013. Adicionalmente, se hizo una encuesta *online* a la población con discapacidad para evaluar el grado de accesibilidad percibida en ámbitos menos estudiados como sanidad y ocio y cultura[384]. Los tres sectores peor valorados fueron (i) el transporte, (ii) el ocio, cultura y deporte, y (iii) los seguros y servicios financieros[385].

Por lo demás, el texto se compone de 35 artículos, agrupados en cuatro capítulos referidos a:

a. Disposiciones generales (capítulo I: arts. 1-4).- Tras aclarar el objeto de regulación, paralelo al título de la norma (art. 1)[386], el RD 193/2023 lista una serie de *defini-*

---

383 Según el cual, "[e]n el plazo de dos años desde la entrada en vigor de esta ley, el Gobierno deberá realizar los estudios integrales sobre la accesibilidad a bienes o servicios que se consideren más relevantes desde el punto de vista de la no discriminación y accesibilidad universal".

384 *Vid.* Ministerio de Sanidad, Consumo y Bienestar Social, Real Patronato Sobre Discapacidad, CERMI y FONCE (2017), *Estudio de accesibilidad de los bienes y servicios a disposición del público en España,* Real Patronato sobre Discapacidad, Madrid: Estudio de Accesibilidad de los Bienes y Servicios a disposición del público en España, 2017 (carm.es), p. 11.

385 Ídem, p. 89. Las conclusiones del estudio, en pp. 89 y ss., son especialmente interesantes.

386 Por tanto, no todos los bienes, productos y servicios disponibles en el mercado se regulan en el RD 193/2023. Así, los que se empleen por los agentes económicos para generar otros bienes y servicios, o los destinados al sector exterior no tendrán que cumplir con el reglamento. Por otro lado, las condiciones de accesibilidad de algunos bienes y servicios ya están reguladas en otros reglamentos a partir de los mandatos del RDLeg. 1/2013, por lo que no se verán afectados por el nuevo. Es el caso de

ciones de interés para la comprensión de su contenido, a saber: personas con discapacidad, bienes, servicios, a disposición del público, proporcionalidad y persona facilitadora (art. 2). De ellas, por cómo puede afectar a la efectiva implantación de ajustes razonables, destacamos la que define "proporcionalidad" como la justificación de costes o cargas que pueda implicar una medida de mejora de la accesibilidad según, y ahí va lo importante, cuatro criterios: (i) los costes de la medida[387], (ii) los efectos discriminatorios para las personas con discapacidad derivados de la no adopción de la medida, (iii) las características de quien haya de adoptarla, así como la carga que le suponga y (iv) la posibilidad de obtener financiación pública u otras ayudas[388]. Además,

---

los modos de transporte, las relaciones de los ciudadanos con la Administración General del Estado, los espacios públicos urbanizados y edificaciones, o las tecnologías, bienes y servicios relacionados con la sociedad de la información y medios de comunicación social (*vid.* nota 374).

387 Este criterio no aparecía en el Proyecto de Reglamento y se ha introducido tras las observaciones del Consejo de Estado, en su *Dictamen 26/2023* [consideración 6ª.b)], para homogeneizar la redacción de este precepto con la del artículo 66.2 del RDLeg. 1/2013, que refiere los criterios para concretar si un ajuste es o no razonable.

388 Junto a esta definición, nos parecen destacables los conceptos de "a disposición del público" y "persona facilitadora". El primero hace referencia a aquellos bienes y servicios que, ofrecidos fuera del ámbito de la vida privada y familiar, se adquieren o usan por la ciudadanía, a cambio o no de remuneración, "y que suelen constituir el objeto de las transacciones propias del tráfico ordinario de un mercado abierto" [letra d)]. La "persona facilitadora" es aquella neutral que trabaja con el personal del sistema judicial y las personas con discapacidad "para asegurar una comunicación eficaz durante los procedimientos judiciales" [letra f)]. Esta última figura está llamada a desempeñar un papel fundamental en el acceso a la justicia de las personas con discapacidad intelectual.

y esto no aparecía en el Proyecto de Reglamento, la no proporcionalidad "deberá documentarse argumentarse fehacientemente", si bien solo a requerimiento de la autoridad competente[389]. A continuación, el reglamento delimita su ámbito de aplicación. De un lado, *incluye* las relaciones entre personas físicas o jurídicas, públicas o privadas, cuyo objeto sea la provisión de bienes o el suministro o la prestación de servicios disponibles para el público (art. 3). De otro, *excluye* de su ámbito los servicios públicos, de utilidad pública o interés general, que dispongan de una regulación específica que garantice suficientemente la accesibilidad universal para las personas con discapacidad (art. 4). Exclusión que, por imprecisa, es a nuestro juicio peligrosa, pues, de un lado, introduce cierta inseguridad jurídica al obligar a cada operador afectado a realizar una autoevaluación para determinar si su regulación específica cubre o no la suficiente garantía de accesibilidad[390] –ello, claro está, siempre que exista dicha regulación–; y, de otro, podría convertirse en un resquicio para que los poderes públicos soslayaran sus obligaciones respecto a la accesibilidad, por lo que sería más lógico que se aplicara la regulación

---

389 Art. 2.e) últ. pár. RD 193/2023. Esta disposición recuerda lo dispuesto en la Directiva de Accesibilidad respecto a las microempresas dedicadas a productos cuando éstas hayan optado por no aplicar los requisitos de accesibilidad en caso de modificación sustancial o carga desproporcionada. En principio, la Directiva excluye a tales microempresas de documentar tal decisión, aunque "si una autoridad de vigilancia lo solicita" sí le deberán facilitar la información pertinente (art. 14.3 y 4 DA).

390 Aunque el Consejo de Estado aconsejó perfeccionar la redacción del artículo 4 (junto a la del 3), sus observaciones a este respecto no fueron atendidas. *Vid. Dictamen 26/2023,* consideración 6ª.c) *in fine.*

específica del servicio público sólo si fuera más garantista que la del reglamento[391].

b. Disposiciones comunes (capítulo II: arts. 5-15).- Este apartado recoge diversas previsiones transversales aplicables a varios sectores económicos. La primera incluye unas *obligaciones generales* (art. 5) de entre las que deben destacarse las relativas a los edificios y espacios públicos urbanizados (entorno construido) donde existan dependencias que suministren bienes o presten servicios al público. En tales casos, se aplicarán las condiciones básicas de accesibilidad y no discriminación establecidas en el *Real Decreto 505/2007, de 20 de abril*, referido a los espacios públicos urbanizados y edificaciones, y, en lo no previsto por dicho reglamento, el *Código Técnico de la Edificación* (*Real Decreto 314/2006, de 17 de marzo*) y la *Orden TMA/851/2021, de 23 de julio*, que desarrolla el documento técnico de condiciones básicas de accesibilidad y no discriminación para acceder y utilizar los espacios públicos urbanizados[392]. En segundo lugar, el

---

391 En idéntico sentido se pronunció el CES al dictaminar el Proyecto de Reglamento. *Vid. Consejo Económico y Social (2023), Dictamen núm. 4/2023, de 22 de febrero, sobre el Proyecto de Real Decreto por el que se regulan las condiciones básicas de accesibilidad y no discriminación de las personas con discapacidad para el acceso y utilización de los bienes y servicios a disposición del público*, CES, Madrid, p. 15. El texto del dictamen se puede consultar en: DICTAMEN 4–2023.indd (ces.es); consulta: 17/03/2023.

392 En su *Dictamen 26/2023*, el Consejo de Estado recomendó por razones de seguridad jurídica dejar solo la remisión al RD 505/2007, pues mientras este prevé su aplicación a edificios y espacios públicos urbanizados existentes susceptibles de ajustes razonables, la Orden TMA/851/2021 solo se aplica a edificios de nueva construcción o ya existentes si hubiera de realizarse en ellos alguna intervención.

RD 193/2023 se refiere a los *ajustes razonables* (art. 6), primero, para remitir su definición al RDLeg. 1/2013 y su concreción a los criterios de proporcionalidad ya referidos y, segundo, para acordar su aplicación –la de los ajustes razonables pertinentes– si no fuera posible que los bienes y servicios a disposición del público existentes a la entrada en vigor del reglamento cumplieran las obligaciones de accesibilidad[393]. En tercer término, el artículo 7 del RD 193/2023 obliga a las Administraciones públicas, de una parte, a incorporar *criterios de accesibilidad universal* para que todas las personas con discapacidad tengan las mismas posibilidades de acceso y uso de los bienes y servicios, a cuyo fin pueden tomarse como referencia las medidas previstas en el reglamento de condiciones básicas de accesibilidad y no discriminación de las personas con discapacidad en sus relaciones con la Administración General del Estado, recogidas en el *Real Decreto 366/2007, de 16 de marzo*[394]; de otra parte, a fomentar que los agentes económicos adopten un *sistema de gestión de la accesibilidad global*, lo que podrá realizarse si se incluye dicha condición como criterio puntuable en las convocatorias públicas de subvencio-

393 La redacción final de este precepto deriva de las recomendaciones del Consejo de Estado en su *Dictamen 26/2023*, consideración 6ª.d).

394 El artículo 7.1 del Proyecto de Reglamento imponía a las Administraciones acogerse a la *Norma UNE 170001-1:2007 Accesibilidad universal. Parte 1: Criterios DALCO para facilitar la accesibilidad al entorno* y a la *Norma UNE 170001-2:2007 Accesibilidad Universal. Parte 2: Sistemas de gestión de la accesibilidad y sus posteriores modificaciones*, así como al resto de normas técnicas aplicables en cada caso. DALCO es un acrónimo que hace referencia a los criterios relativos a la "Deambulación, Aprehensión, Localización y Comunicación". No obstante, estas referencias se han suprimido de la norma aprobada y han sido sustituidas por la relativa al RD 366/2007.

nes o en las de contratación pública, por ejemplo[395]. A continuación, el reglamento regula el *derecho de admisión* para que no perjudique el acceso de las personas con discapacidad (art. 8). Asimismo, el cumplimiento de los requisitos de accesibilidad deberá constar en las *declaraciones responsables* o *comunicaciones* –mal llamadas– *previas*[396] que se suscriban para comenzar una actividad y, si fuera necesaria *autorización administrativa*, su otorgamiento dependerá de la presentación de documentación que acredite el cumplimiento de las condiciones de accesibilidad y no discriminación aplicables (arts. 9 y 10). Seguidamente, el RD 193/2023 recoge dos medidas atinentes, de un lado, a los servicios de *atención personal*, para que los asistentes personales u otras personas de apoyo puedan acceder a tales servicios acompañando a la persona con discapacidad si está lo pide y sin sobrecoste (art. 11) y, de otro, a la *atención preferente* y sin sobrecoste en el uso de bienes y servicios por las personas con discapacidad que "precisen de apoyos o asistencias intensos" (art. 12). Por lo demás, el reglamento tiene presentes a los *perros asistencia* (entre

395 Ahora bien, nada más dice el RD 193/2023 sobre el referido "sistema de gestión de la accesibilidad global", por lo que entendemos que será objeto de desarrollo posterior.

396 Desde el momento en que el artículo 69.3.2º de la *Ley 39/2015, de 1 de octubre, de Procedimiento Administrativo Común de las Administraciones Públicas* permite que la comunicación pueda presentarse "dentro de un plazo posterior al inicio de la actividad" si así se estuviera previsto, el adjetivo "previa" es superfluo, cuando no incorrecto. No en vano, el vigente artículo 69 de la Ley 39/2015 se titula "Declaración responsable y comunicación", al contrario que su antecesor artículo 71 bis de la *Ley 30/1992, de 26 de noviembre, de Régimen Jurídico de las Administraciones Públicas y del Procedimiento Administrativo Común*, que hablaba de "Declaración responsable y comunicación previa".

ellos, los *perros guía*)[397] para que ninguna persona usuaria –o encargada de su educación y adiestramiento en el ejercicio de dicha tarea– sea discriminada por llevar estos animales ni omita en su tenencia las obligaciones oportunas (art. 13). De interés resulta el artículo 14, destinado a que la *información* sobre bienes y servicios a disposición del público se proporcione a las personas con discapacidad en soportes y formatos accesibles y adecuados a sus necesidades, con independencia del canal utilizado. Las webs y *apps* no financiadas con fondos públicos incorporarán los criterios de accesibilidad del RD 1112/2018 y, en particular, los requisitos de prioridad A y AA de la norma UNE 139803 que deben hacer los contenidos *perceptibles* (de forma visual, sonora, táctil, etc.), *operables* (con dispositivos de entrada de los usuarios como ratón, teclado, etc.), *comprensibles* (en su

---

397 La *Ley* castellano-manchega *5/2018, de 21 de diciembre, de acceso al entorno de las personas con discapacidad acompañadas de perros de asistencia,* una de las más avanzadas en la materia, define, en su artículo 2.h), al *perro de asistencia* como aquel "que, tras superar un proceso de selección genética y sanitaria, ha finalizado su adiestramiento en una entidad especializada y oficialmente reconocida u homologada en la comunidad autónoma, con la adquisición de las aptitudes necesarias para dar servicio y asistencia a personas con discapacidad o que padecen" ciertas enfermedades (v.gr. diabetes o epilepsia). Dicha ley clasifica, en su artículo 4, los perros de asistencia en los siguientes tipos: perro guía (para guiar a una persona ciega), perro de señalización de sonidos (para avisar a las personas sordas de la emisión de sonidos y de su procedencia), perro de servicio (para ayudar a personas con discapacidad física en las actividades de la vida diaria), perro de aviso (para dar una alerta médica a personas que padecen crisis recurrentes con desconexión sensorial derivadas de ciertas enfermedades) y perro para personas con trastorno del espectro autista (para cuidar de la integridad de dichas personas).

contenido, organización y manejo) y *robustos* (contenido bien estructurado para garantizar un adecuado funcionamiento con las aplicaciones de usuario)[398]. Y las webs y *apps* de Administraciones y empresas que presten servicios de especial trascendencia económica deberán garantizar su accesibilidad universal e indicar el grado de accesibilidad de sus bienes y servicios. El capítulo II concluye con una remisión al *régimen sancionador* del RDLeg. 1/2013 (art. 15), de la que se habría podido prescindir sin mayores consecuencias.

c. Normas específicas para ciertos tipos de bienes y servicios (capítulo III: arts. 16-28).- El RD 193/2023 refiere aquí las medidas inexcusables para garantizar los derechos de las personas con discapacidad y sus familias en ámbitos como: el *consumo* (art. 16), el comercio *minorista* (art. 17), los bienes y servicios de carácter *financiero, bancario y de seguros*[399] (art. 18), los de carácter *sanitario*

---

398 La norma ha mejorado en este aspecto, pues el Proyecto de Reglamento señalaba, de modo impreciso, que las personas titulares de webs o *apps* no financiados con fondos públicos deberían incorporar "progresivamente" los criterios de accesibilidad del RD 1112/2018. Ahora se elimina la indeterminación y se establece que los requisitos de prioridad de la norma UNE 139803 serán exigibles cuando lo sean las condiciones básicas aplicables a los bienes y servicios ofrecidos en dichas web y *apps*. Esta cuestión mereció una observación esencial por parte del Consejo de Estado en la letra g) de la consideración 6ª de su *Dictamen 26/2023*. Por otra parte, en su *Dictamen 4/2023* (pp. 17 y 18) el CES proponía ir más allá e incorporar los criterios de nivel AAA, que son *"los que confieren un mayor nivel de accesibilidad, y por tanto los más exigentes y próximos al objetivo de la accesibilidad universal"*. De ese modo, se aspiraría al máximo nivel de accesibilidad que en cada caso fuera posible.

399 A este respecto, el personal de atención al público de las entidades financieras, bancarias y de crédito, de las entidades aseguradoras y

y de promoción y protección de la salud, incluidas las oficinas de farmacia y los servicios veterinarios (art. 19), los de carácter *social*, asistencial y de atención a la infancia y a las personas mayores[400] (art. 20), los de carácter *educativo* (art. 21), los relacionados con la *seguridad ciudadana* y las emergencias, la protección civil y la seguridad vial (art. 22), los de carácter *cultural* e *histórico* (art. 23), los *deportivos, recreativos y de ocio*[401] (art.

---

de los mediadores de seguros deberá orientar y apoyar a las personas con discapacidad, si éstas lo piden, en las gestiones propias de su actividad. La norma se remite a continuación a lo que disponga en la cuestión la ley de transposición de la Directiva de Accesibilidad (apdo. 1), remisión que reitera al hilo de los cajeros automáticos y demás terminales de servicio pertenecientes a entidades financieras, bancarias o de crédito (apdo. 2). Estas dos remisiones son consecuencia de la observación esencial del Consejo de Estado realizada en la letra k) de la consideración 6ª de su *Dictamen 26/2023*. Llama la atención que el reglamento se remita a una (futura) ley de transposición, pero era la única manera de salvar la legalidad de ciertas disposiciones. Una última remisión, esta vez a la norma técnica aplicable, se realiza respecto a la accesibilidad en la atención telefónica y electrónica de entidades financieras, bancarias y de crédito, de entidades aseguradoras y de mediadores de seguros (apdo. 3).

400 El Proyecto de Reglamento (versión de 12 de mayo de 2022) incluía en su artículo 20 una referencia a las dependencias dedicadas a servicios *religiosos*, mención que ha desaparecido de la redacción definitiva, pasando a la DAd. 8ª con relación a los bienes y servicios "de carácter religioso o de culto".

401 En enero de 2023, y para cumplir con el trámite de audiencia pública ante el Consejo de Estado, el CERMI elaboró un *Informe* con cuatro alegaciones al Proyecto de Reglamento, tres referidas a la accesibilidad, respectivamente, de los bienes y servicios de carácter educativo (art. 21), cultural e histórico (art. 23), y deportivo, recreativo y de ocio (art. 24), y la última referida a la entrada en vigor (DF 6ª). De interés resulta la modificación sugerida en el apartado 6 del artículo 24 a fin de evitar el uso de personas con discapacidad en actividades deportivas, recrea-

24), los de naturaleza *turística,* incluidos los servicios de hostelería y restauración (art. 25), los relacionados con el *medioambiente* y la naturaleza (art. 26), los servicios de información y orientación al público prestados por las *Administraciones públicas* (art. 27) y los servicios *postales* (art. 28). Aunque en ocasiones las exigencias son muy concretas (v.gr. probadores y vestuarios accesibles en cada planta, si fuera posible, en caso de establecimientos comerciales de más de 150 m2 útiles[402]), la mayoría se plantean de modo general, exigiendo la accesibilidad de cierto bien o servicio sin especificar el medio para ello.

d. Medidas de acción positiva y establecimiento de apoyos complementarios (capítulo IV: arts. 29-35).- Este capítulo recoge acciones de lo más variado: desde *ayudas públicas,* sobre todo económicas[403] (art. 29) a

---

tivas y de ocio, *"comprendidos los espectáculos cómico-taurinos"* para *"suscitar la burla, la mofa o la irrisión del público en forma contraria a su dignidad inherente".* La razón era impedir espectáculos como el *Bombero Torero,* práctica a cuyo cese había instado el Comité, en marzo de 2019, en sus *Observaciones Finales* a los *Informes periódicos 2º y 3º combinados de España.* La redacción definitiva menciona los espectáculos cómicos taurinos (junto a las actividades deportivas, recreativas y de ocio) para indicar que deberán respetar la dignidad humana, "sin que dichas actividades puedan lesionar los derechos de las personas con discapacidad". *Vid.* art. 24.6 RD 193/2023 y CERMI (2023), *Informe de alegaciones del CERMI al Proyecto de Real Decreto por el que se regulan las condiciones básicas de accesibilidad y no discriminación de las personas con discapacidad,* pp. 2 y 3, disponible en: cd2tl-informe-de-alegaciones-del-cermi-al-proyecto-de-real-decreto-por-el-que-se-regulan-las-condiciones-basicas-de-accesibilidad-y-no-discriminacion-de-las-personas-con-discapacidad-para-el-acceso-y-utilizac.docx (live.com); consulta: 19/03/2023.

402 Art. 17.3 RD 193/2023.

403 El RD 193/2023 condiciona el establecimiento de dichas ayudas públicas a las "disponibilidades presupuestarias" de las Adminis-

acciones de *información, concienciación y formación* (art. 30), pasando por la promoción de *códigos de conducta y buenas prácticas* (art. 31), de la *normalización y certificación* (art. 32), de la *investigación, desarrollo e innovación* (art. 33), y de la *contratación pública socialmente responsable* (art. 34). A este último respecto, además de promover la inclusión de cláusulas sociales –atendiendo a la accesibilidad universal– en los pliegos de contratos, el RD 193/2023 refiere la necesidad de cumplir, en el ámbito estatal, la *Orden PCI/566/2019, de 21 de mayo,* que aprueba el *Plan para el impulso de la contratación pública socialmente responsable en el marco de la Ley 9/2017.* Ambas declaraciones resultan un tanto vacuas, pues no incorporan ninguna regulación sustantiva[404]. Finalmente, el artículo 35 designa como *centros consultores de referencia* de la Administración General del Estado tanto al *Centro Estatal de Autonomía Personal y Ayudas Técnicas del Instituto de Mayores y Servicios Sociales*

---

traciones, lo cual mereció el reproche del CES. Este órgano entiende que el establecimiento de ayudas públicas *"es indesligable de la efectividad del derecho de acceso a los bienes y servicios de las personas con discapacidad (…) y que se encuentra en el núcleo de toda la normativa relativa a la accesibilidad y no discriminación, constituyendo su finalidad última"*, por lo que no puede estar sujeto "*a ningún tipo de condicionalidad, sea de carácter presupuestario o de cualquier otra naturaleza". Vid. CES (2023), Dictamen 4/2023, cit.*, p. 18.

404 De ahí que el Consejo de Estado considerara este artículo *"íntegramente prescindible". Vid. Dictamen 26/2023,* consideración 6ª.p).

(CEAPAT[405]), como al *Real Patronato sobre Discapacidad* y a sus centros asesores[406].

Junto al articulado, el RD 193/2023 consta de 9 disposiciones adicionales, 1 derogatoria única y 6 finales.

La DAd. 1ª incorpora un techo de gasto público, de modo que las actuaciones derivadas del reglamento deberán financiarse con cargo a las disponibilidades de cada ejercicio, "sin que hayan de precisarse recursos adicionales para su realización"[407]. Las DAd. 2ª y 3ª establecen la supletoriedad del reglamento en materia de seguridad y salud, y de relaciones laborales, respectivamente. La DAd. 4ª impide que las condiciones básicas de accesibilidad restrinjan la libre circulación de bienes y servicios en España. La DAd. 5ª remite lo relativo a las condiciones básicas de accesibilidad en materia de transporte tanto al RD 1544/2007, como a los reglamentos sectoriales de la UE sobre los derechos

---

405 El CEAPAT es un centro dependiente del IMSERSO que pretende llevar a la práctica los derechos de las personas con discapacidad y de las personas mayores, mediante la accesibilidad universal, los productos y tecnologías de apoyo y el diseño para todas las personas (Misión del Ceapat–CEAPAT–Instituto de Mayores y Servicios Sociales (imserso.es); consulta: 17/03/2023).

406 El *Real Patronato sobre Discapacidad* es un organismo público, encuadrado en el *Ministerio de Derechos Sociales y Agenda 2030,* que tiene como finalidad la protección de los derechos de las personas con discapacidad. Está formado por órganos directivos (Consejo –presidido por la Reina Letizia–, Secretaría General y Dirección) y por órganos técnicos (Centros Asesores y Comisiones de expertos). Así lo indica el artículo 4 del *Real Decreto 946/2001, de 3 de agosto,* que aprueba su Estatuto.

407 Disponibilidades que, según el CES, deberían estar al servicio del principio de accesibilidad universal y *"garantizar la suficiencia presupuestaria y la eficacia en la gestión de los recursos en aplicación de la norma". Vid. CES (2023), Dictamen 4/2023, cit,* p. 19.

de los pasajeros. La DAd. 6ª contiene un criterio de prevalencia, en caso de conflicto, de la norma más favorable para los derechos de las personas con discapacidad, dejando también a salvo regulaciones autonómicas más benévolas. Las DAd. 7ª y 8ª se refieren a la aplicación del reglamento dentro del ámbito de las Fuerzas Armadas, según su legislación específica, así como a los bienes y servicios de carácter religioso o de culto, en particular, a sus dependencias. La DAd. 9ª recoge la obligación del Gobierno de elaborar un informe que analice el grado de cumplimiento de las disposiciones del reglamento en el plazo de un año tras su completa entrada en vigor. La DD única no reviste especialidades y, en cuanto a las DF, la 1ª modifica el *Reglamento General de Policía de Espectáculos Públicos y Actividades Recreativas* para obligar a las empresas que organizan tales espectáculos a velar por que las personas usuarias con discapacidad no sean discriminadas, especialmente en el ejercicio del derecho de admisión[408]; la DF 2ª modifica el referido RD 1544/2007 para incorporar una reserva de *vehículos adaptados* de, al menos, un 5% o fracción (con la idea de llegar al 10% antes de 2030) en los vehículos de arrendamiento con conductor utilizados en el transporte urbano[409]; la DF 3ª se refiere al título competencial al

---

408 El reglamento referido fue aprobado mediante el *Real Decreto 2816/1982, de 27 de agosto,* al que ahora se incorpora la letra f) a su artículo 51. Por lo demás, este cambio supone la adaptación de nuestro ordenamiento al artículo 30 CDPD.

409 Añade, en consecuencia, un apartado 4 al artículo 8 y un artículo 8 bis al *Real Decreto 1544/2007, de 23 de noviembre, por el que se regulan las condiciones básicas de accesibilidad y no discriminación para el acceso y utilización de los modos de transporte para personas con discapacidad.* A este respecto, se considerará "vehículo accesible para el transporte de viajeros de personas con discapacidad" el que cumpla los requisitos de la Norma UNE 26494 "Vehículos para el transporte de personas con movilidad reducida con capacidad igual o menor a nueve plazas, incluido el conductor", o posteriores modificaciones (art. 8 bis.5 RD 1544/2007).

amparo del que se dicta el reglamento (art. 149.1.1º CE); la DF 4ª habilita a las personas titulares de los Ministerios de Derechos Sociales y Agenda 2030 y de Consumo para dictar, previa consulta al CND y sin perjuicio de las competencias autonómicas, normas de desarrollo; la DF 5ª permite que las actualizaciones de las especificaciones técnicas de las condiciones básicas de accesibilidad referidas en el reglamento se hagan por orden ministerial[410]; por último, la DF 6ª establece la entrada en vigor del reglamento al día siguiente de su publicación en el BOE (por tanto, el 23 de marzo de 2023), si bien, para que los sujetos obligados puedan prepararse al nuevo escenario, pospone la exigibilidad de las condiciones básicas de accesibilidad y no discriminación según este calendario:

a. Para bienes y servicios nuevos de titularidad pública: 1 de enero de 2025.

b. Para bienes y servicios nuevos de titularidad privada:

  - Concertados o suministrados por Administraciones públicas: 1 de enero de 2025.

  - Resto: 1 de enero de 2029.

c. Para bienes y servicios existentes y susceptibles de ajustes razonables, éstos se realizarán:

  - Si son de titularidad pública o de titularidad privada concertados o suministrados por Administraciones públicas: antes del 1 de enero de 2026.

  - Resto: antes del 1 de enero de 2030.

---

410 El Consejo de Estado, en su *Dictamen 26/2023* [consideración 6ª.q)] echó en falta sendas aclaraciones sobre, de un lado, las concretas especificaciones técnicas *preexistentes* a actualizar y, de otro, el ministerio encargado de dicha actualización.

En las alegaciones planteadas por el CERMI al Proyecto de Reglamento ante el Consejo de Estado, la entidad planteaba "*una revisión a la baja, por excesivas, de las fechas límite*" establecidas en la DF 6ª. Y justificaba su demanda en el retraso acumulado y "*culposo*" del Gobierno en la aprobación de una norma que debió dictarse, a más tardar, el 4 de diciembre de 2015 para asegurar su cumplimiento efectivo, como mucho, dos años después. Como señalaba esta entidad:

> "Dado que la demora gubernamental (...) lleva a una suerte de contradicción entre lo normativo y lo material (aprobar un Real Decreto en 2023 que exija que sus contenidos estén materializados en 2017), puede entenderse que (para salir de esta antinomia) se otorgue un plazo para preparar su cumplimiento, pero debe ser el menor posible, habida cuenta el retraso culposo originado por el mismo Ejecutivo"[411].

Proponía, así, una reducción en la entrada en vigor de la norma en los siguientes términos: i) para bienes y servicios nuevos de titularidad pública, el 1 de enero de 2024 (1 año menos de lo previsto); ii) para bienes y servicios nuevos de titularidad privada no concertados ni suministrados por las Administraciones, el 1 de enero de 2026 (3 años menos de lo previsto); y (iii) para bienes y servicios existentes y susceptibles de ajustes razonables de titularidad privada no concertados ni suministrados por las Administraciones, el 1 de enero de 2027 (3 años menos de lo previsto). El Consejo de Estado mencionó esta alegación del CERMI en su *Dictamen 26/2023*[412], señalando que, si bien el retraso del Gobierno en la aprobación del nuevo reglamento era incontestable, también lo era que las medidas previstas en el

---

411 *Vid.* CERMI (2023), *Informe de alegaciones..., cit.*, p. 3.

412 *Vid.* Consejo de Estado (2023), *Dictamen 26/2023, cit.*, consideración 5ª.b) últ. pár.

proyecto *"afectan a un número muy elevado de empresas, de las que una importante proporción son pequeñas y medianas"*, razón por la que invitaba a la autoridad consultante a valorar si el adelanto del calendario propuesto por el CERMI era posible. Finalmente, el RD 193/2023 no ha modificado las fechas de su completa entrada en vigor.

3. VALORACIÓN DEL CONSEJO ECONÓMICO Y SOCIAL: DICTAMEN 4/2023

En su sesión ordinaria de 22 de febrero de 2023, el CES aprobó el *Dictamen 4/2023*, relativo al proyecto de reglamento que estudiamos. El documento, bastante crítico, *"valora positivamente la iniciativa, a pesar del injustificado retraso con que se produce"*, habida cuenta del tiempo transcurrido desde la ratificación por España de la CDPD. Igualmente, el CES realiza una serie de observaciones generales y particulares al texto proyectado.

Como ya se ha realizado alguna referencia puntual a las observaciones *particulares* al hilo del articulado del RD 193/2023, haremos unas reflexiones con relación a las *generales*, que se estructuran en torno a tres ejes:

a. Procedimiento.- El CES resalta la falta de participación de los interlocutores sociales en la gestación del proyecto, apuntando tanto la falta de consulta y audiencia previa del artículo 26 de la Ley 50/1997, como el dialogo social con organizaciones sindicales y empresariales más representativas. Sin embargo, la memoria de impacto normativo del Proyecto de Reglamento sí refiere haber realizado la consulta pública previa para recabar la opinión de ciudadanos, organizaciones y asociaciones del 5 al 19 de noviembre de 2020, con un resultado de 16 aportaciones[413]. Posteriormente, el texto se sometió al trámite de audiencia e información pública del 20 al 31 de mayo de 2022[414]. Así lo indica también el Consejo de Estado en su *Dictamen 26/2023*[415]. Desconocemos, por tanto, la razón de la confusión.

b. Enfoque y alcance.- El CES destaca el avance del Proyecto de Reglamento al fijar un "umbral mínimo de garantía" para las personas con discapacidad en cuanto al acceso y utilización de los bienes y servicios a disposición del público, si bien, con relación a su enfoque, reprocha el

> "tono declarativo excesivamente genérico, mediante expresiones que arrojan incertidumbre sobre su grado de vinculatoriedad para los poderes públicos y los agentes concernidos (como 'se fomentará', 'podrá realizarse', entre otras)"[416].

Muy relevante nos parece esta crítica, que compartimos, pues, salvo alguna excepción, la mayoría de previsiones son demasiado genéricas, poco propias del desarrollo que debería predicarse de una norma de naturaleza reglamentaria. Por ello, el CES planteaba que el futuro reglamento concretara de forma *"clara, expresa y taxativa"* las garantías para el ejercicio de los derechos

---

413 *Vid.* MAIN del Proyecto de Reglamento, pp. 5 y 23-27. El documento que lanzó la consulta se encuentra en la sección "consultas públicas cerradas" del Ministerio de Derechos Sociales y Agenda 2030. *Vid.* Ministerio de Derechos Sociales y Agenda 2030–Consultas públicas previas (mdsocialesa2030.gob.es); consulta: 19/03/2023.

414 Así aparece en la web del Ministerio de Derechos Sociales y Agenda 2030, en la sección "audiencias públicas cerradas". *Vid.* Ministerio de Derechos Sociales y Agenda 2030–Audiencia e información pública (mdsocialesa2030.gob.es); consulta: 19/03/2023.

415 *Vid.* Consejo de Estado (2023), *Dictamen 26/2023, cit.*, antecedente 2º.

416 *Vid. CES (2023), Dictamen 4/2023, cit.*, p. 12.

reconocidos, así como los mecanismos de control[417], especialmente –aunque no solo– al reclamar frente al incumplimiento de las obligaciones que conectan con la proporcionalidad de los ajustes razonables. Se trata, de nuevo, de la cuestión central de la carga desproporcionada, cuya concurrencia justifica la exención de realizar ajustes razonables o de cumplir los requisitos de accesibilidad señalados en la Directiva de Accesibilidad y en su norma de transposición; de ahí que la eficacia última de todo el sistema de accesibilidad pivote en una clara concreción y aplicación de los criterios a tal respecto.

Respecto al alcance del Proyecto de Reglamento, el CES reclamaba una mayor uniformidad del texto para garantizar el derecho a la accesibilidad universal, por cuanto la redacción actual establece un nivel de exigencia distinto según

> "si las actuaciones se desarrollan respecto de espacios físicos o de espacios virtuales; de si afectan al sector privado o al sector público (quedando incomprensiblemente excluido este último) o en función del tipo de actividades de que se trate"[418].

Ahora bien, se valora positivamente el papel que el texto atribuye tanto al CEAPAT como al *Real Patronato sobre Discapacidad*, así como el *"positivo impacto de género"* que tendrá la norma, no sólo por el elevado número de mujeres con discapacidad, sino porque favorecer la autonomía

---

417 Perspectiva que comparte el Consejo de Estado en su *Dictamen 26/2023* al señalar que *"hubiera sido deseable un mayor grado de definición de las obligaciones que se imponen a los distintos sujetos afectados, dado el riesgo de que la indefinición genere inseguridad jurídica y haga difícil la garantía de la igualdad de todos los españoles (…)"* [*vid.* especialmente, su consideración 5ª.c) *in fine*].

418 *Vid. CES (2023), Dictamen 4/2023, cit.*, p. 13.

personal en el acceso a bienes y servicios redundará en una menor carga de trabajo al prestar los cuidados en el entorno familiar, tarea que, a fecha de hoy, asumen mayoritariamente las mujeres.

c. Coherencia.- Dada la coincidencia temporal en la tramitación del reglamento y de la ley de transposición de la Directiva de Accesibilidad, y habida cuenta de la convergencia de los objetivos de aquel con la norma europea, el CES reprocha que la Exposición de Motivos del texto reglamentario omita cualquier referencia a la Directiva, que sí se cita en varias ocasiones en la memoria de impacto normativo. Por último, recomienda que la versión final incorpore el concepto de "persona consumidora vulnerable" introducido en el artículo 3 LGDC por la Ley 4/2022. Según el apartado 2 de dicho precepto, se consideran personas consumidoras vulnerables

> "aquellas personas físicas que, de forma individual o colectiva, por sus características, necesidades o circunstancias personales, económicas, educativas o sociales, se encuentran, aunque sea territorial, sectorial o temporalmente, en una especial situación de subordinación, indefensión o desprotección que les impide el ejercicio de sus derechos como personas consumidoras en condiciones de igualdad".

Como puede adivinarse, una de las circunstancias que puede incidir y generar desventaja en las relaciones de consumo es la discapacidad[419].

---

419 El elenco de circunstancias que, a este respecto, refiere la Ley 4/2022 en su Exposición de Motivos no es nada desdeñable, a saber: "edad, sexo, origen nacional o étnico, lugar de procedencia, las personas alérgicas o con algún tipo de intolerancia alimenticia, las víctimas de violencia de género, las familias monoparentales, las personas desempleadas, las personas con algún tipo de discapacidad, las

4. CONSIDERACIONES DEL CONSEJO DE ESTADO: DICTAMEN 26/2023

En su *Dictamen 26/2023*[420], emitido en la sesión celebrada el 9 de febrero de 2023, el Consejo de Estado se pronunció sobre el Proyecto de Reglamento, en cuyo expediente constan hasta cinco versiones.

Al margen de otros aspectos, el documento distingue entre *consideraciones generales* y *particulares* al hilo del articulado.

4.1. Consideraciones generales

Entre las *primeras,* si bien ya se ha hecho algún comentario, el órgano consultivo subraya como *leitmotiv* en su valoración tanto el solapamiento de la regulación proyectada con otras normas vigentes, como la indeterminación en la genérica remisión a otras, en algún caso futuras, que provoca confusión sobre los ámbitos de aplicación de las distintas normas y un evidente riesgo de inseguridad jurídica.

Pero destaca especialmente el solapamiento entre el Proyecto de Reglamento y el texto de la (entonces futura) ley de transposición de la Directiva de Accesibilidad que, aunque se

---

personas enfermas, las minorías étnicas o lingüísticas, las personas desplazadas temporalmente de su residencia habitual, la población migrante o solicitante de protección internacional, así como las personas con carencias económicas o en riesgo de exclusión". Y deja abierta la posibilidad a otras que puedan provocar el mismo efecto.

420 *Vid.* Consejo de Estado (2023), *Dictamen núm. 26/2023, de 9 de febrero, sobre el Proyecto de Real Decreto por el que se regulan las condiciones básicas de accesibilidad y no discriminación de las personas con discapacidad para el acceso y utilización de los bienes y servicios a disposición del público:* BOE.es–CE-D-2023-26; consulta: 25/03/2023.

concreta en algunos artículos, *"afecta potencialmente a casi todo el proyecto de forma transversal"*[421]. En efecto, tras casi 18 años de retraso en la aprobación del RD 193/2023, finalmente –y sin demasiado sentido– se aceleró su aprobación, adelantándose incluso a la Ley 11/2023, que, sin duda, afecta al contenido del reglamento. El Consejo de Estado así lo advirtió: la Directiva se aplica a ciertos bienes y servicios para los que establece una regulación concreta y unos requisitos de accesibilidad detallados, regulación que se trasladará a la futura ley de transposición y que posiblemente se verá afectada por las disposiciones comunes (capítulo II) y algunas normas específicas (capítulo III) del reglamento. Por ello, aconsejaba efectuar una

> "reconsideración conjunta del Real Decreto proyectado y de la futura ley de transposición de la Directiva de Accesibilidad, en orden a garantizar, cuando así proceda, la aplicación prevalente de esta última con una regulación clara, que evite toda confusión sobre el marco normativo en este ámbito"[422].

Reconsideración conjunta que, finalmente, no se hizo.

4.2. Consideraciones particulares

En cuanto a las *consideraciones particulares,* el Consejo de Estado apunta interesantes sugerencias sobre algunos artículos, en su mayoría atendidas en la redacción final del RD 193/2023. Es el caso, por ejemplo, de la incorporación de los *costes de la medida* entre los criterios para valorar la proporcionalidad [art. 2.e)] o la necesidad de que también las

---

421 Ídem, consideración 5ª.d).

422 Ídem *in fine.* La misma reconsideración se reitera en consideración 7ª del *Dictamen 26/2023,* que recapitula la valoración del Consejo de Estado.

actividades extraescolares que dependan de los educativos sean accesibles (art. 21.1)[423]. En cambio, no se han considerado otros consejos como suprimir, por superfluos, los artículos 15 –sobre el régimen sancionador– y 34 –sobre la contratación pública socialmente responsable–.

Sea como fuere, sí queremos recordar las dos observaciones *esenciales* realizadas por el Consejo de Estado en su *Dictamen 26/2023*, centradas en los artículos 14 y 18 del reglamento y conectadas precisamente con la transposición de la Directiva de Accesibilidad[424]. Téngase en cuenta que, según el artículo 130.3 del *Reglamento Orgánico del Consejo de Estado*[425], este órgano especificará en su dictamen, si fuera posible, qué observaciones son consideradas como *esenciales* al objeto de que, si son atendidas en su totalidad, la resolución que se dicte pueda emplear la fórmula "de acuerdo con el Consejo de Estado". Pues bien:

a) Respecto al artículo 14, sobre *información y comunicación*, el apartado 2 del proyecto reglamentario establecía (i) la incorporación progresiva de las condiciones básicas de accesibilidad previstas en el RD 1112/2018 a las webs y *apps* no financiadas con fondos públicos y (ii) el cumplimiento, a la entrada en vigor del reglamento, de los requisitos de prioridad A y AA de la norma UNE 139803.

Dicha redacción fue calificada de *"deficiente técnica normativa"* por la remisión reglamentaria en cascada, pero también se criticó la *"indeterminación absoluta en cuanto al calendario concreto"* de aplicación de las condiciones básicas referidas. De ahí que el Consejo de Estado sugiriera

---

423 Sugerencia, a su vez, realizada por el CERMI en su *Informe de alegaciones…, cit.*, p. 1.

424 *Vid. Dictamen 26/2023*, consideración 6ª, letras g) y k).

425 Aprobado mediante el *Real Decreto 1674/1980, de 18 de julio.*

sustituir la expresión sobre la progresividad en la incorporación de las condiciones básicas por otra *"concreta y clara"* sobre su exigibilidad temporal. Ello ante el riesgo de vulnerarse el principio de seguridad jurídica recogido en el artículo 9.3 CE,

> "(...) dada la trascendencia de la medida proyectada, la cantidad de sujetos afectados y la necesidad de conocer con total claridad los términos sustantivos y temporales de esta obligación, cuyo incumplimiento podría eventualmente dar lugar a un procedimiento sancionador"[426].

La redacción final del artículo 14.2, en mi opinión, no se ajusta por completo a lo sugerido por el Consejo de Estado. Y es que, si bien es cierto que se ha suprimido, en su párrafo 1, la progresividad en el cumplimiento de las condiciones básicas del RD 1112/2018 en las webs y *apps* ajenas al sector público ("incorporarán"), no lo es menos que la fecha de exigibilidad de dichas condiciones no aparece en dicho párrafo, sino en el párrafo 2 solo respecto a los requisitos de la norma UNE 139803 (coincidente con la fecha en que las condiciones básicas de este RD se exijan a los bienes y servicios ofrecidos en tales webs y *apps*). Así pues, una interpretación literal conduce a entender que sigue sin concretarse la fecha de exigibilidad temporal de las condiciones básicas del RD 1112/2018 a las webs y *apps* fuera del sector público[427].

---

426 *Vid. Dictamen 26/2023*, consideración 6ª, letra g) penúltimo párrafo.

427 Por cierto, la Ley 15/2022 recuerda que las webs y *apps* –tanto públicas como privadas– "tenderán a cumplir los requisitos de accesibilidad para garantizar la igualdad y la no discriminación en el acceso de las personas usuarias, en particular de las personas con discapacidad y de las personas mayores" (art. 17.3).

b) Respecto al artículo 18, sobre bienes y servicios de carácter financiero, bancario y de seguros[428], (i) el apartado 1 del proyecto reglamentario obligaba al personal de atención al público a prestar orientación y apoyo a las personas con discapacidad, previa solicitud de estas y (ii) su apartado 2 exigía que los cajeros automáticos y demás terminales de servicio, así como la atención telefónica y electrónica fueran accesibles según la norma técnica de aplicación.

Tras resaltar un *"nuevo riesgo de inseguridad jurídica por su superposición"* con la Directiva de Accesibilidad y su futura transposición, el Consejo de Estado señaló, con relación a apartado 1, que la actuación del personal de atención al público de las entidades indicadas no se solapaba con la Directiva, pero era recomendable añadir una remisión expresa a la regulación de la accesibilidad de los servicios bancarios que hiciera la futura ley de transposición. Así aparece en la versión final del 18.1, si bien la remisión a la Directiva de Accesibilidad se hace *in totum*.

Con relación al apartado 2, el conflicto era mayor, pues el proyecto se refería a la accesibilidad tanto de cajeros auto-

---

[428] Con relación a la inclusión financiera, pueden traerse a colación los dos encargos que las disposiciones adicionales 2ª y 3ª de la Ley 4/2022 hacen al Gobierno: (i) promover los cambios legislativos oportunos para garantizar la atención personalizada en los servicios de pagos a los consumidores vulnerables que lo pidan (DAd. 2ª) y (ii) promover un Plan de Medidas para favorecer la inclusión de las personas más vulnerables, y especialmente aquellas de mayor edad (DAd. 3ª). Entre las medidas sugeridas se citan estas: que el cierre de oficinas no conlleve el de sus cajeros automáticos externos, incremento del personal de apoyo para realizar operaciones digitales, instalación de indicadores para priorizar el uso de cajeros por personas vulnerables o establecimiento de tecnologías de acceso a la banca sencillas, comprensibles, inclusivas y seguras.

máticos y otros terminales de servicio, como de la atención telefónica y electrónica a disposición del público de entidades financieras, bancarias o de crédito, aseguradoras o mediadores de seguros. Estos aspectos, salvo lo aplicable a entidades aseguradoras y mediadores de seguros, estaban incluido en el ámbito de aplicación de la Directiva de Accesibilidad. Por ello, resultaba *"desorientadora"* la remisión que el apartado 2 hacía a la norma técnica aplicable, debiendo, en aras al principio de seguridad jurídica,

> *"reemplazarse, al menos en cuanto afecta a estos bienes y servicios (con exclusión, por tanto, de cuanto afecta a las entidades de seguros) por la cita de la futura ley de transposición"* para evitar que del reglamento *"se derive la aplicación prioritaria de una regulación distinta"* [429].

Nuevamente, bajo mi punto de vista, la redacción final del artículo 18.2 no se adecua por completo a las indicaciones del Consejo de Estado. Es cierto que se ha incorporado la remisión a la ley de transposición respecto a la accesibilidad de cajeros automáticos y terminales de servicio de entidades financieras, bancarias o de crédito –suprimiéndose la referencia a entidades aseguradoras y mediadores de seguros–. Pero también lo es que la accesibilidad relativa a la atención telefónica y electrónica de dichas entidades se ha llevado a un nuevo apartado 3 en el que, esta vez junto a las entidades aseguradoras y mediadores de seguros, su concreción se remite, no a la ley de transposición, sino a la "norma técnica que resulte de aplicación". Volvemos, de nuevo, a una indeterminación no deseable que podría derivar, de modo ilógico, en la aplicación prioritaria de una norma técnica sobre la ley de transposición.

---

429 *Vid. Dictamen 26/2023*, consideración 6ª, letra k) últ. pár.

En suma, el Consejo de Estado evidencia su preocupación por que el reglamento no impida la aplicación de la Directiva de Accesibilidad (y de su ley de transposición) en el ámbito que le es propio, pues unos requisitos de accesibilidad distintos podrían obstaculizar la libre circulación, que es justamente lo que la Directiva pretende evitar.

Conclusiones

I

La accesibilidad constituye la base sobre la que se asienta el ejercicio de numerosos derechos, unidos bajo el paraguas de otro más amplio que los engloba: el derecho a vivir de forma independiente y de participar plenamente en todos los aspectos de la vida o, como dice la CDPD en su artículo 19, "a ser incluido en la comunidad". A su vez, la universalidad que identifica –y configura– la accesibilidad apunta a un rasgo que deben compartir todos los entornos, pero que también debemos asumir todas las personas.

La CDPD recoge la accesibilidad universal como principio transversal, deber de los Estados y derecho de la ciudadanía. Si por algo destacó, en 2006, el texto internacional fue por incorporar dos ideas clave: de un lado, la consideración de las personas con discapacidad como sujetos de derechos –y no como meros objetos de políticas públicas caritativas o asistenciales– y, de otro, la actualización de la definición de "discapacidad", no solo para resaltar su carácter evolutivo, sino también para entenderla como el resultado de la interacción de la persona con las barreras físicas y actitudinales de su alrededor, esto es, de su entorno. El entorno es, por tanto, el medio en el que opera la accesibilidad para asegurar el pleno disfrute de sus derechos a las personas con discapacidad. Y corresponde a los Estados realizar las modificaciones normativas oportunas para lograr el diseño universal ab initio de los espacios (físicos, virtuales o cognitivos) y, hasta entonces –y mientras tanto–, adoptar las medidas necesarias para realizar ajustes razonables. La denegación de estos constituye una causa de discriminación, tal y como avanzó la CDPD, lo recogen algunas normas nacionales y lo han recordado el TEDH, el TJUE y, con una jurisprudencia más elaborada, nuestro TC en su STC 51/2021.

Las personas con discapacidad se enfrentan en su día a día con barreras que impiden el disfrute de sus derechos en igualdad de condiciones que el resto de la ciudadanía y que evidencian la necesidad de adoptar medidas que hagan accesible el entorno. Esta idea, sencilla por lo demás, debe calar en una sociedad cada vez más envejecida, donde la longevidad guarda una relación directa con la discapacidad o, si queremos, con una mayor probabilidad de necesitar adaptaciones en el entorno. Por ello, al asomarnos al mundo de la accesibilidad hemos de hacerlo desde una perspectiva cercana, sin olvidar que las limitaciones de la edad pueden convertirnos en potenciales sujetos con discapacidad. Y sin olvidar tampoco que ciertas situaciones imprevistas en la vida –tal vez temporales, pero igualmente limitantes– pueden requerir de un entorno accesible.

II

La entrada en vigor del Acta Europea de Accesibilidad ha puesto fin a más de una década de reivindicaciones del colectivo de las personas con discapacidad. La distinta regulación que los Estados miembros hacían de la accesibilidad de productos y servicios provocaba una distorsión en el funcionamiento del mercado interior, pues ponía trabas a la libre circulación de productos y servicios, alteraba la competencia y frenaba el crecimiento económico. Dicha situación no satisfacía ni, por un lado, a los agentes económicos que querían traspasar las fronteras nacionales, habida cuenta de los costes adicionales derivados del cumplimiento de distintas normas estatales sobre accesibilidad; ni, por otro, a las pymes, ante la diversidad regulatoria y la falta de medios humanos, económicos y técnicos para aprehender e implantar los requisitos de accesibilidad aplicables en cada caso; ni, finalmente, a las personas consumidoras –con discapacidad o limitaciones funcionales–, pues la oferta de productos y servicios accesibles era limitada y, de existir, el precio era demasiado elevado.

Para hacer frente a dichos problemas, la norma europea recoge unos requisitos mínimos de accesibilidad aplicables a determinados productos y servicios (v.gr. cajeros automáticos, máquinas de facturación o libros electrónicos), que tendrán que cumplir unos estándares armonizados. Sin embargo, el camino hacia el diseño universal aún no ha concluido, pues, aunque la nueva Directiva recoge ciertos aspectos necesitados de una regulación armonizada y pretende promover un mercado interior europeo inclusivo, no ha sido lo suficientemente ambiciosa. Tampoco lo ha sido la ley española que la ha transpuesto –con más de diez meses de retraso–, pues reproduce de forma literal la mayoría de sus disposiciones, si bien es cierto que con alguna valiosa excepción. A ambas se les ha reprochado su enfoque más mercantilista que social, pues sus disposiciones obedecen más a la idea de mejorar el mercado interior y los intereses económicos de los agentes implicados que de responder a demandas sociales respecto de las que la accesibilidad constituye su eje vertebrador.

III

Debe partirse de una premisa: el ordenamiento jurídico español es uno de los más avanzados en materia de accesibilidad en el seno de la UE, en buena medida gracias al activismo de las organizaciones representativas de las personas con discapacidad y sus familias. No en vano, en la fase consultiva durante la tramitación de normas europeas sobre discapacidad y, más concretamente, en la elaboración de normas técnicas sobre accesibilidad en determinadas cuestiones, existe un claro liderazgo de los representantes de entidades de referencia en el ámbito de la discapacidad en España (v.gr. CERMI, FONCE o Plena inclusión).

IV

Con relación a la Directiva de Accesibilidad y la ley española de transposición, a pesar de que ambas incluyen numerosos productos y servicios en su respectivo ámbito de aplicación –básicamente los relativos al ámbito digital–, quedan fuera otros –como los electrodomésticos o los servicios de atención médica– que forman parte fundamental de la cotidianeidad de las personas con discapacidad o con limitaciones funcionales. Debe resaltarse, no obstante, la incorporación en la ley española de los terminales de gestión de turno (quioscos expendedores o dispositivos anunciadores del turno) entre los productos accesibles y, en cuanto a los servicios, la incorporación de las redes sociales y de las webs y *apps* de los servicios de suministro eléctrico, agua y gas, y de agencia de viajes y turoperadores.

Otras veces, aun tratándose de servicios incluidos, se efectúan limitaciones que carecen de justificación y que deberán ser reguladas, en su caso, por los Estados. Es lo que sucede, por ejemplo, en relación con el transporte urbano, suburbano y regional, pues no se entiende por qué la accesibilidad en dichos ámbitos se ha reducido a los terminales de servicio interactivos y no aplica a otros aspectos como la información disponible para usuarios con discapacidad o la expedición de billetes electrónicos. ¿Acaso no tiene el mismo derecho a tener información accesible en tiempo real sobre una eventual interrupción en el servicio el pasajero de un bus urbano que el viajero de un tren internacional? En España contamos con el RD 1544/2007, que regula las condiciones básicas de accesibilidad en el transporte, pero dicho reglamento reduce de forma considerable la exigencia de accesibilidad en las infraestructuras y servicios de pequeña entidad, esto es, aquellas con un tráfico igual o inferior a 750 viajeros por día en promedio anual.

V

Tampoco se ha aceptado bien que los Estados puedan decidir, según sus condiciones nacionales, si aplican o no los requisitos del entorno físico donde se prestan los servicios, circunstancia que podría conducir a situaciones incoherentes como que se pueda comprar un billete de autobús de forma accesible, pero luego la estación de autobuses o el propio autobús no lo sean. Dependerá, pues, de la bonhomía de cada Estado la mayor o menor accesibilidad del entorno físico donde se prestan los servicios. En esta cuestión, España está también en la vanguardia, remitiéndose la ley de transposición a la normativa sectorial vigente, en la que desempeñan un papel clave tanto el RD 505/2007, que aprueba las condiciones básicas de accesibilidad de los espacios públicos urbanizados y edificaciones, como la Orden TMA/851/2021, que desarrolla el documento técnico de dichas condiciones.

VI

Uno de los aspectos que más preocupaba al sector social de la discapacidad, especialmente –aunque no solo– a las personas sordas, era el de la accesibilidad de las respuestas a las comunicaciones al número único europeo de emergencia 112. Los textos europeo y nacional comparten la necesidad de que la respuesta al 112 se haga por el punto de respuesta de seguridad pública (PSAP), utilizando el mismo medio de comunicación que para su recepción (en concreto, voz y texto sincronizados, o bien texto y vídeo sincronizados).

Pero la ley española contiene importantes avances respecto a la Directiva. Aunque en España el 112 es un número único para todo el territorio, el servicio de atención a llamadas se presta por las comunidades autónomas, lo que evidenciaba dos problemas: la falta de un mecanismo estatal que garantizara la accesibilidad de las llamadas al 112 cuando se realizaran desde fuera de la comunidad autónoma de residencia. Ahí es donde la ley española da un paso adelante, pues elimina la necesidad de que las personas con discapacidad deban registrarse previamente para obtener una respuesta accesible a las comunicaciones al 112, asegurando además la accesibilidad de las comunicaciones de emergencia que se produzcan en territorio español también cuando se realicen en itinerancia. Un último aspecto a valorar es que, aun cuando la Directiva permitía una demora de dos años, la accesibilidad del 112 correrá paralela a la del resto de productos y servicios, de modo que la fecha para su exigencia será el 28 de junio de 2025.

VII

Otra de las cuestiones polémicas es el condicionamiento de la aplicación de los requisitos de accesibilidad a que no supongan, de un lado, un cambio significativo que modifique sustancialmente la naturaleza del bien o servicio y, de otro, una carga desproporcionada sobre los agentes económicos. Se trata de dos excepciones, presentes en otras regulaciones, cuya delimitación constituye la clave de bóveda para evitar que se utilicen para sortear la aplicación de los requisitos de accesibilidad. A este respecto, los criterios ofrecidos por las normas analizadas son ambiguos y necesitarían ser acotados y revisados periódicamente de cara a un debido ajuste.

A tal fin, la participación de las organizaciones de personas con discapacidad es fundamental, pues solo un diálogo bien entablado entre los tres vértices conformadores del triángulo de la accesibilidad (Estados, agentes económicos y tercer sector) asegurará una adecuada concreción de las pautas económicas para que no vayan en detrimento de otras consideraciones de tipo social. Junto a ello, la supervisión por las autoridades de vigilancia de las evaluaciones de los agentes económicos que se acojan a estas excepciones se convierte también en una pieza clave. Evaluaciones que, en aras de la transparencia, deberían estar a disposición del público y, por supuesto, ser accesibles.

VIII

Asimismo, eximir de la exigencia de accesibilidad a las microempresas que presten servicios y reducir considerablemente los trámites administrativos de las dedicadas a productos tampoco ha contentado a las organizaciones de personas con discapacidad. Ello revela una cierta incoherencia en la Directiva, si se tiene en cuenta que las microempresas representan en la UE el 93,42% de las pymes (y éstas el 99,82% del total) y su exclusión avala que la mayoría de proveedores de servicios pueda continuar con una actividad que, por no accesible, mantenga al margen a millones de posibles clientes.

La situación es trasladable a España, donde el número de pymes representa también el 99,81% del total de empresas y el de microempresas el 93,3% de las pymes. Además, la mayoría de microempresas se dedican al sector servicios (un 93,7% de pymes). La ley española calca la regulación de la Directiva en este punto, como también la laxitud en la justificación de trámites por parte de las microempresas dedicadas a productos. Debería haberse unificado el régimen aplicable a todas las microempresas, admitiéndose una reducción de cargas burocráticas, pero fijándose un calendario para la aplicación gradual de los requisitos de accesibilidad a todas ellas. La prestación de orientaciones y herramientas por parte de las Administraciones para facilitarles dicha aplicación es necesaria, pero no suficiente a los fines de las normas explicadas.

IX

Un factor de preocupación es el de los dilatados plazos que la Directiva y la ley de transposición adoptan. Como regla general, los requisitos de accesibilidad se aplicarán a los productos y servicios que se introduzcan en el mercado tras el 28 de junio de 2025. Ahora bien, mientras, como hemos indicado, la norma europea permite demorar dos años más su aplicación al número de emergencias 112, la ley española elimina dicha moratoria. Sin duda, un aspecto destacable de la regulación española.

Por otra parte, ambas normas conceden cinco años más (hasta junio de 2030) para que la accesibilidad sea exigible a productos y servicios existentes a fecha 28 de junio de 2025. Y permiten también que los terminales de autoservicio utilizados para prestar un servicio antes de junio de 2025 se sigan utilizando hasta el final de su vida económica útil, sin superar, según la Directiva, veinte años desde su puesta en funcionamiento (podría llegarse hasta 2045), reducidos a diez (podría llegarse hasta 2035) en la legislación española. Otra ventaja de nuestra norma.

Ésta, a su vez, añade una previsión –no recogida en la Directiva– para los procedimientos de contratación, de modo que los requisitos de accesibilidad serán exigibles desde el 28 de junio de 2025 si existiera licitación y ésta se hubiera publicado después de esa fecha o, de no haberla, si el órgano de contratación hubiera iniciado el procedimiento tras la misma.

X

Con todo, a pesar de las críticas anteriores, la Ley Europea de Accesibilidad y, con ella, la ley española de transposición suponen también un importante avance en la regulación e implantación de unos mínimos requisitos de accesibilidad en ciertos bienes y servicios. Digna de mención es su aplicación al ámbito de la contratación pública, lo que obliga a los poderes adjudicadores a respetar los requisitos de accesibilidad en las adquisiciones de productos o servicios amparados por sendas normas. Pero debe criticarse que el incumplimiento de dicha obligación por los poderes adjudicadores quede fuera de los mecanismos de control previstos en sendas normas.

También es destacable la obligación de todos los agentes económicos, según su rol, de prestar atención a la conformidad de productos y servicios con los requisitos de accesibilidad, adoptando medidas correctoras si un producto incumpliera los requisitos oportunos, pudiendo, incluso, retirarlo del mercado. Se pretende así garantizar la cadena de accesibilidad. A tal fin, las autoridades de vigilancia tendrán un papel supervisor fundamental.

XI

De gran relevancia es asimismo la función atribuida a las organizaciones de personas con discapacidad, que formarán parte de un grupo de trabajo junto a representantes de las autoridades de vigilancia y otras partes interesadas. Dicho grupo, además de intercambiar información y buenas prácticas, y de asesorar a la Comisión con relación a la accesibilidad del entorno construido y a las excepciones de modificación sustancial y carga desproporcionada –cuestiones ambas de máxima enjundia–, cooperará en la aplicación de los requisitos de accesibilidad y supervisará la correcta aplicación de las citadas excepciones. Por cierto, que la opinión de las ONG –incluidas las de personas con discapacidad–, junto a la de los agentes económicos, será tomada en consideración por la Comisión al redactar sus informes periódicos sobre la aplicación de la Directiva de Accesibilidad.

XII

Así las cosas, la incorporación en los ordenamientos nacionales de la accesibilidad y, con ella, de los principios del diseño para todas las personas es una obligación que deriva de la CDPD y también, por vía interpretativa, de las normas internas. Por tanto, en aquellos aspectos en que la Directiva ha optado por dejar cierto –tal vez excesivo– margen de maniobra a los Estados, son éstos los que deberán aprovechar al máximo la oportunidad brindada e ir más allá de las previsiones europeas para lograr el objetivo de la accesibilidad universal. En alguna medida lo ha hecho España, que, aunque ha ido más allá de las pautas mínimas marcadas, aún tiene margen para mejorar la accesibilidad en nuestro país de la mano del tercer sector y, por supuesto, de las entidades empresariales.

No puede olvidarse que la protección de los derechos de las personas con discapacidad se recoge en el artículo 49 CE y que, por más que el mismo se ubique en el capítulo III del título I como principio rector de la política social y económica, la norma constitucional debe ser objeto de una interpretación *finalista y no literalista*, esto es, como la norma jurídica que fundamenta la totalidad del ordenamiento, al que –como señaló García de Enterría– es superior. De ese modo, los principios no son menos importantes que las reglas, sino que, junto a ellas, están al servicio de un *"sistema de valores"* cuyo máximo exponente es el artículo 1.1 CE[430]. De los valores superiores en él consagrados, la "libertad" se manifiesta en los derechos fundamentales, entendidos en un sentido amplio –comprensivo de todos los incluidos en el título I– e inherentes a la dignidad de la persona, tal y como recuerda el artículo 10 CE; precepto que, situado en la antesala de los tres capítulos que conforman el título I, introduce como parámetro interpretativo de las normas relativas a los derechos fundamentales los textos internacionales ratificados por España. Por todo ello, las leyes de desarrollo del artículo 49 CE –*ex* art. 53.3– deben interpretarse bajo el prisma de la CDPD, siempre en un sentido favorable a la libertad de las personas con discapacidad.

Los gobiernos nacionales, los legisladores y los principales representantes de la industria deben comprender, por fin, que invertir en accesibilidad es una garantía de futuro que beneficia a la sociedad en su conjunto, promoviendo el crecimiento y la innovación técnica, y asentando las bases para una sociedad más igualitaria e inclusiva para las personas con discapacidad de hoy, pero también del mañana.

430 García de Enterría, Eduardo (2022), *De mis raíces*, Universidad de Cantabria, Santander, pp. 120 y 121. El libro es una recopilación, realizada por Luis Martín Rebollo, de seis trabajos del maestro, publicados entre 1976 y 2003. La cita del texto corresponde, en particular, a un trabajo de García de Enterría, publicado en el número 52 de 1998 en la *Revista Española de Derecho Constitucional* con el título "Los fundamentos constitucionales del Estado".

Bibliografía

1. REFERENCIAS BIBLIOGRÁFICAS

Alba Ferré, Esther (2022), "Riesgos y derechos digitales de las personas con discapacidad", en García-Antón Palacios, E. (dir.), *Los derechos humanos en la inteligencia artificial: su integración en los ODS de la Agenda 2030,* Thomson Reuters Aranzadi, Pamplona, pp. 99-119.

Arrufat Pérez de Zafra, María Asunción y Alcaín Martínez, Esperanza (2018), *La accesibilidad de los sitios web y aplicaciones para dispositivos móviles del sector público. Guía jurídica y técnica para la aplicación práctica del Real Decreto 1112/2018, de 7 de septiembre,* Cinca, CERMI y Fundación Derecho y Discapacidad, Madrid.

Boza Rucosa, Marta (2021), *Comentario crítico a la Ley 8/2021*: COMENTARIO CRÍTICO A LA LEY 8/2021–Boza Rucosa

Bueyo Díez Jalón, María (2015), "Derecho a la vida independiente, accesibilidad", en Arenas Escribano, F. y Cabra de Luna, M.A. (coords.), *Comentarios al Texto Refundido de la Ley General de derechos de las personas con discapacidad y de su inclusión social,* La Ley, Madrid, pp. 399-432.

Cabra de Luna, Miguel Ángel (2019), "Impacto en el Derecho Español de la Directiva (UE) 2019/882 del Parlamento Europeo y del Consejo de 17 de abril de 2019 sobre los requisitos de accesibilidad de los productos y servicios", *Anales de derecho y discapacidad,* 4, pp. 241-252.

De Asís Roig, Rafael:

- (2020) "De nuevo sobre Constitución y discapacidad", *Universitas,* 32, pp. 52-64: Vista de De nuevo sobre Constitución y discapacidad (uc3m.es)
- (2021) "Acceso a la justicia: ajustes de procedimiento para las personas con discapacidad", en De Lorenzo García, R. y Pérez Bueno, L.C., *Nuevas fronteras del Derecho de la Discapacidad,* vol. II, Thomson Reuters Aranzadi, Pamplona, pp. 186-218.

De Hoyos Sancho, Montserrat (2016), "El derecho de acceso a la justicia de las personas con discapacidad: obligaciones del órgano jurisdiccional en los procesos sobre capacidad y en el enjuiciamiento penal en ausencia, en Guilarte Martín-Calero, C. (dir.), *Estudios y comentarios jurisprudenciales sobre discapacidad,* Thomson Reuters Aranzadi, Pamplona, pp. 535-558.

Fajardo Martínez, Carmen María (2020), "Discapacidad y uso de los medios electrónicos", en Martín Delgado, I. y Moreno Molina, J.A., *Administración Electrónica, transparencia y contratación pública,* Iustel, pp. 275-297.

Fernández Molina, Esther y González Oliver, María (2023), "Personas con discapacidad intelectual en el sistema penal en calidad de sospechosos o detenidos", en Simón Medina, N. (ed.), *Una mirada poliédrica hacia la discapacidad,* Catarata, Fuencarral (Madrid), pp. 129-135.

Gamero Casado, Eduardo (2022), "La Administración facilitadora: el papel de la Administración pública en el nuevo orden socio económico", *Revista Andaluza de Administración Pública,* 113, pp. 271-291.

García de Enterría, Eduardo (2022), *De mis raíces,* Universidad de Cantabria, Santander.

García Goikoetxea, Idoia; Ortega Alonso, Elena; Sanz, Raquel y Zalakaín Hernández, Josefa (2020), *El impacto de la pandemia COVID-19 en las personas con discapacidad,* Real Patronato sobre Discapacidad, Madrid: El impacto de la pandemia Covid-19 en las personas con discapacidad (consaludmental.org)

Martínez Calvo, Francisco Javier (2019), "Nueva directiva europea sobre requisitos de accesibilidad de algunos productos y servicios", *Integración: Revista digital sobre discapacidad visual,* 75, pp. 204-208.

Martínez Pérez, Enrique J. (2016), "El proceso de 'polinización' de la Convención sobre los derechos de las personas con discapacidad en la jurisprudencia del TEDH", en Guilarte Martín-Calero, C. (dir.), *Estudios y comentarios jurisprudenciales sobre discapacidad,* Thomson Reuters Aranzadi, Pamplona, pp. 575-590.

Morcillo Moreno, Juana:

- (2019) (Dir.) *Discapacidad intelectual y capacidad de obrar. De la sustitución de la voluntad al apoyo en la toma de decisiones,* Tirant lo Blanch, Valencia.
- (2019) "El reto de la accesibilidad y su incumplimiento por los poderes públicos: consecuencias de la inactividad reglamentaria", *Revista de Administración Pública,* 210, pp. 287-318.

- (2020) "Brecha digital y contratación pública", en Martín Delgado, I. y Moreno Molina, J.A., *Administración Electrónica, transparencia y contratación pública,* Iustel, pp. 247-274.

Morcillo Moreno, Juana y Caporale, Marina (2019), "Smart cities and disability: digital accessibility as a precondition", en Auby, J.-B., *Le future du droit administratif,* LexisNexis, París, pp. 389-408.

Morcillo Moreno, Juana y Meix Cereceda, Pablo (2020), "La Universidad ante la discapacidad: la inclusión como nuevo principio en el sistema europeo de derechos humanos", *Revista Española de Derecho Administrativo,* 205, pp. 229-250.

Moreno Molina, José Antonio (2016), *La inclusión de las personas con discapacidad en un nuevo marco jurídico-administrativo internacional, europeo, estatal y autonómico,* Thomson Reuters Aranzadi, Pamplona.

Pérez Bueno, Luis Cayo:

- (2011) "Nuevo marco legislativo de la accesibilidad en España", en Hernández Galán, J. (dir.), *Accesibilidad universal y diseño para todos. Arquitectura y urbanismo,* Fundación ONCE y Fundación Arquitectura COAM, Madrid, pp. 234-243.
- (2019) "Prólogo", en Morcillo Moreno, J. (dir.), *Discapacidad intelectual y capacidad de obrar. De la sustitución de la voluntad al apoyo en la toma de decisiones,* Tirant lo Blanch, Valencia, pp. 13-16.

Rodríguez Sanz de Galdeano, Beatriz (2020), "El deber de introducir adaptaciones como medida de acceso y mantenimiento del empleo de las personas con discapacidad", Documentación Laboral, 120, pp. 59-54.

Rodríguez-Piñero y Bravo Ferrer, Miguel (2018), "Artículo 49", en Rodríguez-Piñero y Bravo Ferrer, M. y Casas Baamonde, M.E., *Comentarios a la Constitución española. XL Aniversario,* Tomo I, BOE, Madrid, pp. 1404-1416.

Souvirón Morenilla, José María (2016), "Ámbito y alcance de los derechos sociales en España: los colectivos vulnerables", en González Ríos, I. (dir.), *Derechos sociales y protección de colectivos vulnerables,* Tirant lo Blanch, Valencia, pp. 49-89.

Torres López, Mª Asunción (2015), "Derecho a la igualdad de oportunidades y no discriminación. Derechos políticos y civiles de las personas discapacitadas (accesibilidad universal, educación inclusiva, empleo público, contratación pública", en Beltrán Aguirre, J.L. y Ezquerra Huerva, A. (dirs.), *Atención y protección jurídica de la discapacidad,* Thomson Reuters Aranzadi, Pamplona, pp. 69-124.

2. OTROS DOCUMENTOS CONSULTADOS

Agencia Española de Protección de Datos (2022), *Informe nº. 33/2022, de 29 de abril, al Anteproyecto de Ley en materia de requisitos de accesibilidad de determinados, productos y servicios, por la que se transpone al ordenamiento jurídico español la Directiva (UE) 2019/882 del Parlamento Europeo y del Consejo, de 17 de abril de 2019:* PL Accesibilidad productos y otros.pdf (congreso.es)

Comisión Europea:

- (2021) *Annual Report on European SMEs 2020/2021 (Digitalisation of SMEs):* https://op.europa.eu/en/publication-detail/-/publication/849659ce-dadf-11eb-895a-01aa75ed71a1
- (2022) *Annual Report on European SMEs 2021/2022 (SMEs and environmental sustainability Background document):* https://le-europe.eu/publication/2021-2022-annual-report-on-european-smes-june-2022/

Comité Español de Representantes de Personas con Discapacidad:

- (2019) *Informe preliminar del CERMI sobre contenidos e impacto en el derecho Español de la Directiva (UE) 2019/882 del Parlamento Europeo y del Consejo de 17 de Abril de 2019 sobre los requisitos de accesibilidad de los productos y servicios:* Informe preliminar del CERMI sobre contenidos e impacto en el derecho Español de la Directiva (UE) 2019/882 del Parlamento Europeo y del Consejo de 17 de Abril de 2019 sobre los requisitos de accesibilidad de los productos y servicios (convenciondiscapacidad.es)
- (2023) *Informe de alegaciones del CERMI al Proyecto de Real Decreto por el que se regulan las condiciones básicas de accesibilidad y no discriminación de las personas con discapacidad:* Informe de alegaciones del CERMI al Proyecto de Real Decreto por el que se regulan las condiciones básicas de accesibilidad y no discriminación de las personas con discapacidad

Comité sobre los Derechos de las personas con Discapacidad:

- (2014) *Observación general nº. 2 sobre el artículo 9: accesibilidad*: untitled (convenciondiscapacidad.es)
- (2018) *Observación general nº. 6 sobre la igualdad y la no discriminación*: G1811908 (2).pdf

Consejo De Estado:

- (2018) *Dictamen nº 1030/2018, de 28 de febrero de 2019, sobre el Anteproyecto de reforma del artículo 49 de la Constitución Española:* BOE.es–CE-D-2018-1030
- (2022) *Dictamen nº. 1604/2022, de 27 de octubre, sobre el Anteproyecto de Ley de transposición de Directivas de la Unión Europea en las materias de accesibilidad de productos y servicios, migración de personas altamente cualificadas y tributaria y de adaptación normativa a los Convenios internacionales sobre responsabilidad civil por daños nucleares:* PL Accesibilidad productos y otros.pdf (congreso.es)
- (2023) *Dictamen nº. 26/2023, de 9 de febrero, sobre el Proyecto de Real Decreto por el que se regulan las condiciones básicas de accesibilidad y no discriminación de las personas con discapacidad para el acceso y utilización de los bienes y servicios a disposición del público:* BOE.es–CE-D-2023-26

Consejo Económico y Social:

- (2022) *Dictamen nº. 8/2022, de 8 de junio, sobre el Anteproyecto de Ley en materia de requisitos de accesibilidad de determinados, productos y servicios, por la que se transpone al ordenamiento jurídico español la Directiva (UE) 2019/882 del Parlamento Europeo y del Consejo, de 17 de abril de 2019,* CES, Madrid.
- (2023) *Dictamen nº. 4/2023, de 22 de febrero, sobre el Proyecto de Real Decreto por el que se regulan las condiciones básicas de accesibilidad y no discriminación de las personas con discapacidad para el acceso y utilización de los bienes y servicios a disposición del público,* CES, Madrid.

Consejo Europeo (2022), *La discapacidad en la UE: datos y cifras* (infografía de 17/05/2022): La discapacidad en la UE: datos y cifras–Consilium (europa.eu)

Consejo Nacional de la Discapacidad (2022), *Informe de 26 de abril de 2022 al Anteproyecto de Ley en materia de requisitos de accesibilidad de determinados, productos y servicios, por la que se transpone al ordenamiento jurídico español la Directiva (UE) 2019/882 del Parlamento Europeo y del Consejo, de 17 de abril de 2019:* PL Accesibilidad productos y otros.pdf (congreso.es)

Deloitte (2015), *Study on the socio-economic impact of new measures to improve accessibility of goods and services for people with disabilities (final report),* https://docplayer.net/54149870-Study-on-the-socio-economic-impact-of-new-measures-to-improve-accessibility-of-goods-and-services-for-people-with-disabilities-final-report.html

European Disability Forum:

- (2019) *Analysis of the European Accessibility Act*: https://www.edf-feph.org/newsroom/news/our-analysis-european-accessibility-act

- (2020) *Ley Europea de Accesibilidad. Manual para la transposición:* Ley europea de accesibilidad (edf-feph.org)

Ministerio de Industria, Comercio Turismo (2023), informe *Cifras PyME 2023*: Cifras PYME. Datos mayo 2023 (industria.gob.es)

Ministerio de Sanidad, Consumo y Bienestar Social, Real Patronato sobre Discapacidad, CERMI y FONCE (2017), *Estudio de accesibilidad de los bienes y servicios a disposición del público en España,* Real Patronato sobre Discapacidad, Madrid: Estudio de Accesibilidad de los Bienes y Servicios a disposición del público en España (carm.es)

Observatorio nacional de las telecomunicaciones y de la sociedad de la información (2019), *Informe e-PYME 2018: Análisis sectorial de la implantación de las TIC en las empresas españolas,* Ontsi, Madrid: Informe ePyme 2016 (ontsi.es)

Organización Mundial de la Salud (2011), *Word Report on Disability*: World Report on Disability (who.int)

ANEXO. Tabla de correspondencia comentada entre la Directiva de Accesibilidad y la Ley 11/2023[431]

El nivel de correspondencia es muy alto. Se sombrean los cambios de sistemática más relevantes y, con menor intensidad, las disposiciones que no necesitan transposición. Asimismo, se comentan las novedades de la Ley 11/2023.

---

[431] Actualizada con comentarios propios a partir de la tabla de correspondencia incluida en la *Memoria del análisis de impacto normativo* del anteproyecto de abril en pp. 30 y ss., así como de las observaciones realizadas a dicho anteproyecto por el CND, en cuyo informe participaron sus 12 vocalías [disponible en: PL Accesibilidad productos y otros.pdf (congreso.es)]. Igualmente se hace alguna mención al *Dictamen 1604/2022* emitido por el Consejo de Estado a anteproyecto conjunto [disponible en: PL Accesibilidad productos y otros.pdf (congreso.es)].

Directiva de Accesibilidad	Ley 11/2023	Comentarios
Sobre los requisitos de accesibilidad de los productos y servicios	**En materia de accesibilidad de determinados productos y servicios**	• El título de la norma española es más preciso y refleja dos cambios respecto a la europea, a nuestro juicio atinados: - El ámbito objetivo regulado incluye *solo algunos* productos y servicios, no todos como podría derivar de la lectura del título de la norma europea. - El contenido no se limita a regular los requisitos de accesibilidad, sino que va *más allá* (v.gr. obligaciones de agentes económicos).
Capítulo I. Disposiciones generales		
Artículo 1. Objeto	Artículo 1. Objeto	• Directiva: objetivo centrado en el funcionamiento del mercado interior. • Ley 11/2023: objetivo centrado en la autonomía de las personas, en particular, con discapacidad.
Artículo 2. Ámbito de aplicación	Artículo 2. Ámbito de aplicación	
Artículo 2.1	Artículo 2.1	• La Ley 11/2023 varía un poco la sistemática al incluir, como terminales de autoservicio, tanto los utilizados para prestar servicios de comunicaciones electrónicas o acceder a servicios de comunicación audiovisual, como los lectores electrónicos, que antes no tenían tal consideración. • Añade, respecto a los productos indicados en la Directiva, los "terminales de gestión de turno, tanto quiscos expendedores como dispositivos donde se anuncie el turno".
Artículo 2.2	Artículo 2.2	• Ambos textos, en su respecto artículo 2.2.c), dejan fuera de la necesaria accesibilidad la mayoría de elementos de los servicios de transporte urbano, suburbano y regional (salvo terminales de servicio interactivos), salvedad criticada tanto por FONCE como por CERMI por constituir dicho transporte un *"eslabón clave en la cadena de accesibilidad"*, especialmente en el día a día de la población. En sentido análogo, COCEMFE propuso que el citado apartado incluyera *"toda la infraestructura y los servicios de transporte, incluidos los relacionados con el transporte urbano, suburbano y regional y los transportes de pasajeros (sin exenciones). Incluyendo las nuevas electrolineras"*. A los *"monolitos de repostaje en gasolineras y electrolineras"* se refirió también CERMI Andalucía. • La Ley 11/2023 añade la accesibilidad de los sitios web y de los servicios mediante dispositivos móviles (incluidas las *apps*) referidas a los servicios de "suministro eléctrico, de agua y gas", "agencias de viajes y turoperadores" y las "redes sociales", que se incorporan al ámbito de aplicación de la norma de transposición. • ONCE y FONCE plantearon, a partir de la redacción del anteproyecto de abril de 2022, añadir los servicios de salud, pero dicha observación no se tuvo en cuenta.
Artículo 2.3	Artículo 2.3	
Artículo 2.4	Artículo 2.4	

Artículo 2.5	Art. 2.5	• El artículo de la Directiva tiene su correspondiente en la Ley 11/2023, si bien solo para remitirse a otros textos europeos o, en su caso, a la norma nacional que los ha incorporado.
Artículo 3. Definiciones	Anexo VII. Definiciones	• La Ley 11/2023 traslada las mismas 44 definiciones de la Directiva a un anexo, solución que nos parece adecuada para agilizar la lectura del texto. • Se añade, por tanto, un anexo VII que no aparece en la Directiva y que alterará, en cierta medida, la numeración posterior del articulado. • Lista las definiciones en orden alfabético, buen criterio sistemático. • A nuestro juicio, faltarían las definiciones de "terminal de autoservicio" y de "terminal de gestión de turno".
Capítulo II. Requisitos de accesibilidad y libre circulación		
Artículo 4. Requisitos de accesibilidad	Artículo 3. Requisitos de accesibilidad universal	
Artículo 4.1	Artículo 3.1	
Artículo 4.2	Artículo 3.1	
Artículo 4.3	Artículo 3.1	
Artículo 4.4	Artículo 3.2	• Directiva: remite a los Estados si y en qué medida el entorno construido que se utilice en la prestación de los servicios incluidos en su ámbito de aplicación debe ser accesible de conformidad con los requisitos del anexo III. • Ley 11/2023: obliga a que el entorno construido utilizado en la prestación de los servicios incluidos en su ámbito de aplicación cumpla los requisitos de accesibilidad recogidos en el anexo III, "de acuerdo con la normativa sectorial vigente". • España es uno de los países de la UE que cuenta con una mayor regulación en materia de accesibilidad.
Artículo 4.5	Artículo 3.3	• Tanto la Directiva como la Ley 11/2023 dejan fuera de su ámbito de aplicación a las microempresas que presten servicios, exclusión que FONCE sugirió eliminar.
Artículo 4.6 y considerando 72	Disposición adicional 2ª	• Directiva: en su considerando 72 anima a todas las microempresas "a fabricar, importar y distribuir productos, y prestar servicios, que cumplan los requisitos de accesibilidad (...) para aumentar la competitividad y el crecimiento potencial de dichas empresas en el mercado interior". A tal fin, los Estados deberán proporcionarles orientaciones y herramientas para facilitarles dicha tarea (art. 4.6 DA). • Ley 11/2023: reúne en una disposición adicional lo indicado en la Directiva, obligando a los Estados a proporcionar a las microempresas orientaciones y herramientas, en concertación con las partes interesadas, para facilitarles la fabricación, importación y distribución de productos, y la prestación de servicios que cumplan los requisitos de accesibilidad. • La Ley 11/2023 añade que dicha tarea se efectuará a través de los centros de referencia estatales y autonómicos especializados en accesibilidad a los que se refiere el artículo 6.

Artículo 4.7	Anexo II. Ejemplos indicativos no vinculantes sobre requisitos del anexo I	• Directiva: recoge expresamente la posibilidad de que los Estados informen a los agentes económicos de los ejemplos indicativos que recoge en su anexo II. • Ley 11/2023: omite una disposición en similares términos, si bien lista en su anexo II (al igual que hace el anexo II de la Directiva) unos ejemplos indicativos sobre posibles medidas para aplicar los requisitos de accesibilidad recogidos en el anexo I.
Artículo 4.8	Artículo 3.4	
Artículo 4.9	Artículo 3.5	
Artículo 5. Derecho de la Unión vigente en el ámbito de transporte de viajeros	Artículo 4. Derecho de la Unión vigente en el ámbito del transporte de viajeros	• Ambos textos contienen idéntica remisión, en materia de transporte de viajeros, a los oportunos reglamentos europeos según se trate de transporte aéreo, por ferrocarril, por mar y vías navegables, o por autobús y autocar. • La Ley 11/2023 actualiza sendas referencias a: - El *Reglamento (CE) nº. 1371/2007, sobre los derechos y las obligaciones de los viajeros de ferrocarril*, sustituido por el *Reglamento (UE) 2021/782* a partir del 7 de junio de 2023. - La *Directiva 2008/57/CE, sobre la interoperabilidad del sistema ferroviario dentro de la Comunidad*, sustituida por la *Directiva 2016/797* desde el 16 de junio de 2020.
Artículo 6. Libre circulación	Artículo 5. Libre circulación	
-	Artículo 6. Centros de referencia estatales y autonómicos especializados en accesibilidad	• Nuevo artículo en la Ley 11/2023, inexistente en la Directiva, que reconoce, como centros de referencia especializados en accesibilidad: - En el ámbito estatal, al CEAPAT y al *Real Patronato sobre discapacidad* con sus centros asesores y de referencia. - En el ámbito autonómico, aquellas instituciones o entidades, tanto públicas como privadas, que así se consideren. • El CERMI sugirió incorporar cualquier otro centro que, dependiente de entidades sociales colaboradoras de la Administración estatal, contase con la acreditación oportuna según el procedimiento establecido a tal fin por el ministerio con competencias en materia de discapacidad.
Capítulo III. Obligaciones de los agentes económicos que guardan relación con los productos		
Artículo 7. Obligaciones de los fabricantes	Artículo 7. Obligaciones de los fabricantes	
Artículo 7.1	Artículo 7.1	
Artículo 7.2	Artículo 7.2	• La Ley 11/2023 aclara que la elaboración de la documentación técnica por el fabricante debe ser "[c]on anterioridad a su puesta en el mercado".
Artículo 7.3	Artículo 7.3	
Artículo 7.4	Artículo 7.4	
Artículo 7.5	Artículo 7.5	

	especializados en accesibilidad	- En el ámbito estatal, al CEAPAT y al *Real Patronato sobre discapacidad* con sus centros asesores y de referencia. - En el ámbito autonómico, aquellas instituciones o entidades, tanto públicas como privadas, que así se consideren. • El CERMI sugirió incorporar cualquier otro centro que, dependiente de entidades sociales colaboradoras de la Administración estatal, contase con la acreditación oportuna según el procedimiento establecido a tal fin por el ministerio con competencias en materia de discapacidad.
Capítulo III. Obligaciones de los agentes económicos que guardan relación con los productos		
Artículo 7. Obligaciones de los fabricantes	Artículo 7. Obligaciones de los fabricantes	
Artículo 7.1	Artículo 7.1	
Artículo 7.2	Artículo 7.2	• La Ley 11/2023 aclara que la elaboración de la documentación técnica por el fabricante debe ser "[c]on anterioridad a su puesta en el mercado".
Artículo 7.3	Artículo 7.3	
Artículo 7.4	Artículo 7.4	
Artículo 7.5	Artículo 7.5	
Artículo 7.6	Artículo 7.6	• La Ley 11/2023 recoge lo indicado en la Directiva respecto a que los datos de contacto que el fabricante debe reflejar en el producto –o, si no es posible, en su embalaje o envase, o en un documento que lo acompañe– figurarán en una "lengua fácilmente comprensible". • Pero añade que, si fuera posible físicamente, tales datos se ofrecerán también en "formatos accesibles" (sugerencia del CERMI) y, de no serlo, deberá hacerse referencia al punto donde encontrar dicha información. • FONCE había apuntado que los datos de contacto se facilitaran, al menos, en castellano, pero esto no se ha incorporado a pesar de que la mención al castellano –junto a la lengua oficial del territorio donde se vaya a comercializar el producto– se recoge en otros apartados al hilo de las instrucciones e información sobre seguridad de los productos e incluso de los datos de contacto de los importadores. Ello hace pensar que se trata de un olvido.
Artículo 7.7	Artículo 7.7	• Al exigir que el fabricante garantice que el producto vaya acompañado de las instrucciones e información sobre seguridad en una lengua fácilmente comprensible: - Directiva: añade que tales instrucciones e información, así como cualquier etiquetado, "serán claros, comprensibles e inteligibles". - Ley 11/2023: exige que las instrucciones e información vayan "al menos, en castellano y en la lengua oficial del territorio donde se vaya a comercializar" y que, al igual que el etiquetado, cumplan "criterios de lenguaje claro" para asegurar que la información "sea pertinente, esté localizable y sea perceptible y comprensible para todas las personas". El CERMI había sugerido sustituir "lenguaje claro" por "lectura fácil", pero aquí no se ha tenido en cuenta.

Artículo 7.8	Artículo 7.8	• Cuando el producto no cumpla los requisitos de accesibilidad, los fabricantes deben informar inmediatamente de ello: - Directiva: a las autoridades nacionales competentes de los Estados miembros en que se haya comercializado el producto. - Ley 11/2023: añade, junto a la información a otros Estados, a la "autoridad de vigilancia competente" (entiéndase interna).
Artículo 7.9	Artículo 7.9	• De nuevo, la Ley 11/2023 exige que la información y documentación que, en su caso, deban facilitar a la autoridad nacional competente los fabricantes para demostrar la conformidad de un producto se presten en una lengua fácilmente comprensible para dicha autoridad "y, al menos en castellano y en lengua oficial del territorio donde se vaya a comercializar".
Artículo 8. Representantes autorizados	Artículo 8. Obligaciones de los representantes autorizados	
Artículo 8.1	Artículo 8.1	
Artículo 8.2	Artículo 8.2	
Artículo 9. Obligaciones de los importadores	Artículo 9. Obligaciones de los importadores	
Artículo 9.1	Artículo 9.1	
Artículo 9.2	Artículo 9.2	
Artículo 9.3	Artículo 9.3	
Artículo 9.4	Artículo 9.4	• Al mencionar la necesidad de que consten los datos de contacto de los importadores en el producto –o, de no ser posible, en su embalaje o envase, o en un documento que lo acompañe– ahora sí indica la Ley 11/2023 que, al menos, consten en castellano y en la lengua oficial del territorio correspondiente, pero no se indica que se ofrecerán en formatos accesibles (como sí se decía respecto a los datos de contacto del fabricante).
Artículo 9.5	Artículo 9.5	• Como sucedía con el artículo 7.7, el importador ha de garantizar que las instrucciones e información sobre seguridad que acompañen al producto estén en una lengua fácilmente comprensible y "al menos, en castellano y en la lengua oficial del territorio donde se vaya a comercializar". Además, deberán cumplir los criterios, de –ahora sí– "lectura fácil" (sugerencia de CERMI y FONCE) para asegurar que la información "sea pertinente, esté localizable y sea perceptible y comprensible para todas las personas".
Artículo 9.6	Artículo 9.6	
Artículo 9.7	Artículo 9.7	
Artículo 9.8	Artículo 9.8	• Véase comentario al hilo del artículo 7.8.
Artículo 9.9	Artículo 9.9	• La Ley 11/2023 exige que la información y documentación que, en su caso, deban facilitar a la autoridad nacional competente los importadores para demostrar la conformidad de un producto se presten en una lengua fácilmente comprensible para dicha autoridad "y, al menos en castellano". Aquí no se hace referencia a otras lenguas cooficiales, lo que puede deberse a un simple olvido.

Artículo 10. Obligaciones de los distribuidores	Artículo 10. Obligaciones de los distribuidores	
Artículo 10.1	Artículo 10.1	• Directiva: establece la obligación de que, al comercializar un producto, los distribuidores actúen con la "debida diligencia" respecto a los requisitos de accesibilidad. • Ley 11/2023: elimina dicho parámetro e indica directamente que los distribuidores "actuarán de acuerdo con" tales requisitos. El anteproyecto de abril de 2022 sí se refería a la debida diligencia. En realidad, se trata de un concepto jurídico indeterminado cuya concreción puede plantear dudas. De ahí que la redacción actual facilite su interpretación.
Artículo 10.2	Artículo 10.2	• Los distribuidores velarán por que las instrucciones e información sobre seguridad que acompañen a los productos estén en una lengua fácilmente comprensible y, al menos en castellano (no se hace referencia aquí a otras lenguas cooficiales). • Sí se añade, como sucedía con los datos de contacto del fabricante, la necesidad de que las instrucciones e información sobre seguridad se ofrezcan, si fuera posible físicamente, en "formatos accesibles" y, de no serlo, se deberá hacer referencia al punto donde poder encontrar dicha información.
Artículo 10.3	Artículo 10.3	
Artículo 10.4	Artículo 10.4	
Artículo 10.5	Artículo 10.5	• Véase comentario al hilo del artículo 7.8.
Artículo 10.6	Artículo 10.6	• Véase comentario al hilo del artículo 9.9.
Artículo 11. Casos en que las obligaciones de los fabricantes se aplican a importadores y distribuidores	Artículo 11. Casos en que las obligaciones de los fabricantes se aplican a importadores y distribuidores	
Artículo 12. Identificación de los agentes económicos que guardan relación con los productos	Artículo 12. Identificación de los agentes económicos que guardan relación con los productos	
Artículo 12.1	Artículo 12	
Artículo 12.2	Artículo 12	
Artículo 12.3	Disposición final 17ª, pár. 2º	• El artículo 12 de la Ley 11/2023 obliga a los agentes económicos, previa solicitud, a identificar ante las autoridades de vigilancia a cualquier otro agente que les haya suministrado un producto o al que se lo hayan suministrado, obligación que tendrá una vigencia de 5 años. • Lo que se lleva a una disposición final (por recomendación del Consejo de Estado, en su *Dictamen 1604/2022* al anteproyecto conjunto, p. 28), concretamente a la DF 17ª.2º, es que la persona titular del *Ministerio de Derechos Sociales y Agenda 2030* pueda modificar este plazo si la Comisión hiciera lo propio para productos concretos según su vida económicamente útil.

Artículo 12.3	Disposición final 17ª, pár. 2º	• El artículo 12 de la Ley 11/2023 obliga a los agentes económicos, previa solicitud, a identificar ante las autoridades de vigilancia a cualquier otro agente que les haya suministrado un producto o al que se lo hayan suministrado, obligación que tendrá una vigencia de 5 años. • Lo que se lleva a una disposición final (por recomendación del Consejo de Estado, en su *Dictamen 1604/2022* al anteproyecto conjunto, p. 28), concretamente a la DF 17ª.2º, es que la persona titular del *Ministerio de Derechos Sociales y Agenda 2030* pueda modificar este plazo si la Comisión hiciera lo propio para productos concretos según su vida económicamente útil.
Capítulo IV. Obligaciones de los prestadores de servicios		
Artículo 13. Obligaciones de los prestadores de servicios	Artículo 13. Obligaciones de los prestadores de servicios	
Artículo 13.1	Artículo 13.1	
Artículo 13.2 y anexo V	Artículos 13.2, 13.3 y 13.4	• Con buen criterio sistemático, que mejora la técnica legislativa de la Directiva, la Ley 11/2023 traslada a su artículo 13 (apdos. 2 y 3) la información que recoge el anexo V de la norma europea, titulado "Información sobre los servicios que cumplen los requisitos de accesibilidad". • El apartado 2 obliga a los prestadores de servicios a incluir, en las condiciones generales o documento equivalente, la información que evalúe cómo el servicio cumple los requisitos de accesibilidad. Asimismo, recoge los mínimos elementos que deberá incluir:
		- Una descripción general en formatos universalmente accesibles. - Las descripciones y explicaciones necesarias para la comprensión del funcionamiento del servicio en formatos accesibles. - Una descripción de cómo el proceso de prestación del servicio y su seguimiento garantizan su conformidad y cumplen los requisitos de accesibilidad. Este requisito se detalla más en la Ley 11/2023, pues la Directiva es más ambigua al referirse a una "descripción de la forma en que el servicio cumple los requisitos de accesibilidad".
Artículo 13.3	Artículo 13.5	
Artículo 13.4	Artículo 13.7	
Artículo 13.5	Artículo 13.8	
Anexo V. Apdo. 3	Artículo 13.6	• En consonancia con lo comentado anteriormente, se traslada a este apartado la obligación de los prestadores de servicio de dar la información que demuestre que el proceso de prestación del servicio y su seguimiento garantizan su conformidad tanto con la documentación de la información referida en el artículo 13.2, como con los requisitos de accesibilidad.

Considerando 19	Artículo 14.1	• Los artículos 14 y 15 de la Ley 11/2023 carecen de un equivalente en el articulado de la Directiva, pero proceden literalmente de sus Considerandos 19 y 20. • En su artículo 14.1, la Ley 11/2023 establece una suerte de accesibilidad *en cascada*, de modo que la accesibilidad de un servicio con el que interactúe el consumidor dependerá de que sean también accesibles los productos utilizados en su prestación.
Considerando 20	Artículo 14.2	• La Ley 11/2023 reubica en su articulado la necesidad de que, aunque se subcontrate a un tercero un servicio o parte del mismo, su accesibilidad no debe verse comprometida.
Considerado 20	Artículo 15	• La Ley 11/2023 dota de la importancia que merece la formación del personal, dedicándole un artículo, inédito en la Directiva con tal, aunque sí como considerando 20. • Quienes presten servicios deberán garantizar una formación adecuada y continua de su personal para que conozcan cómo utilizar productos y servicios accesibles. • La formación debe incluir cuestiones como el suministro de información, el asesoramiento, la publicidad y la atención a la diversidad. La "atención a la diversidad" no constaba en el anteproyecto de abril de 2022, pero se añadió tras la observación realizada por PREDIF ECOM adjuntada al informe presentado por el CND.
		• La incorporación de los artículos 14 y 15 en la Ley 11/2023 altera la correlación numérica con la Directiva.
Capítulo V. Modificación sustancial de productos o servicios y carga desproporcionada sobre los agentes económicos		
Artículo 14. Modificación sustancial y carga desproporcionada	Artículo 16. Modificación sustancial y carga desproporcionada	
Artículo 14.1 y considerando 66	Artículo 16.1	• La Ley 11/2023 mejora, a nuestro juicio, la redacción de la Directiva, resaltando el carácter excepcional de los supuestos de modificación sustancial o de carga desproporcionada para exceptuar el cumplimiento de los requisitos de accesibilidad. • Con ocasión del supuesto de "carga desproporcionada", la Ley 11/2023 añade que, a pesar de que proceda su aplicación, los agentes económicos garantizarán que el producto o servicio "sea lo más accesible posible aplicando los requisitos de accesibilidad en la medida en que no supongan una carga desproporcionada". Esto último lo recoge la Directiva en su considerando 66. • Aunque iba de suyo, se insiste en que dichas excepciones deberán estar "debidamente justificadas".
Artículo 14.2	Artículo 16.2	
Artículo 14.3	Artículo 16.3	
Artículo 14.4	Artículo 16.4	
Artículo 14.5	Artículo 16.5	
Artículo 14.6	Artículo 16.6	

Artículo 14.7	Disposición final 17ª, pár. 2°	• Directiva: su artículo 14.7 permite a la Comisión adoptar actos delegados para precisar los criterios a tener en cuenta por el agente económico para evaluar la carga desproporcionada (recogidos en su anexo VI). A tal fin, tendrá en cuenta los "beneficios potenciales no solo para las personas con discapacidad, sino también para las personas con limitaciones funcionales". Interesante previsión, única –más allá de su considerando 4– en la que la Directiva traslada el mensaje de que la accesibilidad debe tender a la *universalidad*. • Ley 11/2023: su DF 17ª.2° habilita a la persona titular del *Ministerio de Derechos Sociales y Agenda 2030* a modificar el anexo V (idéntico al VI de la Directiva) para adecuar su contenido a lo que, en su caso, disponga la Comisión.
Artículo 14.8	Artículo 16.7	
Capítulo VI. Normas armonizadas y especificaciones técnicas de los productos y servicios		
Artículo 15. Presunción de conformidad	Artículo 17. Presunción de conformidad	
Artículo 15.1	Artículo 17.1	
Artículo 15.2	No procede su transposición	• La Comisión deberá solicitar a uno o más organismos europeos de normalización la elaboración de proyectos de normas armonizadas para los requisitos de accesibilidad.
Artículo 15.3	Artículo 17.2	
Artículo 15.4	Artículo 17.2	
Capítulo VII: Conformidad de los productos y marcado CE		
Artículo 16. Declaración UE de conformidad de los productos	Artículo 18. Declaración UE de conformidad de los productos	
Artículo 16.1	Artículo 18.1	• Con el mismo contenido, la Ley 11/2023 mejora la redacción de qué sea la "declaración UE de conformidad".
Artículo 16.2	Artículo 18.2	• Artículo equivalente en ambos textos, si bien la Ley 11/2023, al añadir el modelo de declaración UE de conformidad en su anexo VI, se remite al mismo (en lugar de al anexo III de la *Decisión n° 768/2008/CE* como hace el texto europeo). • La Ley 11/2023 señala que la declaración se realizará "al menos en castellano y en la lengua oficial del territorio donde se vaya a comercializar" el producto si hablamos de España o, en otro caso, "en el idioma requerido por el Estado miembro" de que se trate.
Artículo 16.3	Artículo 18.3	
Artículo 16.4	Artículo 18.4	
Artículo 17. Principios generales del marcado CE de los productos	Artículo 19. Principios generales del marcado CE de los productos	

Artículo 18. Reglas y condiciones para la colocación del marcado CE	Artículo 20. Reglas y condiciones para la colocación del marcado CE	
Artículo 18.1	Artículo 20.1	
Artículo 18.2	Artículo 20.2	
Artículo 18.3	No procede su transposición	• La Directiva recuerda a los Estados que deberán basarse en los mecanismos existentes tanto para garantizar la correcta aplicación del marcado CE, como para emprender las acciones oportunas en caso de un uso incorrecto.
Capítulo VIII. Vigilancia del mercado de los productos y procedimiento de salvaguardia de la Unión		
Artículo 19. Vigilancia del mercado de los productos	Artículo 21. Vigilancia del mercado de los productos	
Artículo 19.1	Artículo 21.1	• Ambos preceptos remiten los principales aspectos del procedimiento de vigilancia del mercado de los productos a varios artículos de un reglamento europeo. La Ley 11/2023 actualiza los artículos citados con referencia al *Reglamento (UE) 2019/1020*, en lugar de al *Reglamento (CE) 765/2008*, algunos de cuyos artículos han sido derogados por el primero.
Artículo 19.2	Artículo 21.2	
Artículo 19.3	Artículo 21.3	• Tanto la Directiva como la Ley 11/2023 obligan a las autoridades de vigilancia a poner a disposición del público la información de que dispongan sobre la conformidad de los agentes económicos con los requisitos de accesibilidad y la evaluación para determinar la concurrencia de modificación sustancial o carga desproporcionada. • El anteproyecto recogía la anterior obligación como mera facultad, razón por la que el Consejo de Estado realizó, en su *Dictamen 1604/2022* (pp. 31 y 32) una observación esencial a este respecto, que fue debidamente atendida por el Gobierno.
Considerando 80	Artículo 21.4	• La Ley 11/2023 posibilita que las autoridades de vigilancia, en el cumplimiento de sus funciones, soliciten "la colaboración de las personas con discapacidad y de las organizaciones que las representan a ellas y sus intereses". Se trata de una pertinente colaboración, si se hace uso de ella. • La Directiva no contiene una previsión similar en su articulado, aunque en su considerando 80 indica que, al realizar sus funciones –de vigilancia del mercado de los productos o de verificación de la conformidad de los servicios–, las autoridades cooperarán con las personas con discapacidad y las organizaciones que las representan a ellas y sus intereses.
Artículo 20. Procedimiento a escala nacional para los productos que no cumplen los requisitos de accesibilidad	Artículo 22. Procedimiento para los productos que no cumplen los requisitos de accesibilidad	

Artículo 20.1	Artículo 22.1	• Si las autoridades nacionales de vigilancia tuvieran "indicios" (dice la Ley 11/2023, pues la Directiva se refiere a tener "motivos suficientes para pensar que") de que un producto no cumple los requisitos de accesibilidad efectuarán una evaluación del producto y, si constatan el incumplimiento, pedirán al agente económico que adopte todas las medidas correctoras oportunas. Ahora bien: - Directiva: tal petición se hará "sin demora" al agente económico en cuestión. - Ley 11/2023: tal petición se hará "en el plazo razonable, proporcional a la naturaleza del incumplimiento desde dicha constatación". En su versión inicial, el Proyecto de Ley 2022 era más concreto y señalaba el "plazo máximo de un mes" desde la referida constatación. Ello nos parecía atinado, pues aportaba seguridad jurídica. Sin embargo, en el Congreso se optó por hacer referencia a un "plazo razonable" y así ha pasado a la redacción final de la Ley 11/2023.
Artículo 20.2	Artículo 22.2	
Artículo 20.3	Artículo 22.3	
Artículo 20.4	Artículo 22.4 y 5	
Artículo 20.5	Artículo 22.5	
Artículo 20.6	Artículo 22.6	
Artículo 20.7	Artículo 22.6	
Artículo 20.8	Artículo 22.6	
Artículo 21. Procedimiento de salvaguardia de la Unión	Artículo 22.7	
Artículo 21.1	No procede su transposición	• El artículo 21.1 indica qué puede hacer la Comisión, concluido el procedimiento nacional frente a productos que no cumplan los requisitos de accesibilidad y adoptadas, en su caso, medidas correctoras. Si otro Estado formulara objeciones a dichas medidas o la Comisión tuviera "pruebas razonables indiciarias" de que vulneran el Derecho de la UE, la Comisión consultará a los Estados miembros y al agente económico afectado y evaluará la medida nacional para decidir si está o no justificada.
Artículo 21.2	Artículo 22.7	• Si la medida nacional está justificada, indica la Directiva que todos los Estados miembros adoptarán las decisiones oportunas para retirar del mercado el producto no conforme, informando de ello a la Comisión.
		• Si la medida nacional no está justificada –esto es lo único que refiere también el artículo 22.7 de la Ley 11/2023– será retirada.
Artículo 21.3	No procede su transposición	• Si la medida nacional estuviera justificada y la no conformidad del producto obedeciera a defectos de las normas armonizadas, la Directiva se remite al procedimiento del *Reglamento (UE) 1025/2012*.
Artículo 21.4	No procede su transposición	• Si la medida nacional estuviera justificada y la no conformidad del producto obedeciera a defectos de las especificaciones técnicas, la Comisión adoptará actos de ejecución para modificarlas o derogarlas según el procedimiento de examen del *Reglamento (UE) 182/2011*.

Artículo 22. Incumplimiento formal	Artículo 23. Incumplimiento formal	
Artículo 22.1	Artículo 23.1	
Artículo 22.2	Artículo 23.2	
Capítulo IX. Conformidad de los servicios		
Artículo 23. Conformidad de los servicios	Artículo 24. Conformidad de los servicios	
Artículo 23.1	Artículo 24.1	• Según la Ley 11/2023, las autoridades de vigilancia serán responsables de elaborar, aprobar, ejecutar y actualizar procedimientos para (i) comprobar la conformidad de los servicios, (ii) hacer un seguimiento de quejas y (iii) verificar la adopción de las medidas correctoras necesarias por los agentes económicos. • Respecto a la comprobación de la conformidad de los servicios: - Directiva: se refiere, en particular, a la evaluación del "artículo 14, respecto de la cual el artículo 19, apartado 2, se aplicará *mutatis mutandis*". - Ley 11/2023: se refiere, en particular, a la evaluación del "artículo 13, respecto de la cual el artículo 18.2, se aplicará *mutatis mutandis*". Existe un error en la Ley 11/2023, pues la remisión tendría que ser a los artículos 16 y 21.2. Esto ya fue advertido, como observación esencial además, por el Consejo de Estado en su *Dictamen 1604/2022* (p. 34). Pues bien, el error persiste y no ha sido atendido ni por el Gobierno, ni en las Cortes Generales.
Artículo 23.2	Artículo 24.1 y 2	• Las autoridades de vigilancia deben informar a la ciudadanía sobre su existencia, responsabilidades, identidad, labor y decisiones que adopten para verificar la conformidad de los servicios. A este respecto:
		- Directiva: señala que "cuando así se les solicite" pondrán a disposición del público dicha información en formatos accesibles. - Ley 11/2023: elimina la necesaria solicitud –que también aparecía en el anteproyecto– y ahora se indica que dicha información "será puesta a disposición de todas las personas en formatos accesibles". Con buen criterio, por tanto, se refuerza el derecho a una información accesible en todo caso, sin condicionamiento alguno.
Considerando 80	Artículo 24.3	• La Ley 11/2023 señala que, para realizar sus funciones de verificación de la conformidad de los servicios, las autoridades de vigilancia podrán solicitar tanto el "apoyo y asesoramiento" de los centros de referencia estatales y autonómicos en materia de accesibilidad, como la "colaboración de las personas con discapacidad y las organizaciones que las representan a ellas y sus intereses". • Como ya se indicó al hilo de los productos (*vid.* comentario al art. 21.4 Ley 11/2023), la Directiva no dispone en su articulado de un precepto similar, aunque su considerando 80 prevé –tanto para la vigilancia del mercado de los productos, como para la verificación de la conformidad de los servicios– que las autoridades cooperen con las personas con discapacidad y las organizaciones que las representan a ellas y sus intereses.

-	Artículo 24.4	• La Ley 11/2023 se refiere en este apartado, inexistente en el anteproyecto de abril de 2022, a los procedimientos habrán de seguir las autoridades de vigilancia para garantizar la conformidad de los servicios y que, según el caso, tratarán sobre: - Vigilancia del mercado de productos. - Verificación de la conformidad de los servicios. - Verificación de las evaluaciones de conformidad. • Supletoriamente, se aplicará la *Ley 39/2015, de 1 de octubre, del Procedimiento Administrativo Común de las Administraciones Públicas.*
Capítulo X. Requisitos de accesibilidad en otros actos de la Unión		
Artículo 24. Accesibilidad en virtud de otros actos de la Unión	Artículo 25. Accesibilidad en virtud de otros actos de la Unión	
Artículo 24.1	Artículo 25.1	• Como la Directiva, la Ley 11/2023 traslada al ámbito de la contratación pública la obligación de respetar los requisitos de accesibilidad de los bienes y servicios incluidos en su ámbito de aplicación. A tal fin, se remite a los artículos 126.2 de la Ley 9/2017 y 45.2.a) del RDLey 3/2020.
Artículo 24.2	Artículo 25.2	
Artículo 25. Normas armonizadas y especificaciones técnicas para otros actos de la Unión	Artículo 26. Normas armonizadas y especificaciones técnicas para otros actos de la Unión	
Capítulo XI. Actos delegados, competencias de ejecución y disposiciones finales		
Artículo 26. Ejercicio de la delegación	No procede su transposición	• La Directiva desarrolla en este precepto la adopción de actos delegados por parte de la Comisión.
Artículo 27. Procedimiento de comité	No procede su transposición	• Se indica que la Comisión estará asistida por un comité.
Artículo 28. Grupo de trabajo	No procede su transposición	• Este artículo se refiere al grupo de trabajo que constituirá la Comisión y que: - Estará formado tanto por representantes de las autoridades de vigilancia del mercado y de las responsables de verificar la conformidad de los servicios, como por las partes interesadas pertinentes, incluidos los representantes de organizaciones de personas con discapacidad. - Se encargará de (i) facilitar el intercambio de información y mejores prácticas; (ii) fomentar la cooperación para mejorar la coherencia en la aplicación de los requisitos de accesibilidad y supervisar la aplicación de las excepciones de modificación sustancial y carga desproporcionada; y (iii) asesorar, en particular, a la Comisión, sobre todo respecto a la aplicación de los requisitos de accesibilidad y de las referidas excepciones.

-	Artículo 27. Autoridades de vigilancia	• Las comunidades autónomas y Ceuta y Melilla determinarán sus autoridades de vigilancia; mientras lo hacen, las facultades de vigilancia corresponderán a la "unidad técnica de apoyo y coordinación" a la que se refiere el artículo 28. • Las "autoridades de vigilancia" son responsables del cumplimiento de los requisitos de accesibilidad y realizarán actividades de (i) vigilancia del mercado de productos, (ii) verificación de la conformidad de los servicios y (iii) verificación de las evaluaciones de conformidad. • Sus funciones consistirán en: - Comprobar los requisitos de accesibilidad. - Trasladar a la "unidad técnica de apoyo y coordinación" de la Administración estatal la información pertinente. - Aplicar el régimen sancionador. • Mediante acuerdo de las conferencias sectoriales existentes se establecerán los instrumentos de cooperación entre Estado y comunidades autónomas necesarios para aplicar la ley. Esta previsión, recogida en el apartado 4 del artículo 27, es la única del título I cuya entrada en vigor está prevista a los 20 días de la publicación de la ley en el BOE (el resto entrará en vigor el 28 de junio de 2025). Con todo, el artículo 27.4 es bastante impreciso, pues no dispone ningún plazo para celebrar dichos acuerdos. • A fecha 31 de diciembre de 2022, había constituidas 43 conferencias sectoriales. *Vid.* TABLA 1 CCSS VIGENTES A 31-10-2022-2º (mpt.gob.es)
-	Artículo 28. Unidad técnica de apoyo y coordinación	• Nuevo órgano de la Administración estatal, creado por vía reglamentaria y encargado del asesoramiento y coordinación de las autoridades de vigilancia. • Se enumeran sus funciones mínimas. Entre ellas: - Prestar apoyo técnico. - Coordinar comunicaciones desde y hacia la UE. - Representar a España en el Comité y grupo de trabajo previstos en los artículos 27 y 28 de la Directiva. - Recabar, en su caso, información sobre infracciones y sanciones impuestas. - Ser enlace con la ciudadanía y los agentes económicos. - Ejercer de autoridad de vigilancia "supletoria". - Coordinar, en su caso, actividades de vigilancia con otras autoridades. - Establecer canales de consulta, contraste y discusión con las organizaciones representativas de personas con discapacidad y sus familias (sugerencia del CERMI).
Artículo 29. Vigilancia del cumplimiento	Artículo 29. Medios de control del cumplimiento	

Artículo 29.1	Artículo 29.1	• Amén de que consumidores y entidades puedan recurrir a los órganos administrativos y judiciales competentes (art. 29.2) para exigir el cumplimiento de la ley, las autoridades de vigilancia pondrán a disposición de las personas interesadas: - Los procedimientos establecidos en materia de sugerencias y reclamaciones, y de tramitación de denuncias frente a incumplimientos. - Los procedimientos establecidos en materia de consumo. - La posibilidad de acceder al procedimiento de arbitraje en materia de igualdad de oportunidades, no discriminación y accesibilidad por razón de discapacidad.
Artículo 29.2	Artículo 29.2	
-	Artículo 29.3	• La Ley 11/2023 dispone, a nuestro juicio con buen criterio, la existencia de mecanismos de seguimiento y evaluación específicos para verificar *a posteriori* la justificación de las excepciones de modificación sustancial y carga desproporcionada.
Artículo 29.3	Artículo 29.4	• Directiva y Ley 11/2023 excluyen la aplicación de los procedimientos para controlar su cumplimiento a los procedimientos de contratación pública.
Artículo 30. Sanciones	Artículo 30. Régimen sancionador	
Artículo 30.1	Artículo 30.1 y Disposición final 2°	• Directiva: los Estados establecerán el régimen de sanciones en caso de incumplimiento de sus disposiciones, así como las medidas necesarias que garanticen su ejecución. • Ley 11/2023: remite los incumplimientos al régimen sancionador de la legislación sectorial correspondiente y, supletoriamente, al recogido en el título III del RDLeg. 1/2013. • Algunas entidades –entre ellas el CERMI– propusieron que las cantidades monetarias recaudadas por la Administración estatal en estos procedimientos sancionadores tuvieran un carácter finalista y se destinaran a financiar iniciativas, programas y acciones de promoción de la accesibilidad universal por parte de organizaciones sociales de la discapacidad en el marco del *Real Patronato sobre Discapacidad*. • Haciéndose eco de lo anterior, la DF 2ª de la Ley 11/2023 modifica la *Ley 33/2003, de 3 de noviembre, de Patrimonio de las Administraciones Públicas* (arts. 18.2 y DA 26ª) para añadir, como destino final del efectivo y saldos abandonados –junto a la promoción de las condiciones educativas de personas con discapacidad–, la extensión de la accesibilidad universal de los entornos, bienes, servicios y procesos.
Artículo 30.2	-	• La Ley 11/2023 suprime la referencia, contenida tanto en la Directiva como en el anteproyecto de abril de 2022, a que las sanciones sean "efectivas, proporcionadas y disuasorias" y vayan acompañadas de "medidas correctoras efectivas en caso de incumplimiento por parte de los agentes económicos". • La supresión referida obedece a una recomendación del Consejo de Estado, en su *Dictamen 1604/2022* (p. 38), en la que señaló que el referido apartado era innecesario.
Artículo 30.3	No procede su transposición	• Los Estados notificarán a la Comisión el régimen de sanciones en caso de incumplimiento y las medidas para garantizar su ejecución, así como cualquier modificación posterior.

Artículo 30.4	-	• La Ley 11/2023 suprime la referencia, contenida tanto en la Directiva como en el anteproyecto de abril de 2022, a que las sanciones tengan en cuenta "el alcance de la no conformidad, incluidos su gravedad y el número de unidades de los productos o servicios no conformes de que se trate, así como el número de personas afectadas". • Dicha supresión obedece a una recomendación del Consejo de Estado, en su *Dictamen 1604/2022* (p. 38), en la que señaló que el referido apartado era innecesario.
Artículo 30.5	Artículo 30.2	• Directiva y Ley 11/2023 excluyen la aplicación del régimen sancionador a los procedimientos de contratación pública.
Artículo 31. Transposición	Disposiciones finales 15ª y 18ª	
Artículo 31.1	No procede su transposición	• La Directiva establece el plazo máximo de transposición: 28 de junio de 2022.
Artículo 31.2	Disposición final 18ª, párs. 1, 2 y 3. Entrada en vigor	• Tanto Directiva como Ley 11/2023 disponen la entrada en vigor de sus disposiciones, con carácter general –a salvo, por tanto, de las medidas transitorias–, el 28 de junio de 2025. • Ley 11/2023: - Añade una matización –inexistente en el anteproyecto– para el apartado 4 del artículo 27 (fijación por acuerdo de las conferencias sectoriales de los instrumentos de cooperación entre Estado y comunidades autónomas), que entrará en vigor a los 20 días de su publicación en el BOE. - Las DAd. 1ª y 4ª y la DF 2ª también entrarán en vigor a los 20 días de su publicación en el BOE. • El resto de DAd., DT, DD y DF entrarán en vigor el día siguiente al de su publicación en el BOE.
Artículo 31.3	-	• Directiva: plantea, como posible excepción, la demora de la aplicación de las disposiciones relativas al 112 al 28 de junio de 2027. • Ley 11/2023: omite dicha excepción. Por tanto, una importantísima novedad de la norma interna es la exigibilidad de los requisitos de accesibilidad del 112 desde el 28 de junio de 2025.
-	Disposición transitoria única.3	• La Ley 11/2023 añade una disposición específica –inexistente en la Directiva y en el anteproyecto– respecto a la exigencia de los requisitos de accesibilidad en los procedimientos de contratación a partir del 28 de junio de 2025: - Si la licitación se publicase después de dicha fecha. - De no haber licitación, si el órgano de contratación iniciase el procedimiento después de dicha fecha.
Artículo 31.4	Disposición final 15ª. Incorporación	• Directiva: las normas de transposición harán referencia a la Directiva o irán acompañadas de dicha referencia en su publicación oficial.

	de Derecho de la Unión Europea	• Ley 11/2023: se listan las normas europeas que se incorporan al Derecho español (un total de 9).
Artículo 31.5	No procede su transposición	
Artículo 31.6	No procede su transposición	
Artículo 32. Medidas transitorias	Disposición transitoria única. Medidas transitorias	
Artículo 32.1	Disposición transitoria única.1	• Regla general: en ambos textos se prevé su aplicación desde el 28 de junio de 2025. • Pero 5 años más (hasta el 28 de junio de 2030) si se trata de: - Servicios prestados mediante productos utilizados legalmente para prestar servicios similares antes del 28 de junio de 2025. La redacción de ambos textos es confusa, pues parecen extender la prórroga de 5 años a prestadores de servicios que utilicen legalmente productos para prestar servicios similares antes del 28 de junio de 2030. - Contratos de servicios celebrados antes del 28 de junio de 2025.
Artículo 32.2	Disposición transitoria única.2	• Transitoria para terminales de autoservicio "inaccesibles" utilizados legalmente por prestadores de servicios antes del 28 de junio de 2025, pues se permite su utilización hasta el final de su vida útil desde el punto de vista económico, aunque sin superar: - Directiva: 20 años desde su puesta en funcionamiento. - Ley 11/2023: 10 años desde su puesta en funcionamiento. Esta reducción del plazo implica una mejora considerable y no se recogía en el anteproyecto. Si antes se podía llegar al 27 de junio de 2045, ahora se limita a la misma fecha de 2035.
Artículo 33. Informe y revisión	Artículo 31. Informe y revisión	
Artículo 33.1	No procede su transposición	• Se establece un plazo máximo (28 de junio de 2030), y después cada 5 años, para que la Comisión presente al Parlamento, al Consejo, al CESE y al Comité de las Regiones un informe sobre la aplicación de la Directiva.
Artículo 33.2	No procede su transposición	• La Directiva indica el contenido de los informes que deberá realizar la Comisión.
Artículo 33.3	Artículo 31.1	• Directiva: obliga a los Estados a comunicar puntualmente a la Comisión la información necesaria para que ésta elabore el informe sobre la aplicación de la Directiva.

		• Ley 11/2023: atribuye la referida comunicación a la "unidad técnica de apoyo y coordinación", creada atendiendo al artículo 28.
Artículo 33.4	Artículo 31.2	• Directiva: al elaborar sus informes, la Comisión tendrá en cuenta las opiniones de los agentes económicos y de las organizaciones no gubernamentales pertinentes, incluidas las que representan a personas con discapacidad. • Ley 11/2023: - Reproduce lo indicado en la Directiva y añade que, para obtener las opiniones de quienes representen a las personas con discapacidad, "se recabará el correspondiente informe del Consejo Nacional de la Discapacidad y cuantas otras aportaciones se consideren pertinentes". - Este inciso no aparecía en el anteproyecto y obedece a una sugerencia del CERMI, si bien esta entidad apostaba, a tal fin, por crear un nuevo apartado 3.
Artículo 34	No procede su transposición	• Se establece la entrada en vigor de la Directiva a los 20 días de su publicación en el DOUE (27 de junio de 2019).
Artículo 35	No procede su transposición	• La Directiva indica que sus destinatarios son los Estados miembros.
ANEXOS		
ANEXO I. Requisitos de accesibilidad de los productos y servicios	ANEXO I. Requisitos de accesibilidad de los productos y servicios	
Sección I	Sección I	
Sección II	Sección II	
Sección III	Sección III	
Sección IV	Sección IV	
Sección V	Sección V	• La Ley 11/2023 elimina la referencia a que la respuesta adecuada a las comunicaciones al 112 tendrá que serlo "de la manera que mejor convenga a la organización nacional de los sistemas de emergencia" (pár. 1°). • La auténtica novedad de la Ley 11/2023 radica en el párrafo 3° –inédito tanto en la Directiva como en el anteproyecto–, pues, de una parte, suprime la necesidad de un registro o procedimiento previo para que las personas con discapacidad obtengan respuesta a las comunicaciones al 112 y, de otra, garantiza que dichas comunicaciones sean accesibles también cuando se produzcan en itinerancia. Tanto FIAPAS como el

		CERMI habían apostado por esta regulación en el *Informe* del CND al anteproyecto.
Sección VI	Sección VI	
Sección VII	Sección VII	
ANEXO II. Ejemplos indicativos no vinculantes sobre requisitos del anexo I	ANEXO II. Ejemplos indicativos no vinculantes sobre requisitos del anexo I	
ANEXO III. Requisitos sobre entorno construido	ANEXO III. Requisitos sobre entorno construido	
ANEXO IV. Procedimiento de evaluación conformidad de los productos	ANEXO IV. Procedimiento de evaluación conformidad de los productos	
ANEXO V. Información sobre los servicios que cumplen los requisitos de accesibilidad	Artículos 13.2, 13.3 y 13.6	• Como ya se indicó, en lugar de hacer una remisión al anexo V, el artículo 13 (apdos. 2, 3 y 6) de la Ley 11/2023 incorpora en su texto el contenido de dicho anexo.
ANEXO VI. Criterios para la evaluación de la carga desproporcionada	ANEXO V. Criterios para la evaluación de la carga desproporcionada	• Numeración distinta en Directiva y Ley 11/2023, pero idéntico contenido.
-	ANEXO VI. Declaración UE de conformidad	• La Ley 11/2023 incorpora en su anexo VI (inexistente en la norma europea) un modelo de "Declaración UE de conformidad" que la Directiva remite al anexo III de la *Decisión nº 768/2008/CE* y que detallamos en el epígrafe 5.1.1 de la primera parte de este trabajo. Como allí se adelantó, el anexo VI de la Ley 11/2023, tras la información adicional, plantea incluir, "[s]i procede, requisitos de accesibilidad exceptuados por modificación sustancial y carga desproporcionada, conforme al artículo 16 de la ley".
-	ANEXO VII. Definiciones	• Nuevo anexo VII en la Ley 11/2023, del que carece la Directiva, pues las definiciones están en su artículo 3. Véase comentario al hilo de este artículo.